一眼识破真相的思考力

[美]丹尼尔·列维汀◎著
张建军◎译

中信出版集团·北京

图书在版编目（CIP）数据

一眼识破真相的思考力 /（美）丹尼尔·列维汀著；张建军译 . -- 北京：中信出版社，2018.11 (2019.1重印)

书名原文：A Field Guide to Lies: Critical Thinking in the Information Age

ISBN 978-7-5086-8974-6

I. ①一… II. ①丹… ②张… III. ①思维方法 IV. ① B80

中国版本图书馆 CIP 数据核字（2018）第 100554 号

一眼识破真相的思考力

著　　者：[美] 丹尼尔·列维汀
译　　者：张建军
出版发行：中信出版集团股份有限公司
（北京市朝阳区惠新东街甲 4 号富盛大厦 2 座　邮编　100029）
承 印 者：北京诚信伟业印刷有限公司

开　　本：880mm × 1230mm　1/32　　印　　张：10.75　　字　　数：260 千字
版　　次：2018 年 11 月第 1 版　　印　　次：2019年 1 月第 2 次印刷
京权图字：01–2017–1510　　审 图 号：GS（2018）4701 号
广告经营许可证：京朝工商广字第 8087 号
书　　号：ISBN 978–7–5086–8974–6
定　　价：55.00 元

服务热线：400–600–8099
投稿邮箱：author@citicpub.com

谨以此书献给莎莉，

其勤学好问、刻苦钻研的精神激励我成为一名更优秀的思考者。

序　言

人人都要批判性思考

当前，人类文明中的谎言正以一种前所未有的趋势发酵、扩散。这些谎言甚至能够化作武器，潜移默化地削弱我们做出正确决策的能力。这种现象体现在两个方面：第一，我们的语言究竟是在论述事实，还是在编造事实，已经日渐扑朔迷离，让人难以分辨；第二，民众教育的匮乏，如今已对整整一代人造成了影响，情况十分危险。

那么，我们的语言到底经历了怎样的变化？在《牛津词典》公布的 2016 年度热词榜中，“后真相”一词因其使用频率激增而荣登榜首，这个词意指“相对于主观情感及个人信念，客观事实对民意的影响相对较小”。在这样一个“后真相”时代，我认为我们需要付诸行动，抵制那些虚构、隐瞒真相的观点和结论，让“真相”尽快回归。

面对谎言，我们或许有些过于谨小慎微。也许是为了避免冲突，也许是为了所谓的“相处融洽”，我们在提及那些完全疯狂而荒谬的事情时，便使用一些更加委婉的词语来替代。以曾经的一个谎言事件为例：当时，“后真相”一词刚刚荣获年度热词的称号；仅仅数日之后，2016 年 12 月 4 日，星期日，来自美国北卡罗来纳州小城索尔兹伯里的 28 岁青年埃德加 · M. 韦尔奇驱车 350 公里，从家乡来到首都华盛顿，闯入一家叫作“彗星乒乓”的比萨店并持枪射击。后续调查发现，该青年此举是被某个谎言误导——当时有谎言称：这家比萨店正暗中运作着以希拉里 · 克林顿为首的性奴交易勾当。《纽约每日新闻》形容这则谎言为“边缘化理论”。这种说法实在有失缜密。众所周知，一项理论，不仅仅是某个简单的想法，而是某种在对证据进行准确评估的基础上得出的认识；至于那些证据，必然要同当前问题密切相关，必然需要人们以一种公正、严谨的方式去收集和采纳，而非随口杜撰而来。

另外一些替代“谎言”的委婉词语还有：“反知识”“真假参半”“极端观点”“扭转真理”“阴谋论”等，而近来频频出现的就是“假新闻”。

“假新闻”这个词略显戏谑，简直就像小学生为了逃避考试而假装生病骗大人的小把戏。它无法清晰地向大家揭露事实，比萨店的性奴交易事件就是一个彻头彻尾的谎言。该事件的杜撰者十分清楚这一点。事情普遍存在两面性，但是，只要其中任何一面涉及谎言，那么其两面性就不成立。当一个事件的对立面并非以事实为基础时，那么记者以及其他民众就不应该继续给予该对立面相同时间的关注；当事件的正反面皆有证据支持时，它的两面性才成立。有了证据支持，进而权衡证据并以此得出结论，人们自然而然会对事件的认知产生分歧。每个人都有权利发表自己的观点，但是他们无法将自己的观点立为事实。谎言是事实的缺失，更多时候，谎言与事实截然不同。

真相至上。而“后真相”时代的来临可谓荒谬至极，人类取得的所有伟大进步正在一步步走向颠覆、破灭。在这个时代，记者们不情愿将“假新闻”称作谎言，因为他们不敢冒犯说谎者。而我在此呼吁各位，要将矛头直指那些说谎者！斥责、抨击他们！我们需要真相！

说到这里，让我们思考一个问题：在步入“后真相”时代的进程中，我们的教育系统和相关机构又出现了哪些问题呢？小学二年级之后，学生平均阅读图书的数量每年一直在减少。[1]早在15年前，美国教育部就已经觉察到，超过20%的美国成年人甚至无法在文字中寻找到需要的信息，用他们的话来说就是“无法利用印刷材料做出低级推论”。[2]显然，我们没能教会孩子们什么是证据，以及如何对其做出判断——我们理应感到羞愧。那个被假新闻误导的年轻人埃德加·M. 韦尔奇，“彗星乒乓”比萨店的持枪匪徒，甚至声称“在网上浏览到那条消息后，我就开始进行调查了”。是的，我们的信息基础设施已经相当完备，信息媒介的力量如此强大，它能够给我们带来正面影响，也会造成负面伤害，所以我们每个人都要懂得如何区分这些信息，学会分辨真相和谎言。

韦尔奇自认为他正在进行所谓的“调查”，但是真正的调查需要获取证据。这位无知的公民并不知道该如何收集证据并以此做出评估和判断。针对该案件，真正的调查应该从这些方面入手：寻找希拉里·克林顿和这家比萨店之间的某种潜在联系；关注希拉里有哪些行为表现出了对运作卖淫集团的兴趣；或摸索希拉里能以这种方式获得何种利益——当然不会是经济利益，毕竟当时的混乱局势已经让她赚取了巨额的演讲费。如果那家比萨店有儿童性奴和恋童癖者进进出出，或许韦尔奇也可以观察到。在调查过程中，如果个人在心理和学识方面有所欠缺，则可以浏览一些经验丰富的专业调查记者关于该事件的评论。虽然很多事实证明，专业记者也不值得信任，甚至有些人认为记者都已腐败堕落，他们和政府沆瀣一气——这样的想法可以理解，但是美国劳工统计局的报告显示美国有 45790 名报道员和通讯员[3]，美国新闻编辑协会估计有 32900 名记者分布在美国大约 1400 家日报社[4]。所以，即便一些记者已经丧失职业道德，这个群体也如此庞大。我们应该相信，真相还是掌握在大多数人手中。

社交网站脸谱网（Facebook）作为当今社会信息的重要来源，正在努力履行它的社会责任。脸谱网表示，公司已经着手推进一项举措："让我们的 18 亿用户可以更加容易地举报假新闻"。[5] 换句话说，就是撕掉谎言的伪装，让民众看到：谎言就是谎言。今后，也许其他社交媒体网站会逐渐担当起管理者的角色，呈现给社会更多的真相；我们至少可以期待，对于那些如同武器一般具有杀伤力的危险谎言，这些网站能够采取筛查措施，降低它们传播、扩散的可能性。

针对上述比萨店事件，许多新闻机构也曾做过调查，试图追溯性奴丑闻谎言的来源。美国全国广播公司曾报道称，在欧洲国家马其顿的韦莱斯小镇，活跃着一个假新闻制造团体，它很有可能就是这条谎言的制造者。[6]新闻聚合网站 BuzzFeed 和英国《卫报》曾经发现，至少 100 个假新闻网站域名都来自这里。韦莱斯小镇的年轻人对于美国政党没有任何政治立场，他们整日忙于制造各种建立在谎言之上的新闻事件，发布在脸谱网等网络平台上，通过读者每一次的点击从广告商那里赚取大笔的费用。在一个经济机会有限的小镇，青少年却能以这种方式赚到数万美元。谁应当对比萨店的枪击事件负责呢？这些年轻人？那些社交网络平台？使美国公民满足于每日见闻的教育体系？

你可能会反对说："对这些谎言进行批判性评估和统计又不是我的职责，这是报纸、博客、政府和维基百科的事。"是的，这些组织和机构有义务做这些事，但是它们往往心有余而力不足，事情也越来越棘手——谎言数量的增加速度正在渐渐超过它们处理问题的速度。这更像一场打地鼠游戏。"比萨门"事件的点击量高达 100 多万，而 Snopes 网站上揭示该事件真相的文章的点击量只有 3.5 万。今天，我们拥有言论自由，但在历史上，大多数国家没有这种自由。所以，我们永远不应将媒体自由与真诚视为理所当然。记者和他们的雇主会继续帮助我们识别并消除谎言，但是我们不能仅仅依靠他们的力量——如果我们依旧盲目相信，毫无思考，那么谎言还是会占上风。

我们大多数人当然不相信希拉里·克林顿在华盛顿特区的一个比萨店中管理性奴交易。本书要讨论的也不仅仅是此类谬论，还有更多值得关注的焦点。你真的需要这种新药吗？它耗资 10 亿美元的营销活动所呈现的带有偏差的伪数据让你动摇了吗？那位出庭受审的名人真的有罪吗？要如何判断呢？我们如何评估哪项投资获利更多？面对复杂矛盾的投票应该如何做出选择？还有什么事情因无法掌握更多的信息而超出我们的理解范围？

面对种种狡猾的说谎者，最可靠的防备方式就是，每个人都要学会用批判性思维来看待问题。孩子们无法应付谎言的演变趋势——这是教育的失败。人类作为社会物种，很容易相信他人的言论。人类的大脑是一台善于编造和虚构故事的机器。面对一个奇怪的假设，我们就能够在脑海中生成一系列天马行空的解释，幻想这个假设如何变成现实。其实，创造性思维和批判性思维之间、谎言和真相之间是有区别的：真相需要真实、客观的证据支持。只有真实的言论，才能呈现真正意义上的真相。

斯坦福大学针对民众开展过一项为期 18 个月的在线推理研究调查，截至 2016 年 6 月，已经有 7800 多名学生参加了测试，他们的年龄分布在中学生到大学生之间。研究人员指出，测试结果有着惊人的一致性，令人沮丧。总的来说，在鉴别分析互联网信息方面，可以用一个词来概括年轻人——“愚蠢”。他们竟然很难把高质量的新闻和编造的谎言区分开来——这正是我们现在需要教授他们的技能；在这个过程中，我们也恰好可以温习这些知识。所幸，只要以正确的方式加以指引，即便让 12 岁的儿童进行基于证据的思考也不是一件难事。

许多人认为，“比萨门”事件是由假新闻——我们还是称之为

“谎言”吧——直接造成的后果。假新闻并非真正意义上的“新闻”。相信谎言也并不一定会受到伤害。我们都相信圣诞老人的存在，也都坚信新买的牛仔裤会让我们看起来更苗条。将谎言转化为武器的并不是媒体或脸谱网，真正的危险在于人的这种“相信”的强烈程度。如果人们盲目地过分相信谎言，那么它真的会给人带来伤害。

批判性思维可以促使我们后退一步，对事实进行评估和判断，进而形成以证据为基础的结论。至于韦尔奇之所以在华盛顿的比萨店开枪射击，是因为他的观点可能是偏执的，而他没有能力理解这件事。谦卑是批判性思维至关重要的一部分，也是当今社会最为稀缺的品质。谦卑的概念简单而深刻：如果意识到我们并非知晓一切，那么就虚心学习吧。不知为何，我们的教育体系，我们对互联网的依赖，让一代又一代年轻人看不到自己的无知。如果我们能够接受这一事实，就可以引导人们的思想，恢复文明，并且消除谎言对世界造成的威胁。这是推进繁荣的唯一途径。

针对谎言的三个战略防御方式

我从 2001 年开始写作本书，当时的我正在大学里教授一门关于批判性思维的课程。2014—2016 年，我认真地研究了相关的问题。从那时起，谎言的危险程度和扩散范围就已经变得势不可当。谎言不再仅仅是无足轻重、可以一笑而过的东西，它已经成为一种无形的武器。情况可能会变得更糟，谎言有可能造成巨大的伤害，人们经历几个世代可能都无法察觉，也可能在导致灾难性后果之前烟消云散。

信息的来源已经成为一个问题。在过去，和一些狂热分子在地下室用家用印刷机胡乱印刷的长篇大论不同，纪实性图书和新闻看起来是真实可信的。然而，互联网已经改变了这种情况。一家不正规的网站完全可以做得看上去和那些致力于求证事实的正规网站一样具有可信度——我在本书会提到这个例子。在互联网上，虚假信息和真实信息纠缠在一起，混淆视听。虚假信息如此混乱，它们散步于不同阶层、不同文化程度的人群之中，并且经常出现在你不希望看到它们的地方。通过推特、脸谱网、Snapchat、Instagram、汤梦乐（Tumblr）和其他社交媒体，虚假信息在世界范围内传播开来，变得众所周知。你会发现突然之间大多数人竟然都相信了某件事，尽管真相并非如此。

本书可以帮助你找出你所遇到的关乎事实问题的关键，而这些关键很有可能引导你得出错误结论。有时，即使他人给你呈现事实真相，还是希望你得出错误结论；有时，他们自己也无法区分真伪。当今，信息具备即时性，国家领导人也可能出现在你的个人社交媒体中，每天甚至每个小时我们都能听到关于突发新闻的报道，但是我们什么时候能够抽出时间判断这些新消息是否充斥着伪事实、曲解或彻头彻尾的谎言呢？我们需要有效的策略，判断、评估这些信息是否真实。

在过去的 5 年中，我们创造了海量的信息，甚至超过之前人类历史上的信息的总和。在网站上、录像带中、书本里，还有社交媒体上，伴随真实信息而来的是大量的虚假信息和错误信息。这并非一个新出现的问题。在人类文明数千年的发展过程中，错误信息始终相伴人们左右，对此人们在“圣经时代”和古希腊时期都有所记载。[7]我们今天要面临的唯一问题是，错误信息已经开始泛滥，谎言有可能因社会和政治目的而变得像武器一般危险，这就迫使我们制定策略、采取措施防范谎言。

在本书中，我会将这些策略进行归类。本书的第一部分涉及数字型错误信息。我会向各位展示错误的统计数据和图表会给我们提供一个扭曲的视角，进而引导我们得出错误结论，以致最终做出荒谬的决定。在第二部分，我们将分析一些错误的论证，指出通过充满感染力而实为误导的方式讲述那些偏离事实的故事，可以让人轻易具备说服力。我们应学习一些技巧来优化对新闻、广告和报告的评估与判断。本书最后一部分指明我们判断事物真假的能力必须建立在科学方法的基础上。人们用科学方法探索奥秘，它是人类历史上最重要的工具。科学方法的起源，可以追溯至人类历史上一些最伟大的思想家，比如亚里士多德、培根、伽利略、笛卡儿、塞姆尔维斯和波普尔。这部分还探索了关于人类已经熟知的、未来有能力掌握的、目前未知的，以及更加神秘莫测的信息领域。为此我提供了大量的案例，以证明逻辑思维可以应用于各种各样的背景，比如法庭证词、医疗决策、魔术、现代物理学和阴谋论等。

我们用批判性思维思考问题，并不意味着贬低一切事物，而意味着区分有证据支持的观点和空口无凭的论断。

对于某些政党成员来说，用统计数据和图表来编造谎言轻而易举。他们知道，大多数人认为深入了解他们的工作需要花费大量时间，这些人甚至还会认为自己不够聪明，但事实上任何人都可以做到这一点，一旦遵循一些基本的原则，图表就会迅速显示出它们的精确简练或缺陷。

以前文的数据作为例子，在小学二年级之后，学生平均阅读图书的数量一直在减少。言下之意是，我们的教育体系存在缺陷，孩子没有从小养成良好的阅读习惯，对提升自身素质并不感兴趣，也没有付诸行动。现在让我们停下来，提一个问题：上述论述中，图书的数量是得出结论的可靠标准吗？通常，二年级的学生阅读的图书不厚，随着年龄的增长，图书的页数会逐渐增加。到了中学，孩子们可能会阅读《蝇王》（200 页），而大学时期，便能够阅读长达 1225 页的《战争与和平》了。此时，也许我们应该关注阅读的页数或者阅读需要花费的时间。通过学习研究生课程，或者从事许多专业领域的工作，如法律、政府、工业、金融和科学等，人们阅读的书籍也许会越来越少，但是文章的质量却会越来越严谨，学术性质也越来越浓厚。如果一名公务员从没阅读过任何图书，但会阅读一些法律、章程、情报简报、报纸和杂志等，你会说他没有在阅读上付出吗？引用的一项统计数据，并不一定和当前的问题存在关联。此外，这项研究可能是由一家设计和销售提高阅读能力的软件公司开启的，因此它倾向以一份显示人们的阅读水平较低的报告作为证据。显然，我们需要运用批判性思维来分析这个问题。

认识到故事中可能有错误的论点，你才能够做出一连串推理判断，最终得出结论。信息素养意味着能够认识到信息源的质量存在一定的层次结构，伪事实很容易掩饰事实，而偏见会曲解我们需要分析的信息，导致我们做出错误决定，造成负面影响。

有时，证据是由数字组成的，我们就会提出疑问："这些数字源于何处？要怎样收集？"有时，一些数字是荒谬的，需要我们深思熟虑才能够有所察觉。有时，一些言论看上去是合理的，但是其来源却缺乏可信度，比如一个声称自己目击现场犯罪的人，其实当时并不在场。很多事情的真实情况和其表象都会有所出入，而本书正好能够教会你进行分辨，并及时阻止说谎者的脚步，还世界以更多真相。[8]

第一部分　变幻莫测的数字

陷我们于困境的并非自己的无知，而是确信无疑之事其实不然。

——马克·吐温

第 1 章　数字的合理性

由于统计数据本身是数字，所以于我们而言，它们似乎代表了冷冰冰的、铁一般的事实。然而，切勿忘记这一点：统计数据由人们收集而来。统计的对象、方法、结果和文字说明皆由参与统计过程的人进行甄选和采用。[9] 因此，数字并非事实，它们仅仅是对事实的一种诠释。而且，这种诠释还会因人而异。

有时候，数字本身就是错的。此时，最便捷的处理方法是快速检查数字的合理性。然而，即便通过了合理性测试，数字的收集方法、解读方法和图示方法方面的错误，也会让你对事物产生错误的认知。

很多时候，要快速评判某种表述是否合理，只需对相关数字进行思考或粗略计算。切勿轻信盲从，一定要多加思考。

当评估一个表述的合理性时，我们并不在意相关数字的准确性。这种做法看似有悖常理，但数字的准确性在此处确实无关宏旨。我们根据常识即可对很多类似下面的表述做出判断：如果伯特称，一只水晶酒杯从桌上落下，砸到厚厚的地毯却没碎，这听起来似乎合理；而如果欧尼说，该酒杯从40层大楼的楼顶落到水泥地面，依然完好如初，则必定不合理。我们判断的依据来自生活常识和日常经验。同理，假如有人自称200岁，或始终能在拉斯韦加斯轮盘赌局中获胜，又或跑步速度可达40英里[①]/小时，这些就纯属无稽之谈了。

我们试举一例。怎样评估以下表述？

> 在加利福尼亚州解除大麻禁令的35年间，吸食大麻的人数每年都会增加一倍。

合理吗？从何处入手判断？我们假设35年前加利福尼亚州只有1人吸食大麻。当然，这个数字非常保守（要知道，1982年美国全境逮捕了50万名吸食大麻者）。如果按35年间每年翻一倍计算，所得结果会从最初的1人变为170亿人，远远高于全世界的总人口（试算一下，你就会发现，按照该算法，实际上21年后吸食大麻的人数就已超过100万：1，2，4，8，16，32，64，128，256，512，1024，2048，4096，8192，16384，32768，65536，131072，262144，524288，1048576）。因此，该表述不但不合理，而且不可能成立。然而，很多人由于惧怕数字，所以都算不出来，十分遗憾。其实，如此例所示，只需运用小学数学知识和合理假

---

① 1英里≈1609米。

设即可算出准确结果。

我们再举一例。假设你刚当上电话推销员，负责向没有戒心的潜在客户推销。因为这个行为极有可能惹恼客户，所以老板要激励心存担忧的你，他宣称：

我们最好的推销员每天都能完成1000个销售额。

该表述合理吗？你自己试着拨打一个电话号码，完成拨号最快也需要5秒钟，等对方的电话铃响起又需5秒。假设每接通一个电话，你都能完成一个销售额。虽然现实中未必如此，但我们确保最理想的假设条件。你完成推销说辞并说服对方需要10秒，拿到其信用卡号和通信地址又需要40秒。这样，完成一次通话，需要一分钟（5 + 5 + 10 + 40 = 60秒）。那么，一个小时内你能完成60个销售额。也就是说，即使马不停蹄地工作，一个工作日一个人最多也只能完成480个销售额。因此，即使在理想状况下，每天完成1000个销售额的说法也不合理。

有一些表述的评估难度更大。请看下面这条摘自2013年《时代周刊》的新闻标题：

使用手机的人比用马桶的人还多。[10]

怎样分析呢？我们可以思考一下发展中国家缺乏管道设施的人数，以及发达国家的多数民众不只拥有一部手机这样的观察经验。不能因为该标题看似合理，我们就不假思索地欣然接受它。我们只不过无法立即判定它为荒唐可笑的表述而已。要评估这个表述，还需借助其他手段，但这无疑已超出分析合理性的范畴。

如果不亲自做一点研究，评估表述有时就会比较吃力。的确，报纸和网站理应为你完成这项工作。然而，它们难免会百密一疏。于是，一些统计数据便如同“脱缰之马”一般乘虚而入，并站稳脚跟。几年前，媒体曾对下面的这项统计数据进行了大肆报道：

美国每年都有150000名女孩和年轻妇女死于厌食症。[11]

为了检查其合理性，我们必须做一些深入思考。按照美国疾病控制与预防中心的说法，每年由各种原因导致的、年龄在15~24岁的女孩和年轻妇女的死亡人数约为8500人。如果再加上每年25~44岁年龄段妇女的死亡人数，总人数也只不过为55000人。[12] 所以，一年内死于厌食症的人数绝不可能达到死亡总人数的3倍。[13]

在一篇发表于《科学》杂志的文章中，路易斯·波拉克（Louis Pollack）和汉斯·韦斯（Hans Weiss）宣称，自通信卫星公司成立以来，

打一次电话的费用降低了12000%。[14]

如果某一项费用降低了100%，那么它必然为零（不论最初的数字是多少）。如果费用降低200%，对方就要支付给你与他们的某个产品或服务的售价相等的金额。费用降低100%的现象是不可能的，降低12000%更是无稽之谈。[15] 发表于同行评审的《管理学发展期刊》（*Journal of Management Development*）上的一篇文章则宣称，在实施了一项新的顾客关心战略之后，顾客投诉数

量减少了 200%。[16]

更有甚者，丹·凯珀尔（Dan Keppel）竟然以《物有所值：在股票、共同基金和每种金融需求方面节省 200% 的资金》（*Get What You Pay For: Save 200% on Stocks, Mutual Funds, Every Financial Need*）作为其书名。他拥有工商管理学硕士头衔，理应处理得更好才是。

当然，在使用百分率时一定要采用同样的基数，只有这样才能保证计算结果有可比性。现有薪水降低 50% 后，在这个新的、更低的薪资额基础上增加 50% 的做法，绝对不能把你损失的一半薪水全部弥补回来。其原因在于，百分率的基数已经发生变化。假如你的周薪为 1000 美元，薪水降低 50% 后，你的周薪变为 500 美元。在此基础上把周薪再增加 50%，你的周薪也只不过变为 750 美元。

虽然百分率看似简单、可靠，但是却常常令人感到困惑。如果银行利率由 3% 上浮至 4%，即增长了 1 个百分点或 33%（因为 1% 的增长以 3 为基数，所以 1/3≈0.33）。而如果利率从 4% 下降到 3%，相当于降低了 1 个百分点，但却不是降低了 33%，而是降低了 25%（此时，1 个百分点的下降以 4 为基数）。研究人员和媒体记者不能永远做到谨慎区分百分点和百分率，但是本书的读者理应做到。[17]

《纽约时报》曾报道了一家位于康涅狄格州的纺织厂由于用工成本高而关停，并且搬到了弗吉尼亚州。[18]该报称，康涅狄格州的用工成本"包括工资、补助和失业保险——比弗吉尼亚州高 20 倍"。该报道合理吗？假设其合理，那么你就会想到：应该有大量的公司会从康涅狄格州搬到弗吉尼亚州——而不是只有这一家纺织厂。果真如此的话，那么现在你也理应听到相关的消息了。实际上，上述报道并非实情。为此，《纽约时报》不得不做出更正声明。那么，这种错误的报道是怎样出现的呢？当时，负责此次新闻报道的记者没有理解该工厂的一份内部报告。实际上，康涅狄格州的用工成本中只有一项，即失业保险是弗吉尼亚州的 20 倍。当我们把这项成本与其他成本计算在一起时，康涅狄格州的总失业成本其实只高出了 1.3 倍，而并非 20 倍。这位记者从未接受过企业管理方面的专业培训，所以情有可原，我们不必苛责于她。要找出此类错误，就要求我们迂回一步，进行独立思考。这一点任何人都可以做到（那位新闻记者和负责的编辑当时应当做到这一点）。

新泽西州正式通过了一项立法，规定已育有子女的母亲在领取社会福利的同时，不能再领取额外补助。[19]一些立法人员认为，新泽西州的妇女生孩子只是为了增加个人每月的福利金额。立法实施两个月后，立法者宣称，由于新生儿数量下降了 16%，"家庭福利封顶"法（"family cap" law）大获成功。《纽约时报》报道称：

> 新法实施两个月后，该州公布的统计数字表明，领取社会福利的妇女所生的新生儿人数下降了16%。[20]相关立法官员开始庆祝该项立法迅速见效。

请注意，他们统计的不是妊娠数量而是新生儿人数。这就会出现什么问题呢？要知道，妊娠期一般约为9个月，所以立法实施后，前两个月内新生儿数量的下降不能简单归因于立法本身，其原因极有可能是出生率正常的周期性波动（出生率的变化具有周期性）。

即便如此，上述报道还存在一些依靠合理性检查发现不了的问题：

> ……一段时间以后，16%的下降幅度逐渐减小为10%左右。直到此时，州政府才开始慢慢意识到，出生报告存在漏报的情况。原来，很多新生儿的母亲认为，既然自己的社会福利不会增加，那么就没有必要将刚出生的孩子上报了。[21]

上面的例子说明了统计数字收集方法存在的问题——我们自认为统计调查覆盖了所有的统计对象，实际上并非如此。有时，一些推理错误往往更难被发现。但是，通过练习，我们可以提升自己的判断力。下面，我们先来了解一种经常被误用的统计学基础工具。

饼状图是一种可以直观地表示百分率的简易工具。它可以显示整体中不同部分的分布情况。或许，你想知道一个学区在诸如教职工工资、教学材料和设施维护方面的预算支出的百分比情况。又或许，你想了解一下教学材料预算资金在算术、科学、语言艺术、体育、音乐等学科上分配的百分比情况。饼状图的基本使用规则是各百分比的总和必须等于 100%。试想有一个大圆饼，假如有 9 个人都想要其中的一个等份，那么你就不能把圆饼切成 8 份，而只需把圆饼按人数等份切割即可。尽管饼状图的使用规则如此简单，但却不能阻止福克斯新闻（Fox News）发布下面这样的饼状图：

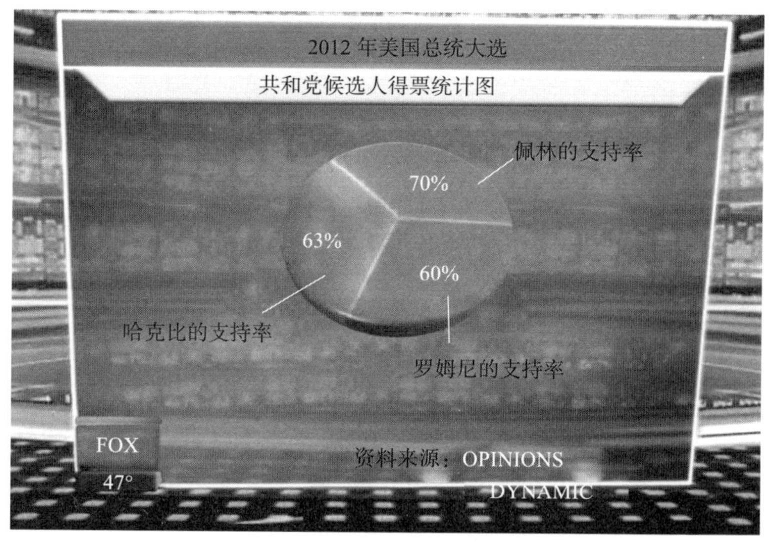

饼状图使用第一规则：各百分比总和必须为 100%
（2010 年，福克斯新闻）

你可以想象一下这种情况是如何产生的。由于选民可以选择投票支持一个以上的总统候选人，所以不应该用饼状图来表示选举结果。

第2章 平均数的妙用

平均数是一种非常有用的概括统计量，甚至比饼状图还易于理解。有了平均数，我们就可以用单一数字来描述大量的信息。比如，我们可能需要知道一间屋子里的全体人员所拥有的平均财富，以便让资金募集者或销售经理确定是否有必要与他们会面。又比如，我们也许需要了解汽油的平均价格，才能估算从温哥华驾车到班夫的交通成本。然而，平均数有时也具有一定的迷惑性和复杂性。

计算平均数的方法有三种，其计算结果往往各不相同。因此，具备统计学敏锐感的人们通常都会避免笼统地使用“平均数”一词，而代之以算术平均数、中位数和众数这些更为准确的术语。我们不说“中间平均数”“居中平均数”，或干脆简称为“平均数”，我们一般称其为算术平均数、中位数和众数。有时候，这三种平均数的数值相等，但多数情况下却并不相同。如果你只看到“平均数”一词，一般情况下它指的是算术平均数，但你也不能就此肯定。

上述三种平均数中，算术平均数最常见。把全部观测或报告数值相加，再除以相应数字的个数，即可得到算术平均数。例如，对于身处同一间屋子里的所有人来说，他们拥有财富的平均数就等于总财富除以总人数。假如屋子里有 10 个人，每个人有 10 万美元，那么总财富就是 100 万美元。无须使用计算器，你就能计算出所有人的财富算术平均数为 10 万美元。再假如，另一间屋子里同样有 10 个人，每个人有 5 万 ~15 万美元，但总财富也是 100 万美元，那么此房间里所有人的财富算术平均数仍然为 10 万美元（原因在于，我们采用的计算方法都是用总财富 100 万美元除以总人数 10，而不考虑具体每个人的财富）。

中位数指的是位于一组数字（统计学家称其为一个分布）中间的那个数字：整组数字中有一半数字大于该数字，而另一半数字则比它小。上文提到，平均数可以用单一数字来描述大量的信息。在你的统计观测值中，当一些观测值与绝大多数观测值之间存在巨大差异时，中位数就可以很好地起到这种作用。统计学家称其为极端值。

如果我们拜访的屋子里面有 9 个人，假设其中 8 个人都有 10 万美元左右，而且只有 1 人由于负债而濒临破产，此人有 50 万美元的债务，那么，这个屋子里 9 个人的财富情况为：

第一个人：–500000 美元

第二个人：96000 美元

第三个人：97000 美元

第四个人：99000 美元

第五个人：100000 美元

第六个人：101000 美元

第七个人：101000 美元

第八个人：101000 美元

第九个人：104000 美元

现在，我们把上述数字相加，所得结果为 299000 美元；再除以统计观测值的总个数 9，得到的算术平均数为 33222 美元。但是算术平均数似乎并没有起到描述屋子里 9 个人的财富特征的作用。从所得的算术平均数来看，你的资金募集者或许会认为已经没有必要与这些人会面。把财富平均数拉低的其实只有 1 人，即有 1 个极端值。这就是算术平均数本身存在的问题：它对极端值敏感。

上述一组数字的中位数应为 100000 美元：有 4 人的净财富值小于它，另外 4 人的净财富值则大于它。该组数字的众数为 101000 美元，它在整组数字中出现的次数最多。在这个特殊的例子当中，中位数和众数的作用要比算术平均数更大。

利用各种平均数来操控数据，从而实现个人的某种目的，其方法有很多种。

现在我们假设：你和两位朋友一起创办了一家公司，有 5 名员工。时值岁末，你准备向全体员工通报公司的财务状况。因为这样做，一则能使废寝忘食、辛劳一年的员工感到欣慰；二则还可以为公司吸引投资方。假设 4 名员工（均为程序员），每人的年薪为 70000 美元，另外 1 名员工（接待人员 / 办公室经理）的年薪为 50000 美元。那么，公司所有员工全年工资的算术平均数为 66000 美元［（4 × 70000+1 × 50000）/5］。你和其他两名合伙人，每人的年薪按照 100000 美元计算。据此，可计算出公司的年度工资成本为：4 × 70000+1 × 50000+3 × 100000=630000 美元。再假设公司该年度的利润为 210000 美元，你把这部分钱作为奖金与其他合伙人平均分配。那么，公司三位创始人每人每年可得到 170000 美元（100000+70000）。如何针对这些情况写年度财务报告呢？

你可以这样汇报：

员工平均薪水：66000 美元

公司创始人平均薪水 + 平均所得奖金：170000 美元

虽然这样的财务报告很真实，但极有可能除了你和你的母亲之外，其他人都不会感到满意。如果员工风闻此事，他们可能会觉得公司亏欠自己，而潜在的投资方则会认为公司创始人得到的回报过多。因此，你还可以这样汇报：

员工平均薪水：66000 美元

公司创始人平均薪水：100000 美元

利润：210000 美元

这样的报告会让潜在的投资方更满意。对于你已经把利润在创始人之间进行分配一事，大可略去不提。在向员工做通报时，你也可以省略最后一项有关公司利润的内容。4 名程序员都会觉得公司看重他们的价值，因为他们的年薪高于员工平均薪水水平。那位负责接待事宜的办公室经理则不会心满意足，毫无疑问，她知道程序员的薪水肯定比自己高。

现在我们再假设：你认为公司人手紧缺，想要招聘新员工。你想就此说服那两位对批判性思考知之甚少的合伙人。就像很多公司的做法一样，你可以把 210000 美元的利润在 5 名员工之间进行分配，从而做出关于“员工人均年度创造的利润”的年度财务报告：

员工平均薪水：66000 美元

公司创始人平均薪水：100000 美元

员工人均年度创造的利润：42000 美元

此时，你便可以宣称，公司支付给员工薪水的 64%（42000/66000）最终都会以利润的形式收回。这意味着，在收回全部年度利润后，公司真正用于支付员工薪水的部分只有全部员工年度总工资的 36%。当然，这些数字并不能说明增加员工人数可以提高公司的利润额。公司的利润额也有可能与员工人数毫不相干。但是，对于不会进行批判性思考的人来说，这个年度财务报告足以作为你提议增加员工人数的理由。

我们再来看一种假设情形。假如你想要宣称：作为一名管理者，你对待员工非常公平、公正，并且实际上创始人获得的利润和员工的薪水非常合情合理。那么，怎样做年度财务报告呢？你可以拿出 210000 美元的利润，将其中的 150000 美元作为自己和其他合伙人的工资或奖金，而把剩余的 60000 美元报告为“利润”。这一次，在计算公司平均薪水时，要把你和另外两位合伙人的工资和奖金包括在内。

公司平均薪水：97500 美元

公司创始人平均利润：20000 美元

下面的报告则更有趣：

工资总成本 + 奖金：840000 美元

总薪水：780000 美元

公司利润：60000 美元

这个报告看上去就非常合理了，是吧？整家公司可用于支付员工薪水的资金加上利润总共为 840000 美元，其中公司所有者拿走的经营利润只有 60000 美元（7%）。你的员工肯定认为你无可指责——谁会对只拿走利润 7% 的创始人心存怨言呢？其实，一个创始人拿走的利润远没有这么多——7% 的利润还要在三名公司创始人之间平均分配，每人只能得到 2.3% 的利润。这根本不值得抱怨！

你的年度财务报告甚至可以做得更出色。假如在开始经营的第一年，公司只有兼职员工，他们每年可为公司创造 40000 美元的利润。第二年，公司只有全职员工，所创造的利润为上面提到的 66000 美元。此时，你就可以如实宣告：公司员工创造的年度平均利润上涨了 65%。这显示出你是多么出色的一位管理者！不过，此处，你在报告中掩盖了对比兼职员工和全职员工的事实。这种做法并非你的首创：早在 20 世纪 40 年代，美国钢铁公司就使用过这种方法。

在刑事审判中，信息的呈现方式——统计所取的抽样单位——深刻地影响着陪审员对嫌疑人有罪与否的最终判决。请看这样两条证词：（1）“如果从犯罪现场采集的血滴不是来自犯罪嫌疑人，那么后者的血型与其相匹配的可能性只有 0.1%”（千分之一）；（2）“休斯敦市有千分之一的人血型与犯罪现场的血滴相匹配”。尽管这两条证词在数学意义上完全等价，但比较一下，第一条证词远比第二条证词更有说服力。[22]

平均数常用于表达诸如“每 X 个婚姻中就有 1 个以离婚收场”之类的统计结果，但这并不意味着这样的统计结果就一定适用于你所在的街区、桥牌俱乐部或你认识的人。它可能适用，也可能不适用——因为它表达的只是全国范围内的一种平均情况，还可能存在某些干扰因素，它们在预测谁将会离婚、谁不会离婚中也起着一定作用。

与此类似，也许你曾读到过这样的报道：每 5 个新生儿当中就有 1 个是中国婴儿。你注意到，街上的那个瑞典家庭已经有了 4 个孩子，而且现在母亲腹中正怀着 1 个孩子。不过，这并不意味着这位瑞典母亲即将生出一个中国婴儿——“每 5 个新生儿当中就有1个是中国婴儿”的说法指的是全世界范围内新生儿的一种平均情况，并非限定于某个特定家庭或街区，甚至特定国家的出生情况。

对于各种平均数及其使用方法，我们一定要多加小心。它们在迷惑我们时所采用的一种方法是：把从完全不同的总体中抽取的样本综合在一起。采用这种方法，就会得出类似下面这样荒谬的论述：

> 平均来说，人类的睾丸数量为1个。[23]

这个例子说明了算术平均数、中位数和众数之间的差别。由于世界上女人的总人数略多于男人的总人数，所以中位数和众数均为0，而算术平均数接近于1（为0.98左右）。

另外，还有一点也需要小心对待并铭记于心：平均数并不能说明整组数字的范围。加利福尼亚州死亡谷年平均气温为77华氏度（25摄氏度），令人感觉非常舒适。但是，该地区气温的变化范围却可能要了人命。因为有记录显示，死亡谷的气温范围在15华氏度（–9.44摄氏度）至134华氏度（56.67摄氏度）。[24]

再举一例：在一间有100个人的屋子里，所有人的财富平均数非常巨大，达到3.5亿美元。你很有可能认为，这里就是你要派100名最优秀的销售人员去的地方。但是，这间屋子里的100个人可能是由马克·扎克伯格（Mark Zuckerberg，拥有350亿美元净资产）和99名穷人组成。平均数往往会抹去一些重要的差异。

在面对平均数时，我们还要对双峰分布保持警惕。我们知道，众数是一个数组中出现频率最高的数字。在生物学、物理学和社会学的很多数据集当中，数字的分布往往会呈现两个或多个峰——也就是，两个或多个数字出现的频率高于其他数字。

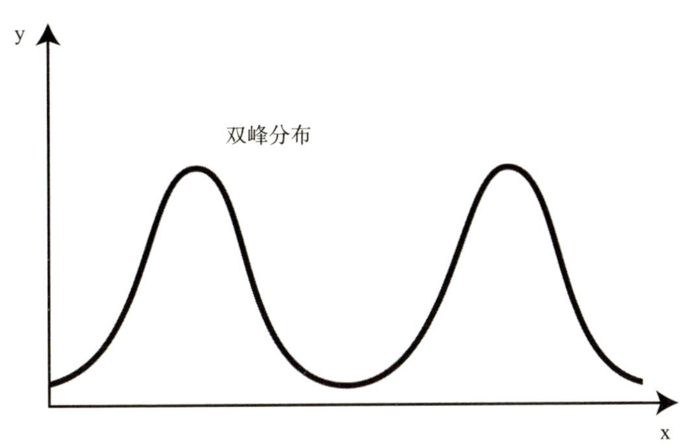

例如，类似上面的图，它表示的可能是一周内的午餐费用支出（x 轴）和用餐人数（y 轴）。[25] 假设在你的统计调查中存在不同的两组人：儿童（左峰——他们在学校购买午餐）和企业主管（右峰——他们在豪华餐厅就餐）。这里的算术平均数和中位数可能恰好是位于两个峰值之间的某个数字，所以它们说明不了多少实质问题。事实上，在很多情况下，没有人的午餐费用数字会是算术平均数和中位数所代表的数字。这样的图往往表明，你的样本存在异质性，或者说你所比较的是两种没有可比性的事物。此处，在报告中指出这属于双峰式分布，并且分别给出两个众数，这才是更妥当的做法。把上述不同的两组人分开，并分别统计，才是最佳的处理方式。

不过，当根据平均数得出个人和群组的统计学结论时，一定要提高警惕。鉴于在这方面常常会犯相同的错误，人们对这些错误进行了命名：生态学谬误和例外谬误。当我们依据综合数据（如群组的算术平均数）推断个体情况时，便会出现生态学谬误；而当我们根据少数例外的个体数据推断整个群组的情况时，则会出现例外谬误。

例如，我们假设有两个小城镇 A 和 B，每个城镇的居民人口均为 100 人。城镇 A 中有 99 人每人每年可赚到 80000 美元，剩下的 1 人是在自家土地上从事石油钻探的一名超级女富豪，她每年的收入高达 5000000 美元。城镇 B 中有 50 人每人每年可赚到 100000 美元，另外 50 人每人每年的收入为 140000 美元。城镇 A 居民年收入的算术平均数为 129200 美元，城镇 B 居民年收入的算术平均数为 120000 美元。尽管城镇 A 居民年收入的算术平均数较高，但如果分别从两个城镇中随机选择一人来比较其年收入，那么来自城镇 B 的人收入高于城镇 A 的人的概率为 99%。从算术平均数较高的群组中随机选择某人，其年收入很可能也较高，这种看法就属于生态学谬误。

再比如，有种观点认为，富裕的选民更有可能把选票投给共和党，但证据表明较富裕的州往往倾向于投票支持民主党。在这些较富裕的州里，人口数量百分比较小的超级富豪可能使得整个州的财富数字发生了偏离。2004 年美国总统大选期间，共和党候选人乔治 · W. 布什在较贫穷的 15 个州获胜，而在较富裕的 11

个州中，有 9 个州选择了支持民主党候选人约翰·克里。[26] 然而，62% 的年收入超过 200000 美元的选民选择投票给布什，而只有 36% 的年收入不超过 150000 美元的选民把选票投给了布什。

下面我们举一个例外谬误方面的例子。你可能了解到，沃尔沃汽车属于性能最可靠的汽车品牌之一。所以，你下定决心购买一辆沃尔沃汽车。你去该品牌 4S 店的途中，恰好从一个沃尔沃修理厂旁边经过。此时，你发现停车场上停满了待修理的沃尔沃汽车。如果你据此改变购买沃尔沃汽车的决定，那么你的所作所为就是在使用数量相对较小的例外情况来推断群组的整体情况。从没有人说过沃尔沃汽车不需要修理，只不过整体而言，这个品牌的汽车出现故障的可能性较小而已（沃尔沃公司有一条提示性的广告语——“具体情况可能会有不同”。这条广告语之所以随处可见，原因即在于此）。同时也要注意，例外谬误在此处还以这样一种方式使你受到了过多的影响：沃尔沃汽车只能在沃尔沃专属修理厂修理。由于你的“基准率”已经发生了转移，所以不会将其视为随机样本。

既然此时你也算是平均数方面的专家了，那么下面这个非常著名的错误认识不应该出现在你身上，即认为生活在 100 年前的人的寿命不如现代社会的人的寿命长。或许你已经了解到，现代社会人们的预期寿命一直在平稳地提高。对于出生在 1850 年的人来说，男女的预期寿命分别为 38 岁和 40 岁；而对于出生在 1990 年的人来说，男女的预期寿命分别为 72 岁和 79 岁。[27] 所以有一种观点据此认为，与 20 世纪相比，19 世纪时五六十岁的人并不多见，其原因就在于生活在19世纪的人的预期寿命更短。但实际上，19世纪的人确实活到了同样的岁数——只不过当时婴儿和儿童的死亡率很高，因此拉低了人们的整体预期寿命。在那个时代，如果一个人活过了20岁，那么他的寿命也可能很长。的确，在1850年，一位50岁的白人妇女有望活到73.5岁，60岁的白人妇女则可能活到77岁。现代社会五六十岁的人的预期寿命确实提高了，与1850年相比，预期寿命提高了10年左右。这主要应归功于更好的医疗卫生条件。在上文中，我们曾列举了整间屋子都是收入差别很大的人的一个例子。与该例相同，过去的175年里人们出生时平均预期寿命的各种平均数的变化，反映了两个统计样本之间存在的巨大差异：相对而言，19世纪时的婴儿死亡率更高，所以拉低了人们的预期寿命。

请看一个脑筋急转弯：为什么一个家庭拥有的孩子的平均数量并不等于家庭总数的平均数？[28] 因为统计基准发生了转移［我在此处使用了“平均”一词而未使用“算术平均数”，完全是出于对詹姆斯·詹金斯（James Jenkins）和特雷尔·图滕（Terrell Tuten）二人的尊重，他们共同写了一篇探讨同一主题的论文，并且论文的标题使用的就是“平均”一词］。

现在，我们假设你读到了这样一条信息：在一个位于市郊的社区里，每个家庭平均有3个孩子。那么，你也许会得出结论说，每个孩子平均都有两个兄弟姐妹。但是，这种结论并不正确。当我们提出下述问题时，也会犯与此相同的逻辑错误：每位大学生上的是不是规模平均的大学；每位员工挣的是不是平均工资；或者每棵树木是否平均取自每片森林。

上面所举的所有例子都与统计的基准或我们所研究的样本群组的转移有关。当计算每个家庭的平均孩子数量时，我们的统计样本以家庭为单位。成员很多的家庭和成员很少的家庭当然各自只能算作一个家庭。而当我们计算孩子拥有的兄弟姐妹的平均数（算术平均数）时，我们的统计样本则以孩子为单位。在成员数量很多的家庭里，每个孩子都要计算一次，所以每个家庭中孩子拥有的兄弟姐妹的数量对于孩子兄弟姐妹的平均数来说，显得非常重要。简而言之，一个有 10 个孩子的家庭，在关于家庭平均孩子数量的统计中只计算一次，但在孩子的平均兄弟姐妹数量统计中则要计算 10 次。

假设在这个假想的社区里，有一条街道上居住着 30 个家庭。其中，4 个家庭没有孩子，6 个家庭各有 1 个孩子，9 个家庭各有 2 个孩子，11 个家庭各有 6 个孩子。那么，每个家庭平均拥有 3 个孩子，因为 90（孩子总数）除以 30（家庭总数）即为 3。

我们再来看每个孩子拥有的兄弟姐妹的平均数情况。[29] 人们所犯的错误在于，他们认为假如每个家庭平均拥有 3 个孩子，那么每个孩子必定平均拥有两个兄弟姐妹。但是，在上述拥有 1 个孩子的家庭当中，6 个孩子都没有兄弟姐妹。在拥有两个孩子的家庭当中，18 个孩子平均都有 1 个兄弟姐妹。在拥有 6 个孩子的家庭当中，66 个孩子平均都有 5 个兄弟姐妹。对于全部 90 个孩子来说，他们的兄弟姐妹总数为 348 个。因此，尽管平均来说，每个孩子都来自平均拥有 3 个孩子的家庭，但是却有 348 个兄弟姐妹可以在全部90个孩子中间进行平均分配，或者说，每个孩子平均拥有的兄弟姐妹数量约为4个。

	家庭数量	平均每个家庭的孩子数量	孩子总数量	兄弟姐妹数量
	4	0	0	0
	6	1	6	0
	9	2	18	18
	11	6	66	330
总计	30		90	348

注：平均每个家庭的孩子数量：3.0。
平均每个孩子的兄弟姐妹数量：3.9。

现在，我们再来思考有关大学规模的问题。美国有很多规模较大的大学（比如俄亥俄州立大学和亚利桑那州立大学），这些大学的在校学生人数均超过了50000人。在校学生人数在3000人以下的规模较小的大学（比如肯扬学院和威廉姆斯学院）也为数众多。如果以学院为统计单位，我们会发现，平均规模学院的在校学生人数为10000人。而如果以学生为统计单位，我们将会看到，平均来说，每位学生所上的大学都是在校学生人数超过30000人的大学。之所以出现这样的结果，其原因在于，当统计学生时，我们从规模较大的学校那里得到了多得多的数据量。类似地，人们并不都分散着住在城市里，平均水平的高尔夫玩家打的也不是平均的回合（总击球数为18洞）。

以上这些例子都涉及了统计基准或分母的转移。在上文中讨

4 个家庭每个家庭各有 0 个孩子

6 个家庭每个家庭各有 1 个孩子，共 6 个孩子，均无兄弟姐妹

9 个家庭每个家庭各有两个孩子，每个孩子各有 1 个兄弟姐妹

11 个家庭每个家庭各有 6 个孩子，每个孩子各有 5 个兄弟姐妹

论儿童的死亡率时，我们就曾触及了偏态分布。我们再看一个这方面的例子：平均来说，每个投资人赚取不到平均回报。[30] 在一项研究中，投资 100 美元，投资期为 30 年，最终的回报为 760 美元，或者说每年的回报率为 7%。但实际情况表明，不但有 9% 的投资人的投资受损，而且高达 69% 的投资人最终都没能得到平均回报额。这是因为，投资所得超过平均投资回报额的少数投资人使得平均回报发生了偏离。在下面这张图中，那些幸运的投资人

大赚了一笔，他们把算术平均数拉向了右边。

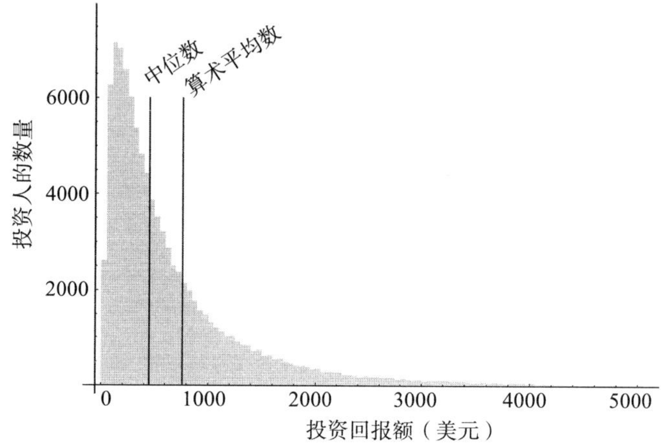

一项投资额为 100 美元、投资期为 30 年的投资回报结果。请注意，大多数投资人的回报小于投资回报的算术平均数，而少数一些幸运的投资人所得到的投资回报超过了投资回报算术平均数的 5 倍。

第3章　数轴的诡计

虽然人类的大脑进化至今仍旧不能处理数量巨大的、以数字表示的数据文本，但人的眼睛却可以捕捉形象化数据所含有的模式。通过制作表格来展示每个单一的数值是一种呈现数据的方式。虽然这种方式呈现出来的数据最准确，但其可解释性却又最小。不过，对于绝大多数人来说，在这样的数据中识别模式和趋势比较困难，或者说几无可能。因此，我们需要依靠图表的辅助。图表一般分为两大类：一类使用形象化的方式来代表每一个数据点（如散点图）；另一类采用的是数据缩减的方式，我们借以把数据汇总考查，比如只分析数据的算术平均数或中位数。

使用图表操纵、扭曲和错误地呈现数据的方法有很多种。认真细致的信息接收者总能做到免受其害。

数轴未做标记

用统计图表说谎的最基本方法是在数轴上不做任何标记。如果不标记数轴，那么你就可以随意绘制图表！我们来看一个例子。在一个学术大会上，一个学生向听众展示了下面这样一张图（已重新绘制）：[31]

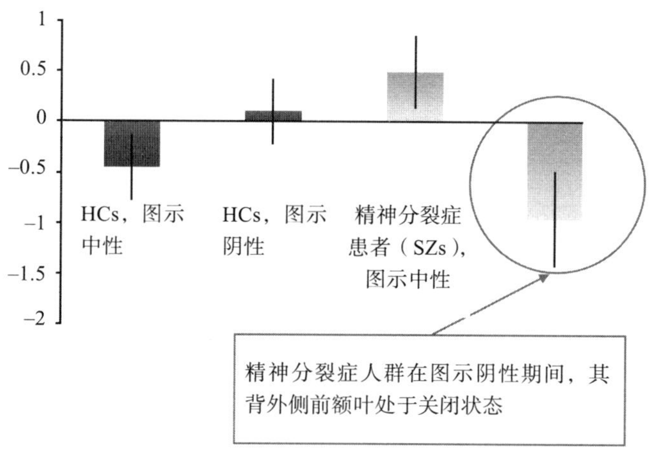

这张图传达的是什么意思呢？从报告的文本中我们了解到，这个大会的议题是关于精神分裂症患者的大脑激活。那 HCs 又代表什么意思呢？我们不得而知，但从报告文本看——它所代表的内容是在与精神分裂症对比——所以我们猜想，它可能代表的是“健康管理”。现在，HCs 和 SZs 两者看起来确实有不同之处，但是，嗯……图中的 y 轴标有数字，但却没有任何单位！我们面前的这张图到底代表什么？考试分数？大脑活动水平？激活脑区的数量？是他们吃掉的吉露牌布丁的数量，还是他们最近 6 周观看的、由约翰尼·德普（Johnny Depp）主演的电影数量？（公平地讲，参加这个大会的研究人员随后在一本由同行评审的期刊上发表了上图所示的研究结果，并且在一家网站指出图中的错误之后，对该图做了更正。）

下面例子中的图是关于一家出版公司的销售总额的，并且剔除了营销初期的销售数据。[32]

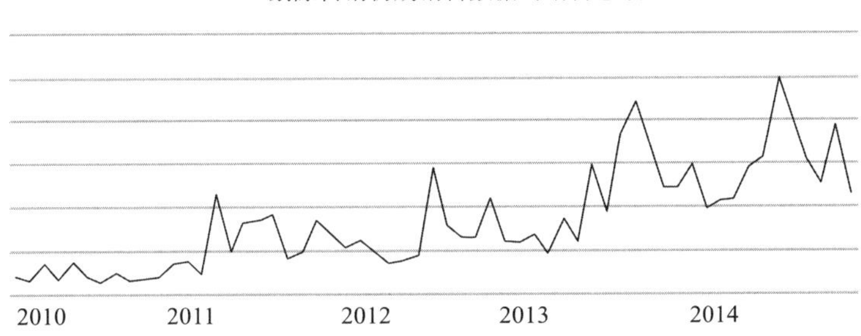

这张图的情况正如前例一样，只不过这次的问题出在了x轴上。虽然x轴上标记了数字，但却没有说明数字代表的是什么。此例的情况多少有些不言自明：我们猜想2010年、2011年等指的是自然年度或财务年度，各年份之间的图形凹凸起伏说明是按照月份来取的数据（由于没有标记，所以我们只能猜想）。图中完全没有y轴，所以我们不清楚它衡量的内容（是销售单位，还是货币单位）。我们也不知道每条水平直线的意义。该图描述的可以是销售额从50美分/年增长到5美元/年，或者从5000万增长到5亿。不要担心，此图还附有一条有用的说明："这又是一个收获很大的年份。"我们只好认同这种说法了。

截短纵轴

一张绘制精良的图能够清晰地向你展示出一个连续体相关的终止点。如果你记录的是数量的实际或预计变化情况，这一点尤为重要。因为你的目的是要让读者从图中得出正确的结论。如果你的图表示的内容是犯罪率、死亡、出生、收入或其他任何可以取 0 值的数量，那么 0 就是图的最低点。但如果你的目的是制造一种使人感到恐慌或愤慨的效果，那么就要在接近图最低点的地方开始画 y 轴——这样做能够使你想要凸显的差异得到强化，因为人的眼睛会注意到图展示的差异大小，同时差异的实际大小却被弱化了。

2012 年，福克斯新闻播报了下面这张图，[33] 其目的是说明如果布什总统的减税计划终止将会发生的情况。

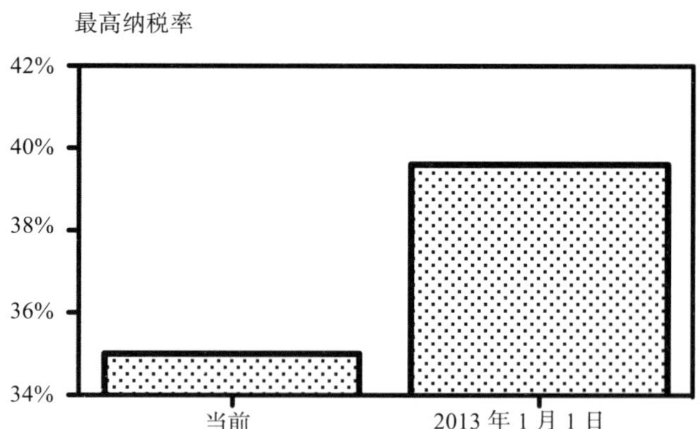

这张图给人的直观感觉是税率将会大幅上升：右边的条形图的大小是左边的条形图的6倍。谁希望自己要缴的税上涨5倍呢？有数字恐惧症的人或仓促之间看到这张图的人，也许根本没有时间仔细分析，所以他们发现不了实际的税率是从35%涨到39.6%。也就是说，如果布什总统的减税计划终止，实际税率的上涨幅度只不过是13%，并非该图所示的600%（4.6%的上涨幅度相当于起始税率35%的13%）。

假如y轴从0开始，那么13%的税率上涨幅度便一目了然：

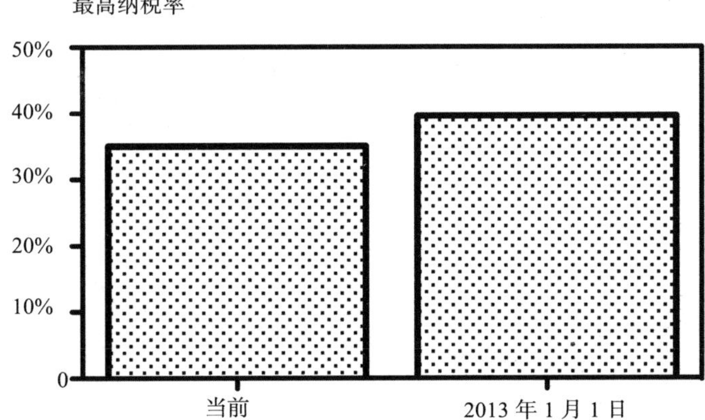

横轴或纵轴不连续[34]

我们假设有这样一个城市：在过去的10年里，该市的犯罪率每年都以5%的速度增长。据此，也许你会画出如下这张图。

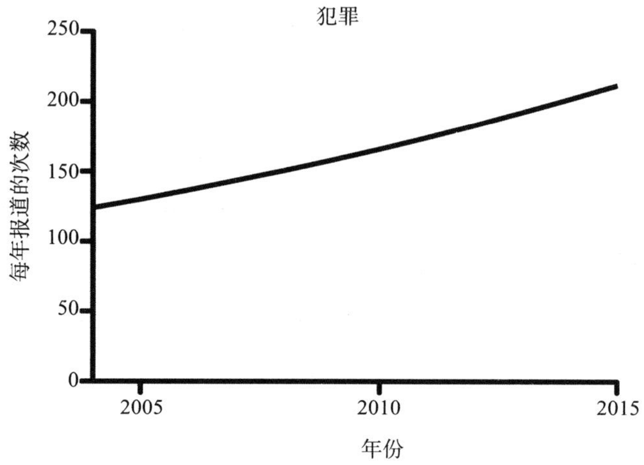

这张图并没有问题。假如你现在是一名家庭安全系统销售员，你想通过制造恐慌心理来促使人们购买你的产品。你使用与上面的图完全相同的数据，只要在 x 轴上截去一小段从而使其不连续，就可以扭曲真实情况，巧妙地骗过人们的眼睛（见下图）：

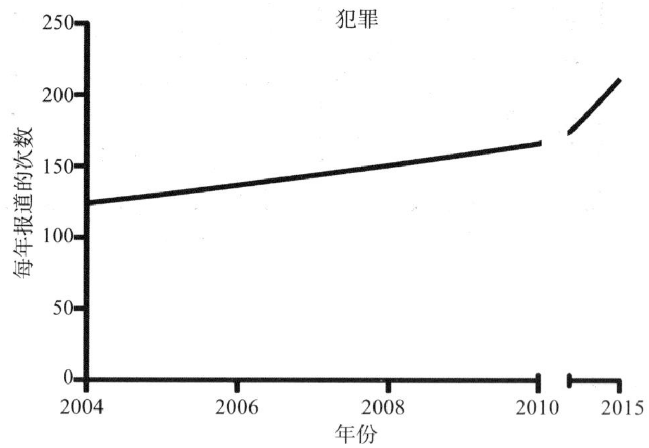

该图给人的直观印象是犯罪率陡然上升了。不过，你对真实情况心知肚明。图中 x 轴上的不连续相当于把 5 年的数据强行用

在了之前图中两年所占据的空间中，难怪犯罪率会明显上升。这就是绘图的一个基本缺陷，但由于大多数读者根本不会仔细地观察数轴，所以这样的图才侥幸得以存在。

你大可不必束缚自己的创造力（只截断 x 轴），还可以通过在 y 轴上制造不连续来得到相同的效果，然后再把不连续之处加以掩盖。既然这里已经提到了，那么就让我们来截断 y 轴。

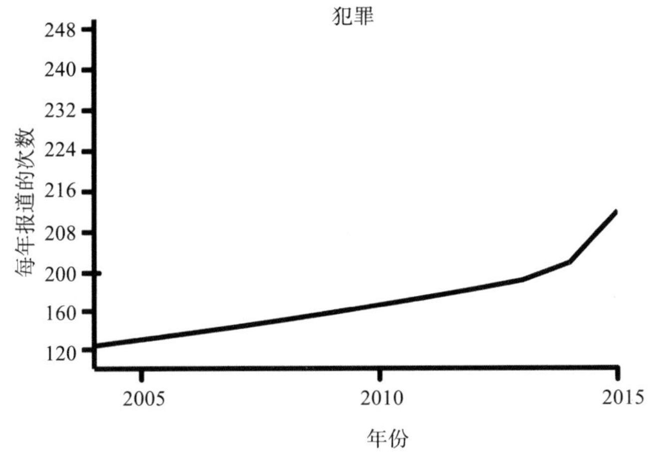

这样做多少有些卑劣的意味。大多数读者只会看图内的曲线，并不会留意竖轴上两个刻度的间隔刚开始时为 40，刻度达到 200 后，相邻刻度的间隔为 8。这是不是让人感觉非常有趣？

诚实的做法是采用第一张图，其数轴的连续性比较合理。现在，如果要批判性地评估这个统计数据，那么你或许会问，数据的收集或表达方式是否存在某些掩盖了潜在事实真相的因素。

一种可能的情况是，犯罪率的上升只发生在一个治安状况极其糟糕的社区，整个城市所有其他地区的犯罪率实际上都在下降。或许，警方和社区认定某个特定社区的治安已经无法管理了，所以终止了在那里的执法活动。整体来说，这个城市是安全的——甚至可能比从前还安全——只有其中的一个社区是整个城市犯罪率上升的罪魁祸首。

另一种可能的情况是，我们把各种不同的社会抱怨混在了一起，然后将其全放在了“犯罪”这个包罗万象的类别中。由此，我们忽视了这样一个重要的考虑：也许，该城市的暴力犯罪率已经下降为 0，所以警方腾出了大把的时间，转而把主要精力放在为那些走路不遵守交通规则的人开罚单上了。

在努力理解这个统计数据的真正意义时，也许你会进一步提出一个最显而易见的问题：“在那段时期，这个城市的总人口出现了怎样的变化？”假如该城市的人口每年以高于 5% 的速度增加，那么整个城市的人均犯罪率实际上下降了。为了说明这一点，我们可以把该城市每 10000 人的犯罪数量绘制成如下这张图。

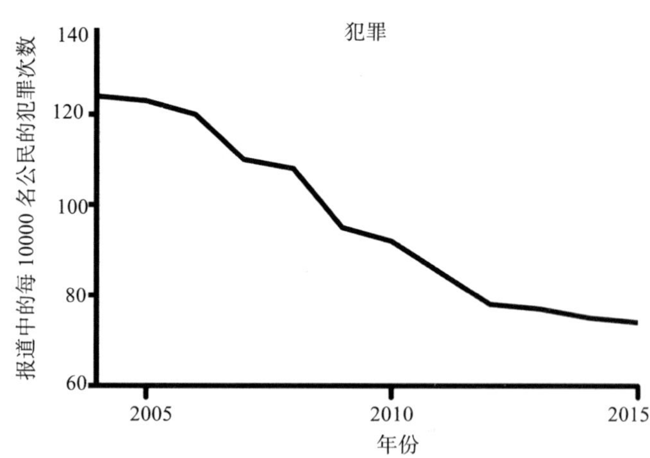

选择恰当的刻度和数轴[35]

你在自己所在社区的房地产经纪公司工作，负责把过去 10 年本社区房屋价格的变化情况绘制成图。一直以来，房屋价格每年都以 15% 的速度稳定上涨。

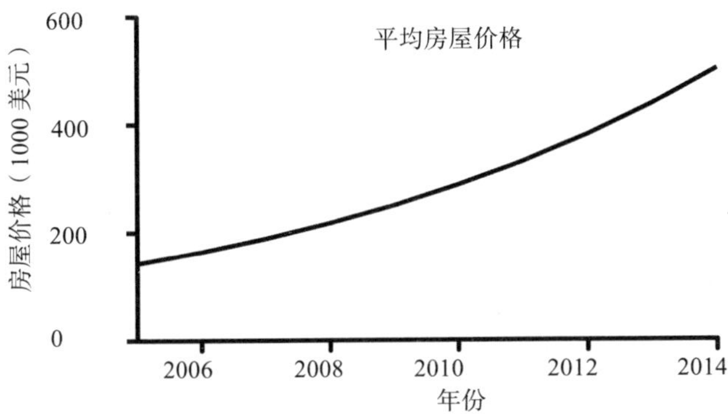

如果你想真正地为人们敲响警钟，为什么不改变 x 轴，把你现在还未拿到相关数据的年份也加到图中呢？像这样人为地在 x 轴上面增加额外的年份，可以实现压缩曲线的可视部分的效果并增加曲线的坡度，如下图所示。

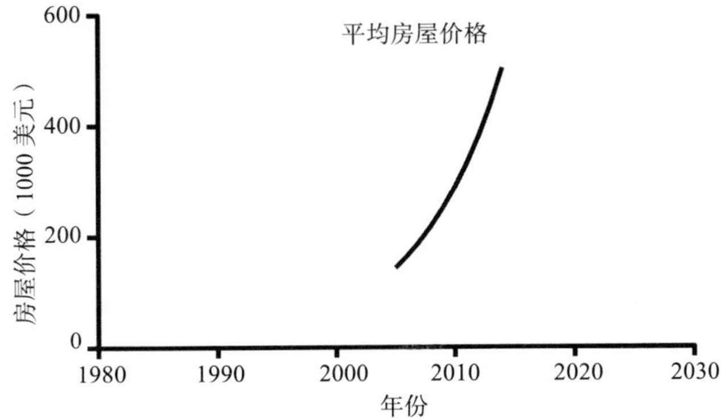

请留意这张图怎样骗过了你的眼睛（不，你的大脑），让你得出两个错误的结论：第一，在 1990 年的某个时候，房屋价格一定很低；第二，到 2030 年，房屋价格将会飙升到几乎没有人买得起的地步。最好现在就购买一套房子！

上述两张图都扭曲了真实情况，因为它们使一个稳定的增长率直观上看起来似乎变成了一个不断上涨的增长率。在第一张图中，y 轴上 2014 年的 15% 的增长率似乎比 2006 年高了两倍。有很多事物都是以恒定速度变化的：工资、物价、通货膨胀、某个物种的数量以及疾病的受害者。[36] 当你面对一种稳定增长（或下降）的情形时，最准确的数据呈现方法是使用对数刻度。当使用对数刻度时，相等的百分比变化会以 y 轴上的相等距离表示出来。所以，恒定的年度变化率则变成了一条直线，如下图所示。

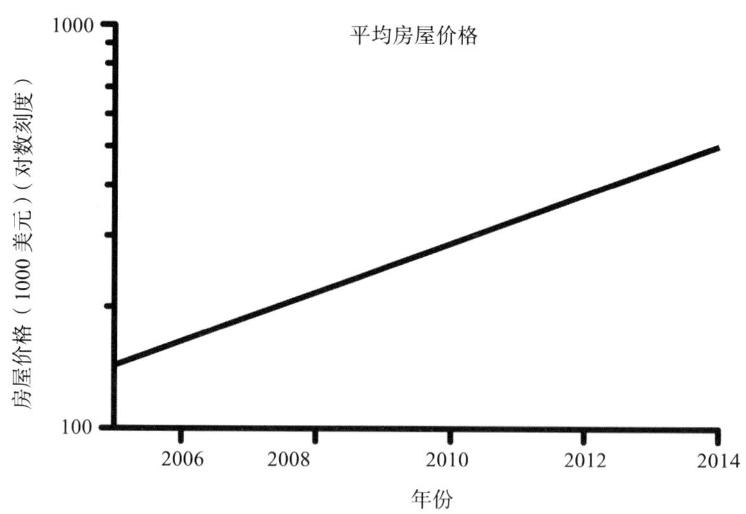

可怕的双 y 轴

只需知道绝大多数读者都不会仔细观察图这一点，图的制作者们便可以编制出各种谎言而依然能够侥幸成功。这种情况使得很多人对各种非真实的事情深信不疑。请思考下面这张图，它说明的是 25 岁的吸烟者和不吸烟者的预期寿命对比情况[37]。

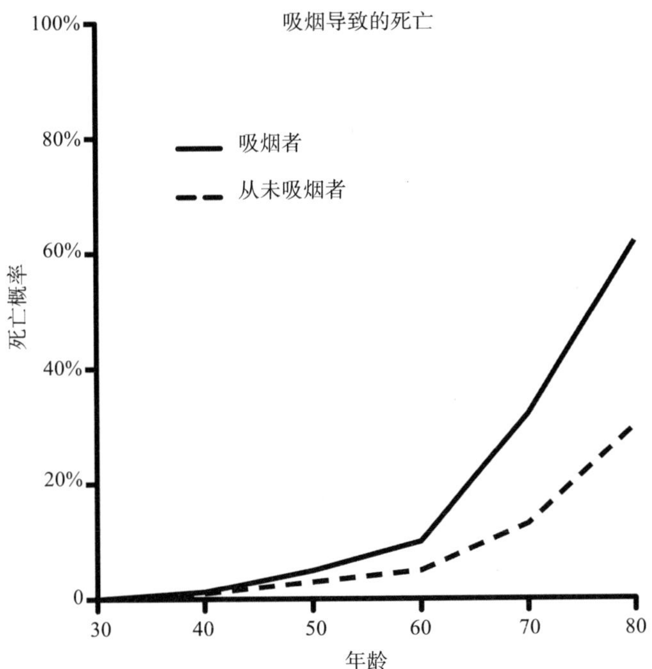

这张图清楚地说明：一，吸烟的危害随着时间的推移而不断累积；二，吸烟者很可能比不吸烟者死得更早。在 40 岁时，这两类人死亡可能性的差别并不明显。但到 80 岁时，吸烟者死亡的可能性猛增了一倍还多，从 30% 增长到了 60% 以上。这种呈现数据的方法既简洁又准确。但假如你是一名年仅 14 岁的吸烟者，你很想说服父母让他们允许你吸烟。此时，这张图显然无法帮助你。所以，你便发挥自己的特长，使用双 y 轴，即在该图的右边增加一个 y 轴。新增加的 y 轴采用不同的刻度，而且只适用于不吸烟者。这样，重新绘制后的图如下所示。

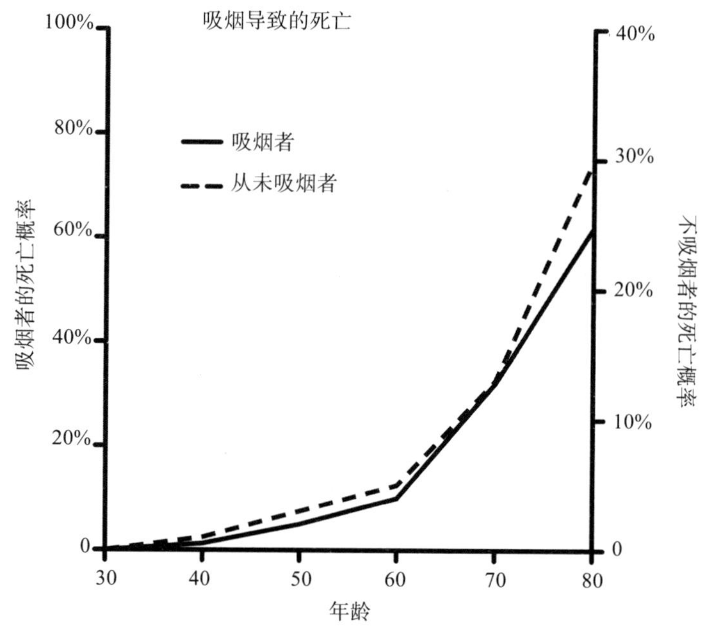

从上图中可以得知，无论吸烟与否，人们死亡的可能性几乎都是相等的。吸烟对你毫无害处，变老才会危及生命！双 y 轴的图带来的麻烦在于，你总是可以随意地更改第二个 y 轴的刻度。

《福布斯》杂志历史悠久，是一个公认的可靠信息来源。该杂志曾使用过一张类似于上面的图，来说明公立学校每名学生的学

习费用投入与他们的 SAT① 考试成绩之间的关系。[38]

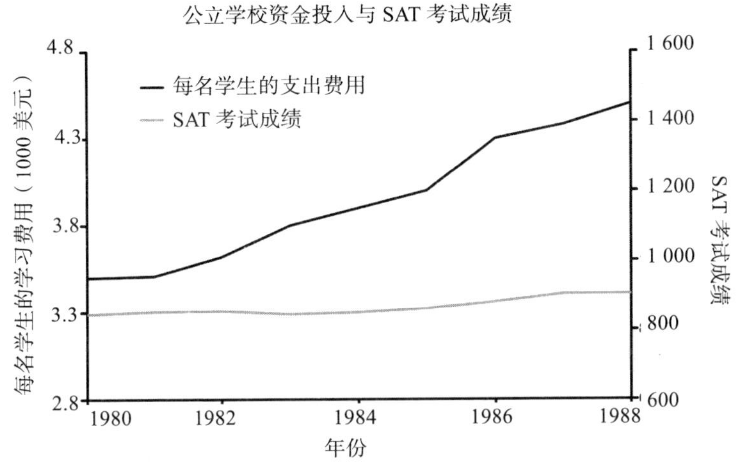

从上图来看，似乎增加每名学生的学习费用投入（黑线）对于提高他们的 SAT 考试成绩（灰线）没有任何作用。那些反对政府财政支出的政客便可以借此宣扬，公立学校学生的学习费用投入是一项浪费纳税人税金的举措。但你现在已经明白，图中第二个 y 轴的刻度是可以随意选择的。假如你是一所公立学校的管理人员，也许你依然会采用相同的数据，但会改变图中右边数轴的刻度（见下图）。瞧！增加学生的学习费用投入可以使学生得到更好的教育，因为学生的 SAT 成绩确实提高了！

① SAT（Scholastic Assessment Test，即学术能力评估测试）是美国广泛采用的一种大学入学标准化考试。——译者注

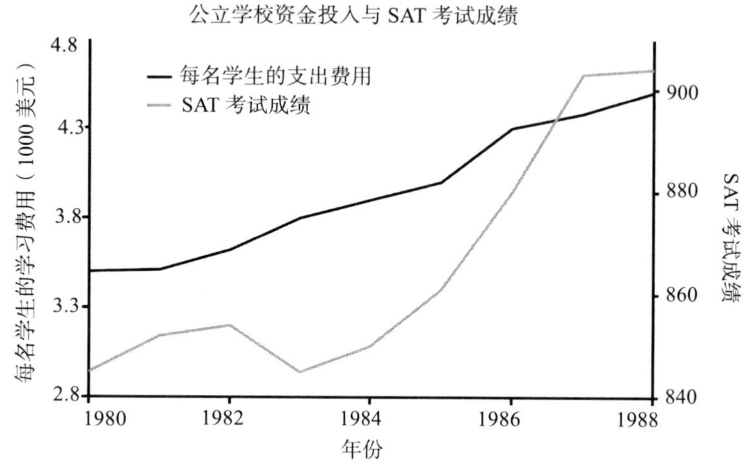

显然，修改后的图说明了完全不同的情况。哪张图反映了真实情况呢？你可能需要一种方法，来衡量一个变量如何随着另一个变量的变化而变化。这就是统计学中的相关性分析。相关系数的取值范围为 –1 到 1。当相关系数为 0 时，说明一个变量和另一个变量毫不相关；当相关系数为 –1 时，说明当一个变量增长时，另一个变量却在下降，两个变量的这种变化完全同步发生；当相关系数为 1 时，说明当一个变量增长时，另一个变量也随之增长，二者的这种变化也完全同步发生。上面讨论的第一张图，说明了相关系数为 0 的情况，而第二张图说明了相关系数接近于 1 的情况。这个数据集实际的相关系数是 0.91，关联度很高。至少在这个数据集中，当学生的学习费用投入越大时，其 SAT 成绩也会越优秀。

使用相关性分析，还可以很好地预估你所研究的变量究竟可以对结果做出多大程度的解释。[39] 0.91 的相关系数告诉我们，通过研究公立学校为每名学生投入的学习费用，我们就可以解释91% 的学生的 SAT 成绩。也就是说，相关性分析告诉我们，学习费用投入可以在多大程度上说明 SAT 成绩的差异。

2015 年秋，在美国国会的一个委员会会议期间，一场围绕双 y 轴图的争论爆发了。当时，众议员詹森·查菲茨（Jason Chaffetz）展示了一张图。该图描述的是美国计划生育协会提供的两项服务：堕胎与癌症筛查和预防。[40]

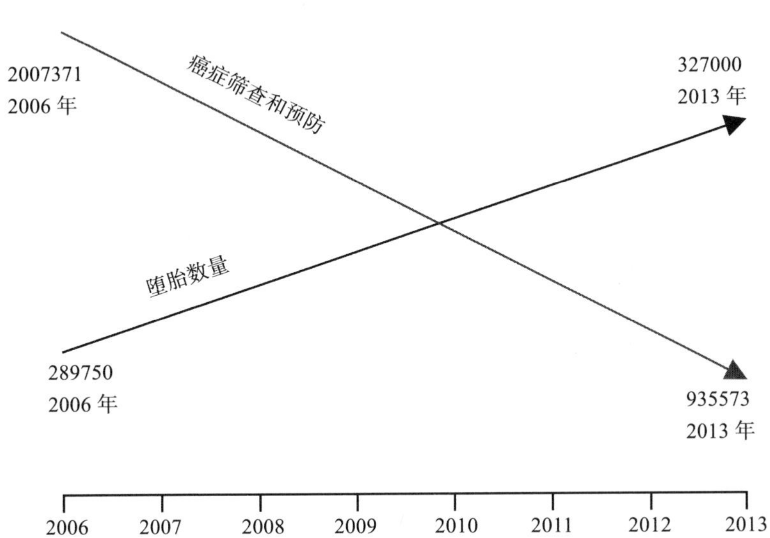

当时，这位众议员试图提出这样一种政治观点：在 7 年之间，美国计划生育协会所提供的堕胎服务的数量增加了（他对此持反对意见），同时癌症筛查和预防服务的数量却减少了。虽然美国计划生育协会并没有否认这位众议员的观点，但是，在这张扭曲了

事实的图中，堕胎服务的数量似乎超过了癌症筛查和预防服务的数量。或许该图的绘制者内心多少有些愧疚，所以还在数据点的位置标出了实际数字。我们暂时先接受图中的数据，然后进行仔细分析。图中，离现在最近的一年（2013 年）的堕胎服务的数量是 327000 例，而癌症筛查和预防服务的数量几乎是其 3 倍，达到 935573 例（顺便提一下，堕胎服务的数字如此整齐，而癌症筛查和预防服务的数字又如此精确，不免有些让人心生疑虑）。这是一个非常凶险的例子：隐性的双 y 轴图居然两边都没有 y 轴！

如果该图绘制得当，应该如下所示：

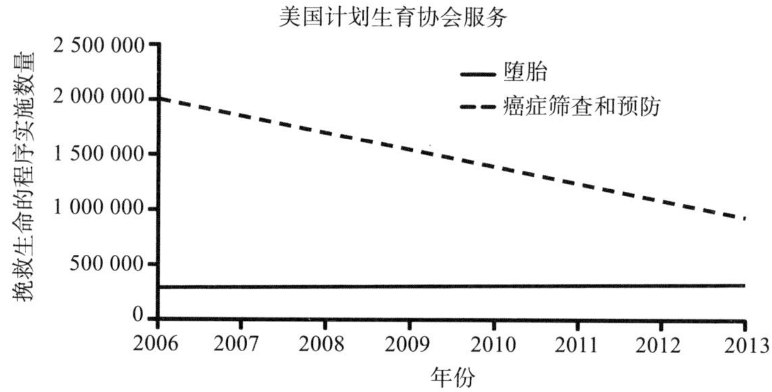

我们可以看到，堕胎服务的数量略微增长，而癌症筛查和预防服务的数量则呈现下降趋势。

关于最初的那张图，还有一点让人感到怀疑：图中的线条非常平滑。这在数据图中非常罕见。绘图者很有可能选取了两个特殊年份——2006 年和 2013 年的数据，并在比较了两者之后，将这两点用一条平滑的直线直接连接了起来。或许，他有意选择了这两个年份，目的是要强调差异；又或许，介于 2007 年和 2012 年中间的年份的相关数据波动很大。对此，我们均无法准确得知。平滑的线条给人一个完美的线性（直线）函数的印象，但这种情况极不可能出现。

类似这样的图并非总能表达人们期望的那种意义。美国计划生育协会的任务就是尽可能多提供一些堕胎服务（同时对面临癌症死亡威胁的人弃之不顾）？除了这样的解释之外，难道就没有对上述数据的其他解释了吗？请看第一张图。2006 年，美国计划生育协会提供了 2007371 次癌症筛查和预防服务，同时还进行了 289750 次的堕胎服务。它提供的癌症筛查和预防服务的数量几乎是堕胎服务的数量的 7 倍。到 2013 年，两种服务数量的差距缩小了，但癌症筛查和预防服务的数量仍然几乎是堕胎服务数量的 3 倍。

美国计划生育协会的主席西塞尔·理查兹（Cecile Richards）曾经对上述两种服务的数量差距的缩小做出了解释。一些抗癌服务项目在就医指南方面出现的变化，比如巴氏涂片检验，减少了需要做癌症筛查的人数。其他方面的变化，诸如社会对堕胎的态度、社会人口的年龄、卫生保健替代品的增加，都会影响美国计划生育协会提供这两项服务的数量。因此，图中的数据并不能够证明美国计划生育协会赞成堕胎。即使它赞成，这些数据也无法用作相关证据。

第 4 章　恶搞数字汇报

关于是否要买进一种新款汽水的股票，你正绞尽脑汁地思索着。这时，你在该公司的年度报告中偶然发现了这样一张销售数据图。

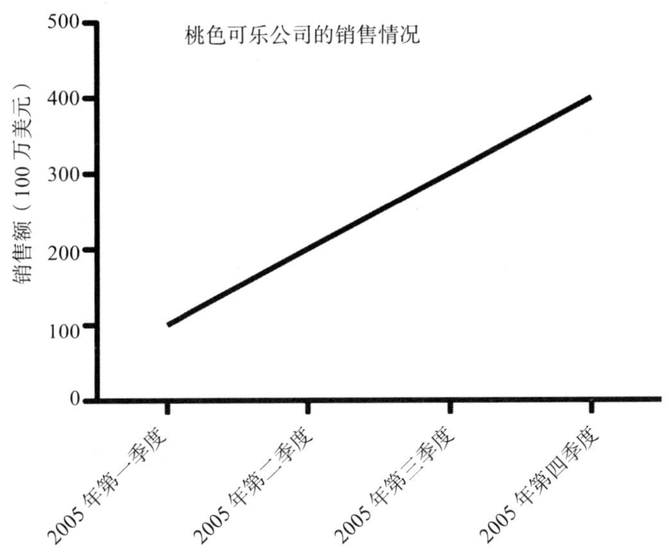

上图显示，桃色可乐公司的销售业绩非常不错——销售额呈现稳定增长的趋势。现在来看，购买该公司的股票并不存在任何问题。但在此处，我们再运用一些现实知识可能会起到较好的作用。汽水市场的竞争异常激烈，虽然桃色可乐公司的销售额正在增长，但也许并没有竞争对手的销售额的增长速度快。作为一名潜在的投资者，你真正需要分析的是桃色可乐公司与其他公司的销售额对比情况，或者说要分析该公司的销售额随着其所占市场份额的变化而呈现怎样的变化。当市场快速发展时，桃色可乐公司的销售额有可能只是略微上升，而其竞争者的市场收益则更大。下面展示的是一张非常有用的双 y 轴图。从该图所示的内容来看，桃色可乐公司的发展前景并不乐观。

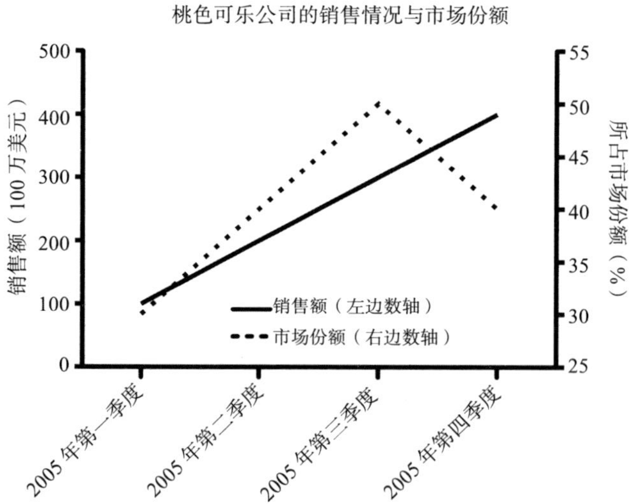

尽管我们知道，一些不道德的绘图者能够通过修改图中右侧 y 轴，使图呈现出他们想要的任何内容，但此处的这种双 y 轴图

却无可指责，因为它的两个y轴分别代表不同的内容，其数量不可以共用同一个数轴。这里的情况不同于前文有关美国计划生育协会的那张图。那张图把相同的数量（美国计划生育协会提供的服务），分别用两个不同的数轴来表示。尽管两个数轴衡量的是相同的内容，但为了操控读者的认知，它们却采用了不同的刻度。这样的做法扭曲了整张图。

看一下桃色可乐公司的盈利状况也有助于你做出是否购买该公司股票的决定：利用在生产和销售方面的效率优势，该公司极有可能在销量较低的情况下获得更多的利润。有人援引了一项统计数据，或者向你展示了一张图，并不能表明他们所持的观点得到了证明。我们应当齐心协力，确保自己得到真正重要的信息，并且忽略那些无关紧要的信息。

假设你在一家公司的公共事务办公室工作。该公司生产一种叫作Frabezoid的玩具。在过去几年，由于公众对该产品的需求一直很大，其销量逐年增长。通过新增生产设施、增加员工人数，以及为员工升职、加薪，公司扩大了经营规模。上司走进你的办公室，满脸阴郁。他解释说，公司最近的销售报告出来了，同上个季度相比，Frabezoid的销量下降了12%。公司总裁即将召开一次大型新闻发布会，商谈公司未来的发展前景。总裁在召开发布会时有一个惯例，即每次发布会上，他都要在身后的大屏幕上向与会者展示一张大图，以便介绍Frabezoid的销售情况。销量下降的事实一旦传扬出去，公众就有可能认为Frabezoid不再值得拥有了，这种情况会导致销量进一步下跌。

你该怎么办呢？如果你如实地绘制一张过去 4 年里 Frabezoid 的销量图，那么它应该如下图所示。

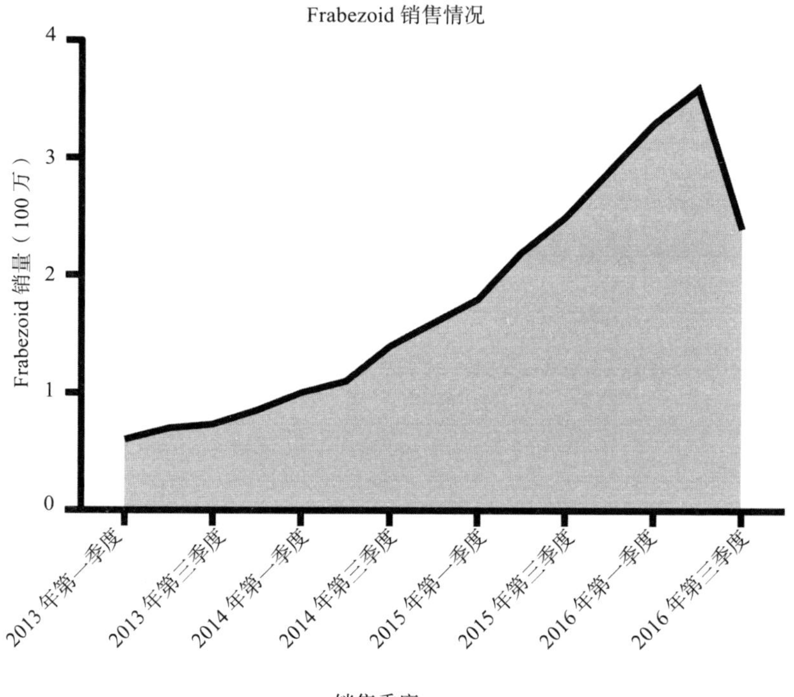

图中曲线呈现的下降趋势正是问题所在。要是有办法把这段曲线变成上涨趋势该多好！

是的，确实有办法！我们可以绘制累计销量图。不按照每个季度的销量绘图，代之以绘制每个季度的累计销量，即迄今为止的总销量。

只要你哪怕销售一个 Frabezoid，累计销量图都会呈现增长趋势，就像下面这张图一样。

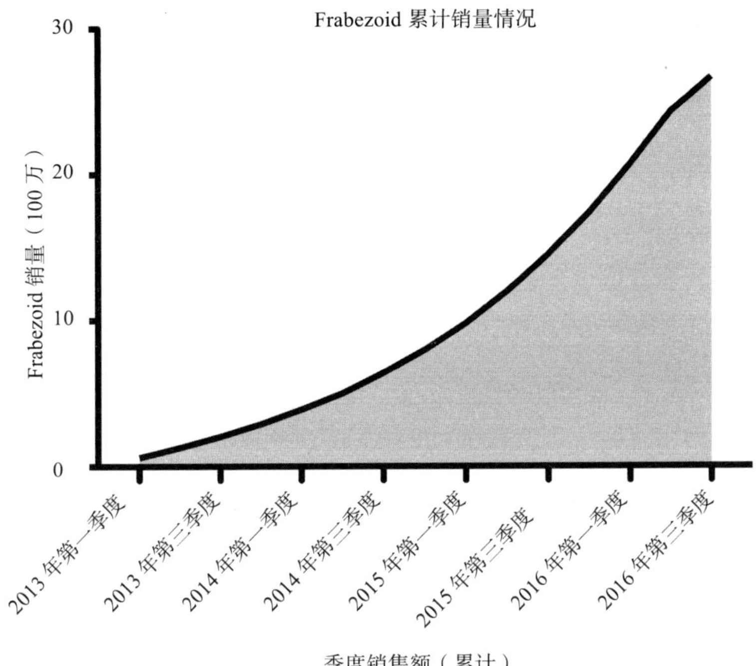

如果仔细观察这张图，我们仍然可以发现一些蛛丝马迹，它们还是能够表明上季度的销售情况比较糟糕。尽管图中最近几个季度的销售曲线依然呈现上升趋势，但曲线的上升坡度却变小了。这就是销量下降的线索。不过，我们的大脑并不善于觉察这样的变化率（这在微积分中叫作一阶导数，即曲线斜率的术语名称）。因此，以平常人的眼光来看，该图似乎说明公司的销量表现依然十分强劲。如此一来，你便可以让为数众多的消费者相信 Frabezoid 依然值得拥有。

在苹果公司最近召开的一次 iPhone 手机销售会议上，首席执行官（CEO）蒂姆·库克（Tim Cook）采用的正是这种方法[41]。

资料来源：2013 The Verge, Vox Media Inc. (live.theverge.com/apple-iphone-5s-liveblog/)

在同一张图中绘制不相关的事物

世界上有如此多的事物同时处于不断的变化之中，所以必定会出现一些巧合。公路上绿色卡车的数量也许和你的薪水同时在增加。在你的童年时期，电视节目的数量也许随着你身高的增长而增多。但是，这并不意味着其中的一件事物引发了另一件事物。当两个事物相互之间产生关联时，无论其中的一个是否引发了另一个，统计学家都称它们相关。

有这样一句著名的格言："相关并不暗含着因果关系。"形式逻辑对这个法则做了两种系统的阐述：

（1）在此之后，即以此为因。

这种逻辑谬误产生于这样的认知，即认为由于 Y 发生在 X 之后，所以X导致了Y的发生。人们一般都会在早晨上班之前刷牙，但刷牙并不是人们上班的原因。在这个例子中，刷牙和上班的关系甚至可能正好相反。

（2）与此同时，即以此为因。

这种逻辑谬误产生于这样的认知，即认为由于两件事同时发生了，所以其中一件事必定是另一件事发生的原因。为了透彻地说明这个问题，哈佛大学法学院学生泰勒·维根（Tyler Vigen）曾经专门编写了一本书并创建了一个网站，全部以“假性共存—相关”作为专题，[42] 比如下面这个。

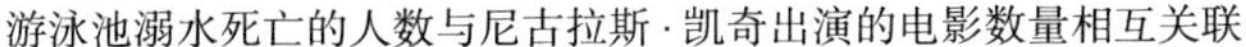
游泳池溺水死亡的人数与尼古拉斯·凯奇出演的电影数量相互关联

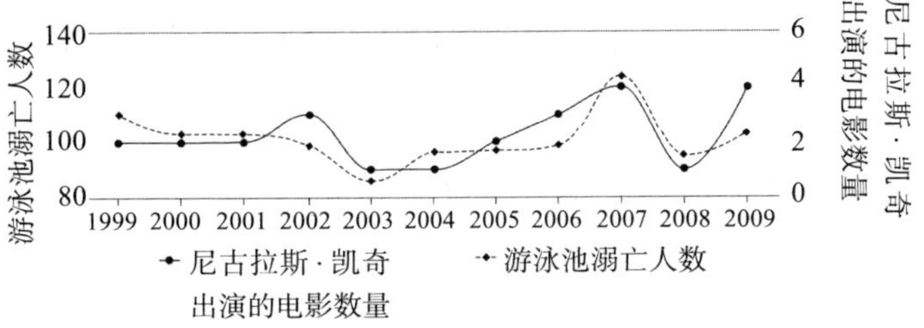

解释这张图的方法有四种：（1）溺水死亡导致了尼古拉斯·凯奇的电影上映；（2）尼古拉斯·凯奇的电影上映导致了游泳池溺水死亡事件的发生；（3）第三种因素（尚未查明）导致了上述两个事件的发生；（4）它们两者毫不相干，其表面上的相关性不过是巧合而已。如果我们不对相关和共存加以区别，那么就可以宣称，维根的图“证明”了尼古拉斯·凯奇具有防止游泳池溺水死亡事件发生的作用。此外，防止游泳池溺水的最好措施就是鼓励他少拍电影。这样一来，尼古拉斯·凯奇就可以像他本人在

2003年和2008年向世人展现的那样，不断地运用自己的有效救生技能。

在一些情况中，具备相关性的事物之间其实并没有实际的联系，它们的相关仅仅是巧合而已。而在另外一些情形下，人们可以在相关的事物之间找到某种因果联系，或者至少可以编造一个合理的说法以便获得新的数据。

我们可以直接排除第一种解释。因为电影的制作和上映需要时间，所以在同一年中溺水死亡事件的大量出现不可能导致尼古拉斯·凯奇电影的大量上映。那么第二种解释呢？或许，人们沉迷于尼古拉斯·凯奇电影的情节，结果导致他们失足落入游泳池并溺亡。对尼古拉斯·凯奇电影的沉醉，也可能同样提升了交通事故率和重型机械的受伤率。在做更多的数据分析之前，我们尚不得而知，因为该图对此并未进行说明。

那么，存在第三种因素导致两件事同时发生，这种解释又怎样呢？我们可以猜想，经济发展趋势使这两件事情发生：经济发展得更好会促使人们在娱乐休闲活动方面增加投入，制作的电影越来越多，越来越多的人会去度假和游泳。如果真是这样，那么图中描述的两件事——尼古拉斯·凯奇的电影上映和游泳池溺水死亡，都不是彼此出现的原因。取而代之的是，第三种因素，即经济发展，导致了两者的发生。统计学家将其称为解释相关性的第三种因素，这方面的例子为数众多。

可能性较大的情况是，这两件事情并不相关。如果我们花足够多的时间和精力，那么必定能够发现两个不相关的事物彼此并不相同。

随着穿短裤的人越来越多，冰激凌的销量也会上升。这两件事并不相关，导致它们产生的第三种因素是夏天气温升高。在你的童年时期，一年之中播放的电视节目数量可能与你的身高增长相关，但是促使这两件事发生的毫无疑问是电视扩大市场的时代和你身高增长的阶段恰好处于同一时期。

那么，怎样知道具备相关性的事物之间存在因果关系呢？一种方法是做控制实验，另一种方法则是应用逻辑推理。但是，一定要谨慎处理，否则你很容易陷入语义学的困境之中。导致人们穿雨衣的原因，是外面下了大雨，还是人们不想被雨水淋湿（下雨的后果）？

兰德尔·门罗（Randall Munroe）曾经在他绘制的网络漫画《*xkcd*》中巧妙地回答了这个问题。[43] 有两个明显都是大学生的火柴人正在交谈。其中一个说，他以往总认为相关性暗含着因果性。后来，他去上了统计学课程。现在，他不再这样认为了。另一个学生说："听起来好像统计学课程起作用了。"第一个学生回答说："嗯，也许吧。"

欺骗性插图

利用统计学说谎的人经常会使用信息图来引导舆论，他们凭借的正是大多数人不会深究由其精心筹划的信息。请思考下面这张图，它可用于吓唬你，让你相信恶性通货膨胀正在吞噬你的血汗钱。

乍一看，这张图的确很吓人。请你再仔细观察一下，图中的剪刀裁剪美元的位置并不是整个纸币的 4.2% 处，而是大约 42% 的地方。当你的视觉系统和逻辑思维系统二者产生矛盾时，除非你费尽全力去克服视觉上的偏见，否则最终获胜的往往是视觉系统。[44] 准确的信息图如下图所示，但它给人们情感上带来的冲击力却弱化了很多。

解释说明和统计样本单位

一般情况下，统计数据的收集和汇报工作都能够比较恰当地得以完成。但是对于某些人来说，比如记者、律师，以及任何非统计学专业人士，他们在报告统计数据时往往会犯错。要么是因为他们误解了统计数据，要么是因为他们没有意识到措辞方面的一些细微变化会改变其含义。

那些想要使用统计学知识的人往往找不到现成的统计学家来帮忙，所以他们只好让缺乏专业培训的人来解答自己在统计学方面的疑问。公司、政府机构、非营利组织以及传统的夫妻式杂货店，都会从诸如销量、顾客、趋势、供给链等统计学数据中获益。在运用统计学知识的任何阶段，比如在实验性设计，数据的收集、分析或解释过程中，都会出现使用者不能胜任统计工作的情况。

汇报的统计数据有时并不恰当。如果你正在说服股东，让他们相信你的公司经营状况良好，那么或许你会发布有关年度销量的统计数据，并且向他们展示公司的销量呈现稳定增长的趋势。然而，如果你的公司的产品的市场正处于扩张期，那么产品销量的增长原本就是可以预见的。投资方和分析人士真正想要了解的极有可能是你的公司的产品的市场份额是否出现了变化。假如由于竞争者突然发难，抢走了你的消费者，导致你的市场份额出现下滑趋势，那么怎样才能使销售情况报告仍然看起来很有吸引力呢？你只需要对真正相关的市场份额统计数据不予报告，而代之以报告销量的统计数据。销量在不断上升！一切都没有问题！

人们在25年前的按揭申请中所显示的财务状况，对于建立今天的风险模型来说，很可能没有什么用处。网站上的消费者行为模式很快就会变得过时。[45]建造过街天桥时所用的混凝土的整体性统计数据，与统计建设桥梁所用的混凝土的整体性数据，也许毫无关联（即使两个建设工程刚开始时都使用同一种混凝土，湿度和其他因素也有可能使其出现偏差）。

你可能听说过类似“4/5的牙医都推荐患者使用高露洁牙膏”这样的说法。这是真实情况。这些已有几十年历史的广告，其背后的广告代理商想让你相信，牙医们最看好高露洁而非其他品牌的牙膏。这却不是真实情况。英国广告标准局曾针对以上说法展开仲裁调查，并最终裁定它是一种不公正的说法。其原因在于，高露洁公司的调查问卷允许牙医们推荐的牙膏不止一种。事实上，高露洁最大的竞争者的品牌名称在该问卷中出现的频率几乎和高露洁一样（在高露洁广告中你却看不到这个细节）。[46]

本书有关平均数的部分曾涉及统计样本单位这个问题，在有关图的部分也对该问题含蓄地做了讨论。如果你不仔细思考人们传递给你的信息，那么凭借对统计样本单位的操纵，人们就可以用无数个手段来欺骗你。有线电视网络公司C-SPAN（美国一家提供公众服务的非营利性媒体公司，由美国有线电视业界联合创立）的一条广告声称，其服务范围“可覆盖”一亿个家庭。[47]这并不意味着有一亿人在收看C-SPAN的节目，甚至还有可能意味着没有任何一个人在收看它的节目。[48]

对统计样本单位的操纵还能够影响公共政策。一项针对洛杉矶市区各街道垃圾回收量的调查显示，其中一条街道的垃圾回收量是其他街道的 2.2 倍。在市政局为该街道的居民颁发奖章，表彰他们为绿色城市建设所做的贡献之前，我们先来问问怎么会出现这样的数字。一种可能的情况是，这条街道的居民人数比其他街道多两倍以上——也许是因为街道很长，也许是因为该街道上有很多公寓楼。除非整个市区的街道都相同，否则，以街道为单位来衡量垃圾回收量就是不恰当的统计。更好的统计方法是按照住户（衡量每个家庭的垃圾回收量）来统计。由于人口多的家庭的物质消费比人口少的家庭要多，所以以个人为单位统计垃圾回收量是最好的做法。也就是说，我们要调整垃圾回收数量的统计样本的单位，把街道上的居民人数考虑在统计当中，因为这才是这项统计工作正确的统计样本单位。

2014 年，整个加利福尼亚州干旱肆虐。同年，《洛杉矶时报》对加州兰乔圣菲市的居民用水情况进行了报道。[49]“9 月，该地区住户平均每天耗用的水量几乎是加州南部沿海家庭每天用水量的 5 倍。这为他们赢得了‘全加州最大民用水挥霍者’这个不光彩的名声。”但是，住户并不是这项统计恰当的统计单位。更好的统计单位应当是个人——一种可能性是兰乔圣菲市居民的家庭规模更大，这就意味着洗澡的人更多，洗碗的人更多，使用冲水马桶的人也更多。另一种可能性是，以英亩①为统计单位，兰乔圣菲市住户的家庭占地面积往往更大。也许为了防火和其他原因，住户

① 1 英亩 ≈4046.86 平方米。

在土地上都种上了绿色植被。所以，兰乔圣菲市住户的占地面积虽然较大，但是每平方英亩消耗的水量却并不比加州其他地方多。

实际上，在《纽约时报》发表的一篇针对同一问题的文章中，我们可以找到有关这方面的一些暗示："州政府负责民用水的官员曾提醒大家，不要对比各地区之间的人均用水量。他们表示，他们预计地产面积很大的富裕社区的用水量最高。"

上述文章的问题在于，它们对数据做了调整，目的是使兰乔圣菲市居民的用水量看起来好像超出了配额。但是，它们提供的数据——正如上文中有关洛杉矶垃圾回收的例子一样——实际上并没有证明其目的。

采用计算比例而不计算实际数字的方法，往往有助于提供正确的统计样本单位。假设你是一家公司的西北地区销售经理，负责销售的产品是通量电容器（flux capacitor，1985 年电影《回到未来》中提到的时间机器的核心部件）。虽然你的销量已经提高了很多，但仍然比不上公司销售方面的"涅墨西斯"（希腊神话中的复仇女神，此处喻指不能战胜的对手）——来自西南销售区的杰克。这几乎没有公平可言，他负责的地区不仅地理面积更大，而且人口更多。然而，公司会根据你向上级展示的产品销售能力发放奖金。

有一种方法可以合理地汇报你的销售业绩：根据你负责地区的面积和人口来汇报销量。换言之，在绘制销量图时，要按照销售区内平均每人或每平方英里的销量，而不是按照通量电容器的销售总量。采用这两种方法中的任何一个，你的销售业绩都会比别人优秀。

新闻报道表明，2014 年是飞机失事最为严重的年份之一：全年发生 22 次飞行事故，造成 992 人死亡。但是，如今的飞机其实比以往更加安全。[50] 由于现在的航班数量比以往多得多，992 的死亡数字相对于每 100 万名乘客（或每 100 万英里的飞行距离）的死亡数字来说，其实代表着很大幅度的下降。在一家主流航空公司的任何单程飞行过程中，你死于飞机失事的概率大约为五百万分之一。这比你死于其他任何活动的概率都要小，比如步行穿过街道和吃东西（噎死或食物中毒致死的概率比死于飞机失事的概率还要高 1000 倍）。在此处，比较的基准非常重要。这些统计数据的时间跨度都是一年。我们还可以改变统计基准，转而分析一小时内这些活动的情况，而这将改变整个统计量。

似是而非的差异

当我们试图弄清楚两个待处理对象之间是否存在差异时，常常需要运用统计学知识：同一块土地上施用的两种化肥、两种不同的止痛药、两种截然不同的教学方法、两组不同的薪水（比如，做同一种工作的男人和女人的薪水）。两个待处理对象存在差异的原因有很多种：它们之间可能确实存在差异；统计样本中可能存在混淆因子，它们却与实际的统计对象毫不相干；计量方法可能有误；还可能存在随机变异——出现了一种小概率差异，它有时出现在方程的一边，有时出现在另一边，这要取决于你查看的时间。研究者的目标在于寻找稳定、可靠的差异，而我们则要努力把差异和实验误差区别开来。

不过，我们对于新闻媒体使用“显著”一词的方式一定要保持警惕。因为对统计学家来说，这个词语的含义并不是“显著”。统计学中的“显著”指的是统计结果通过了数学测试，比如 t 测验、卡方检验、回归分析以及主分量分析等（这样的测试方法有几百种）。统计学意义上的显著性测试，可以对用纯粹巧合解释统计结果的容易度进行量化。当统计对象数量庞大时，即使程度上很琐碎的小差异都能够超出变化和随机模式解释的范围。这些测试并不能知晓哪个差异具有显著性，这是一种人为判断。

在两个统计群组当中，你的统计对象越多，就越有可能找到各个统计对象之间的差异。假设我要测试两种汽车——福特汽车和丰田汽车的年度维修成本，我所采用的方法是，看一下每种汽车（各 10 辆车）的修理记录。比方说，假定福特汽车每年维修成本的算术平均数比丰田汽车高 8 美分。这个小差异极有可能达不到统计学意义上的显著，而且很明显的一点是每年 8 美分的维修成本差异不会成为选择购买哪种汽车的决定因素——由于差异太小，因此无须考虑。但是，如果我看的是 500000 辆汽车的修理记录，这个 8 美分的差异便具有了统计学上的显著性。但是，从实际意义来说，这个差异却无关紧要。类似地，一种治疗头疼的新药物可能在统计学意义上能更迅速地治愈你的头疼，但如果只是快了 2.5 秒，谁又会在意它呢？

内插法和外推法

星期二，你走到屋外的花园里，看见了长到4英寸[①]高的蒲公英。星期四，你又看了一眼，蒲公英已经长到6英寸。那么，星期三时蒲公英有多高呢？我们不能确切地知道答案，因为我们并没有在星期三时测量蒲公英的高度（同一天，你从苗圃店里购买了除草剂，回家的路上还遇到了堵车）。但你却可以猜测：星期三时蒲公英的高度有可能是5英寸，这就是内插法。内插法指的是利用已知的两个数据点，估算出你想要知道的位于这个两点之间的那个点的数值。

6个月后，蒲公英会长到多高呢？如果它每天生长1英寸，你就可以回答说6个月（约180天）后它将长高180英寸，长到186英寸，或者说高度超过15.5英尺。此处，你所使用的方法就是外推法。但是你见过这么高的蒲公英吗？一般人都没见过。因为当蒲公英长到一定高度时，其自身的重量会把它压倒，或者它会死于其他自然方面的原因，或者被人踩踏，又或者会被除草剂除掉。内插法并不是一种十全十美的方法，但如果两个观察对象相互间的关系非常紧密，那么使用内插法一般都能做出较好的估计。使用外推法的误差则更大，因为你的估计已经超出观察对象的范围。

一杯咖啡的温度降到室内温度所需要的时间，是由牛顿热力学定律决定的[51]（还受到其他因素的影响，比如气压和杯子的组成

① 1英寸≈2.54厘米

成分等）。如果你的咖啡的起始温度为145华氏度（62.78摄氏度），那么随着时间的推移，你会观察到其温度降低的情况如下表所示。

时间（分）	温度（华氏度）
0	145
1	140
2	135
3	130

你的咖啡的温度每分钟会降低5华氏度。如果你在两个观察点之间进行内插，比方说，你想知道两个测量时间点中间咖啡的温度，那么你的内插所得数值将会非常准确。但如果你从上述温度模式中进行外推，那么你很有可能得到一个荒谬的结果，比如说30分钟后咖啡的温度将会降至冰点。

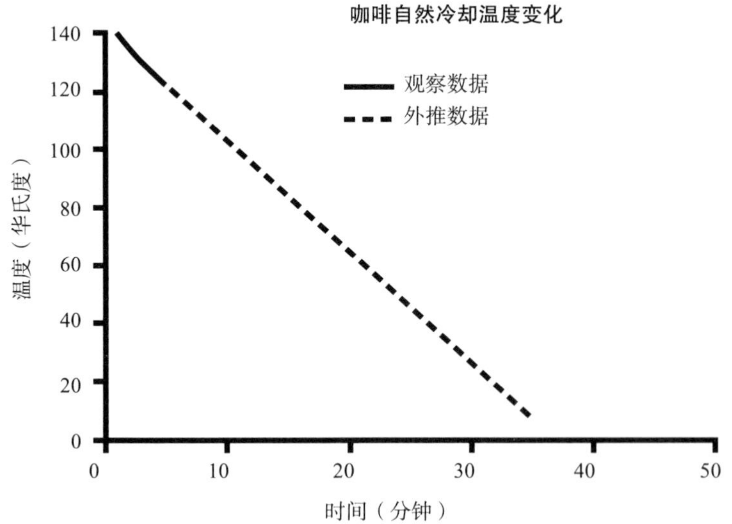

外推法没能考虑到这样一个物理学上的限制条件：咖啡的温

度不可能降到室温以下。同时，外推法还忽略了另外一个情况：当咖啡的温度降到与室温接近时，下降的速度会减缓。所以，咖啡冷却函数图形的其余部分应当如下图所示。

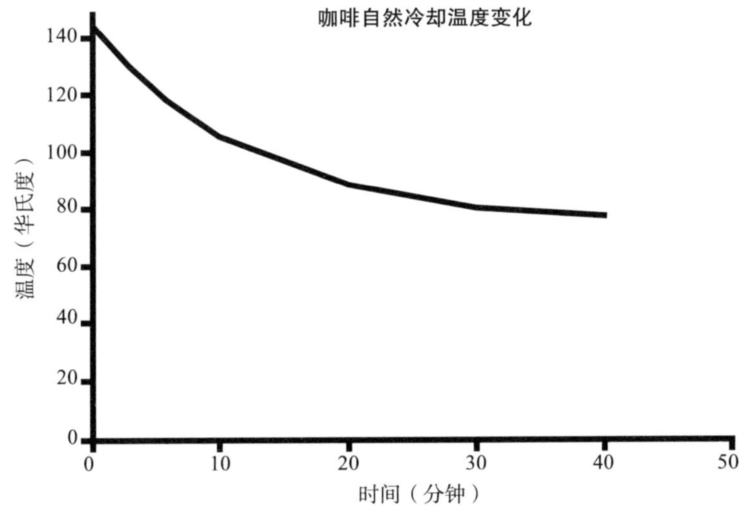

请留意，图中前10分钟内的曲线坡度在10分钟之后没有继续保持——曲线变得平直了。这说明，当你使用外推法时，有两件事情非常重要：（1）必须要有大量的观察点；（2）必须具备关于所统计事件发生过程的一些知识。

精确度和准确度

当我们看到数字具有精确度时，往往会认为它们也具备准确度。但事实上，精确度和准确度并不是一回事。如果我说“如今很多人都在购买电动汽车”，你会认为我只是在做猜测。如果我说

“售出的新汽车中有16.39%是电动汽车”，你就想当然地认为我所说的是实际情况。可是，你却混淆了精确度和准确度。上述数据有可能是我编造的，也有可能是我在电动汽车4S店附近的少数人中抽取了统计样本。

请回想一下我在上文中提到的《时代周刊》的那个标题，即“使用手机的人比用马桶的人还多”。这种表述并非不合理，但却是对事实的一种扭曲，因为联合国的一项研究表明事实并非如此。联合国的研究报告称，可以使用手机的人比可以使用马桶的人多。我们知道，这种表述又完全是另外一回事。几十个人可以共同使用同一部手机。尽管全球范围内卫生设施的缺乏仍然令人忧心，但该杂志的标题听上去让人觉得，假如你去统计数量，会发现世界上的手机数量比马桶还要多。然而，这种观点并没有数据的支撑。

当你在统计学中见到类似“可以使用到”这样的表述时，一定要提高警惕。人们可以使用到医疗保健服务，不过这意味着这些人的居住地距离有医疗设施的地方比较近，并不是说这些医疗场所就一定会接纳他们，或者人们就一定能够负担得起医疗费用。正如你在上文中已经了解到的那样，尽管C-SPAN公司的电视节目可以覆盖到1亿个家庭，但它并不能表明有1亿人在收看该公司的电视节目。[52]只要能够说明，世界总人口中有90%的人位于互联网连接点、铁路、道路、飞机起落跑道、港口或狗拉雪橇路线等周边25英里之内，那么我就可以宣称，全世界有90%的人都“可以阅读到”本书。[53]

比较截然不同的事物

用统计数据说谎的一种方式是对比不相同的事物，比如比较数据集、人口、产品类型等，并且假装它们是相同的。正如一句古老的谚语所说，你不能对比苹果和橘子（比喻截然不同的事物）。

采用较隐蔽的方法，你就可以宣称，战争时期（比如阿富汗战争）在部队服役要比待在美国本土舒适的家里更为安全。这种说法的推理起点是：2010 年，有 3482 名美国现役军事人员丧生。[54] 鉴于美国军队的总人数为 1431000 人[55]，所以军队现役人员每 1000 人中就有 2.4 人牺牲；而 2010 年，全美国每 1000 人中死亡的人数为 8.2。[56] 换言之，身处作战地区的军人的安全率是居住在美国本土的人的 3 倍多。

这是什么情况呢？上述两个统计样本没有相似性，所以不能直接将其加以比较。现役军人一般都是健康状况良好的年轻人。这些人的伙食很好，医疗条件也很好；而美国总人口却包括了老年人、病人、黑帮成员、瘾君子、飞车党、掷刀游戏（一种儿童技巧游戏，不能让掷出的刀子在地上呈竖立状态的玩家，即被罚以用牙齿拔地上的刀）玩家，以及很多饮食和医疗条件都很差的人。[57] 所以，无论身处何地，美国大众的死亡率都较高。美国军队现役人员并非全部都身处作战地区——其中一些人待在非常安全的军事基地，或坐在五角大楼的办公室里，抑或驻扎在位于郊区零售商场的部队征兵处。

《美国新闻与世界报道》曾经刊载了一篇文章。该文比较了20世纪30年代美国全国范围内分别支持民主党和共和党的选民人数比例。它的问题在于，统计抽样方法已经随着时间的流逝而发生了变化。在20世纪三四十年代，人们采用的抽样方法是现场采访或信件邮递，而到了70年代则通过电话采访进行抽样调查。20世纪早期的电话抽样结果偏向于那些拥有座机的人，即富裕阶层。至少在那个年代，富裕的选民倾向于投票支持共和党。进入21世纪，手机成为抽样调查的途径。此时的抽样结果则偏向于那些选择支持民主党的年轻选民。我们无法确切地知道，20世纪30年代以来，支持民主党和共和党的选民人数的比例是否发生了变化。原因在于，相关的统计样本相互之间存在矛盾之处。我们普遍认为自己研究的是同一件事情，但事实上却并非如此。

当我们做一份比较报告，对比现在和30年前摩托车事故死亡率的下降情况时，同样会出现上述问题。相比于以两轮摩托为主的20世纪，距离现在越近的年份，三轮摩托的数量越多。你比较的也有可能是这样的两个对象，即法律尚未要求必须佩戴头盔的年代与多数州都要求佩戴头盔的现今时代。

在做统计结论之前，一定要当心样本方面的变化！《美国新闻与世界报道》曾撰文写到，医生数量在12年里增加了，而同一时期医生的平均工资则显著下降。[58]读者会从中获取什么信息呢？你或许会下结论说，由于医生人数太多，所以现在不是选择成为医生的好时机。而且，由于医生人数大于社会需求，所以每个医生的薪水都下降了。你的结论可能是正确的，但在上述报道中却没有证据可以支撑这个结论。

另一种同样合理的观点认为，在 12 年里，专业分工的深入和医疗技术的进步为医生创造了更多的就业机会，所以医疗行业的职位增加了，医生的总人数也随之增长。那么，医生薪水下降又怎样解释呢？也许，很多年老的医生退休了，年轻医生则填补了他们的职位。由于这些年轻医生从医学院毕业后刚刚参加工作，所以他们的薪水要低一些。不过，我们也找不到可以支撑这种观点的论据。一个人在统计学方面的一个重要素养，即在于能够认识到，对于一些统计数据，就像上面列举的那样，不能够简单地对其加以解释。

有时，人们之所以会比较截然不同的事物，是因为它们来自不一致的次级样本，即人们忽略了一个自己尚没有认识到其重要性的细节。例如，当从一块施用了新品种化肥的农田中抽取玉米样本时，你也许并没有注意到，一些玉米穗获得的日照更多，而另一些玉米穗吸收的水分更多。再比如，在研究交通模式如何影响街道路面的重新铺设时，你可能没有意识到，某些街道表面的水流更多，从而影响了所需要的沥青数量。

统计样本的混合是指把不相同（不同种类）的事物全部放在同一处或归入同一类别——对比截然不同事物的一种形式。如果你考察的是由同一家工厂生产的有缺陷齿轮的数量，那么你就有可能把两种完全不同的齿轮放在一起计数，从而使最终的统计数字满足你的特定目的。

下面我们举一个公共政策方面的例子。试想，你计划调查青春期前的少年和青春期青少年的性行为。你如何混合（合并在一起）数据在很大程度上会影响人们怎样看待你的数据。如果你的调查研究旨在为青少年教育和咨询中心筹集资金，你可以采用发表一份统计数据的方法，比如“年龄在 10 岁到 18 岁的学龄青少年中有 70% 的人属于性欲旺盛者”。有没有更好的方法呢？如果说十七八岁的青少年性欲旺盛，我们并不会感到吃惊，但居然说 10 岁的孩子也这样！这种方法不仅肯定会让孩子的祖父母们感到悲伤难过，而且也会促使他们立即交钱送孩子到青少年教育和咨询中心。显然，10 岁至 18 岁这个单一的类别把那些有可能性欲旺盛的青少年和其他并非如此的孩子完全混为一谈。对把年龄相似且有相似体验的青少年个体混杂在一起的分类方法进行拆分，就是比较有益的做法。比如，可以将其分为 10 岁至 11 岁、12 岁至 13 岁、14 岁至 15 岁、16 岁至 18 岁等不同类别。

上述调查本身存在的问题并非仅此一个。所谓的“性欲旺盛”是什么意思呢？调查人员究竟向学生们提了哪些问题？或者，他们到底有没有向学生提问？也许被提问的只是学生的父母们。各种主观上的偏见都会融入类似这样的统计数字。“性欲旺盛”的含义尚待商讨，它的定义会使被调查对象对问题的回答出现很大的不同。当然，被调查者也可能不讲真话（报告偏差）。

我们再举一例。假如你想把失业问题作为一个一般性的问题来探讨，那么就存在这样一种风险，即把背景情况很不同的人和真正的失业者混杂到一起。一些人身体上有残疾，所以无法参加工作；一些人由于在工作中偷窃或醉酒因而让雇主有正当理由将其解雇；有一些人想要工作却没有接受过相关培训；一些人在监狱服刑；还有一些人不打算再工作了，因为他们已经回到学校学习、加入了修道院或者靠家里来养活自己。当用统计数据来影响公共政策，或者为某事筹集善款，抑或营造社会舆论时，人们经常会忽视统计样本的细微差别，但正是这些细微的差别造成了完全不同的统计结果。

统计样本的细微差别本身往往揭示了数据的模式。[59] 人们成为失业者的原因不尽相同。酗酒和偷窃的人成为失业者的可能性要比其他人高 4 倍。这些数据模式所蕴含的信息丧失在了混合样本当中。把这些因素作为你的数据的一部分，将有助于你弄清楚哪些人是失业者及其失业原因，最终可以促使那些真正需要就业培训的人得以接受相关培训，或者促使那些匿名戒酒中心数量不足的城镇增加其数量。

如果从事行为跟踪研究的研究人员和机构采用事物的不同定义，或者采取不同的观测事物的程序，那么最终的统计数据就会变得非常不同甚至混杂。如果你想确定那些同居但尚未正式结婚的情侣的数量，那么你就可能需要借助于由不同的县和州的相关机构此前收集到的相关数据。但在此处，采用不同的定义会产生一个分类上的问题：怎样算是同居？它是由一周内两个人一起过夜的数量来决定的吗？还是要看他们的个人所有物的所在地，抑或要看他们的通信地址？在一些司法管辖区内，同性情侣是合法的，而其他地区则不然。如果你使用不同的方案在不同的地区采集数据，最终的统计数据就没有什么意义了。当各个数据采集点之间在数据的记录、收集和计量方法上存在较大的差别时，最终统计结果的意义就有可能并不是你所认为的那样。

最近有一个报告表明，西班牙年轻人的失业率达到了令人惊诧的23%。该报告其实把一般来说应当出现在不同类别中的人混杂在了同一个样本之中：它把没有找工作的学生也算作失业人员，同时还把刚被解雇的工人和正在找工作的工人也归入失业人员之列。

在美国，人们用6个不同的指数（分别命名为U1至U6）来跟踪失业情况（由劳动统计局统计）。[60]这些指数反映了对“失业”真实含义的不同解释。它可以包括正在找工作的人、在学校里但没找工作的人，以及那些在公司做兼职工作但正在谋求一个全职工作的人等。

2015年7月，《今日美国》报道称，美国的失业率下降到了5.3%，“这是自2008年4月以来的最低值”。[61]综合性更强的新闻机构，包括美联社（AP）、《福布斯新闻》和《纽约时报》均报道了失业率明显下降的原因：很多失业的人放弃了寻找工作，所以从技术上来讲已经不能再将其视为工作人口了。[62]

统计样本的混合并不总是错误的。你或许会选择把学校里男生和女生的考试成绩进行混合，尤其在不能证明他们的成绩不相同的情况下——实际上，为了增加你的统计样本（这样可以为你的研究提供一个更稳定的估计），这样做反而比较好。对统计类别的定义无论是过于宽泛（如前文提到的性行为情况调查），还是不一致（如关于同居情侣的统计），都会带来统计解释上的问题。但如果统计类别定义得恰当，那么样本的混合则有助于我们做出有效的数据分析。

假设你在犹他州政府里面工作，适逢一家全国性的婴儿服装制造公司计划搬到犹他州。你正在思考，如果自己能证明犹他州新生婴儿的数量很大，那么就能更好地吸引该公司到犹他州来。因此，你登录政府人口普查网站 Census.gov，并绘制了一张关于美国各州新生婴儿数量的图。

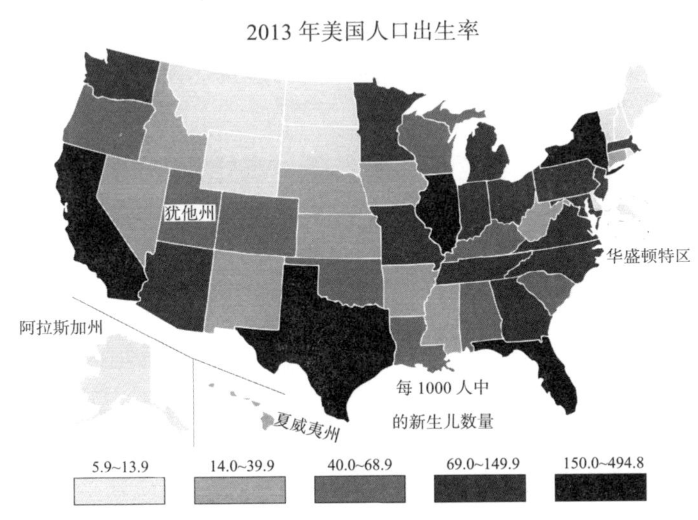

从图上看，犹他州在新生儿数量方面要高于阿拉斯加州、华盛顿特区、蒙大拿州、怀俄明州、南达科他州、北达科他州以及东北部几个面积较小的州。但是，与加利福尼亚州、得克萨斯州、佛罗里达州及纽约州相比，犹他州却并不能算是出现了婴儿潮。不过，请等一等。你所绘制的这个图展示的是新生儿的原始数据，所以它必然会显得比较有利于那些人口数量更大的州。与此相反，你还可以按照各州总人口中每 1000 人的新生儿数量来重新绘制此图，结果如下图所示。

2013 年美国人口毛出生率

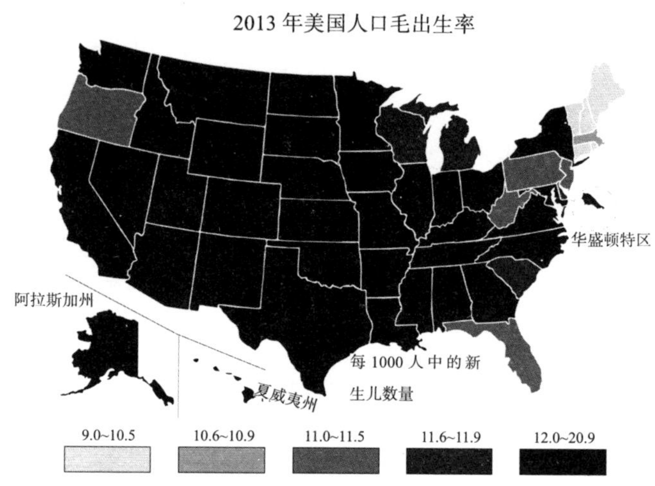

看来，这个方法也没有奏效。犹他州的新生儿数量看上去似乎和美国其他各州并无分别。怎么办呢？修改图下面颜色由灰到黑的长方形格子所代表的数字范围！你可以很轻易地改变每个类别中的数值。通过把犹他州的婴儿出生率单独放在一个方形格子中，你就可以使犹他州在美国其他州中脱颖而出。

2013 年美国人口毛出生率

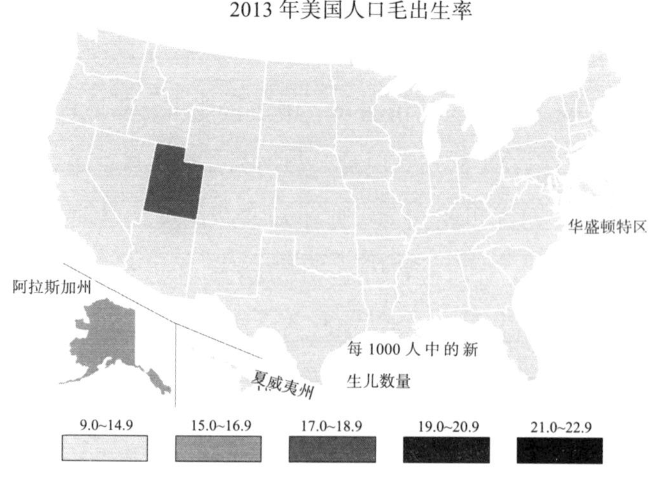

当然，这个方法之所以奏效，是因为犹他州的婴儿出生率确实在美国各州中最高——虽然并没有高出很多，但仍是最高的。选择一个由带颜色的方形格子代表的样本类别，并把犹他州的婴儿出生率数值单独放在其中，犹他州便凸显出来。假如你想把其他州中的某一个凸显出来，那么就需要采用其他种类的编造方法，比如按照每平方英里、平均每个沃尔玛商场，抑或人均可支配收入，来绘制新生儿数量图。只要你努力地反复尝试上述方法，最终总能够找到一种衡量标准，从而为美国 50 个州中的任意一个绘制一张这样的图。

什么才是绘制此类图的正当方式，是那种不撒谎的方式吗？这个问题属于价值判断的范畴。不过，相对中庸的一种做法是，在 5 个类别中，每类都保证 20% 的州数，即在每个带颜色的格子中，放入相同个数的州。

2013 年美国人口毛出生率

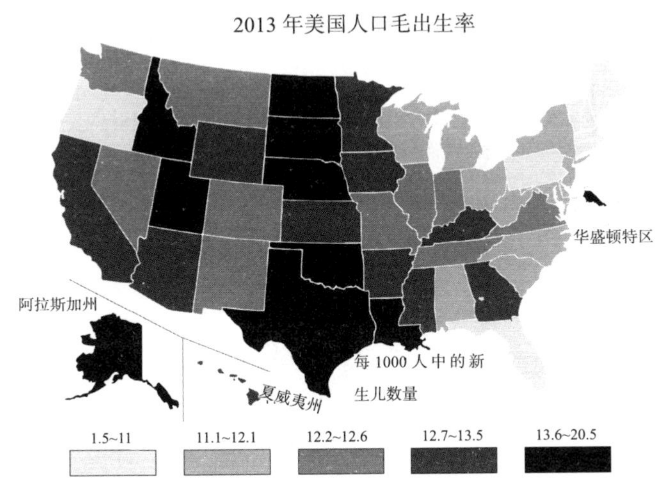

另外一种方法是使每个方形格子所代表的婴儿出生率范围相等。

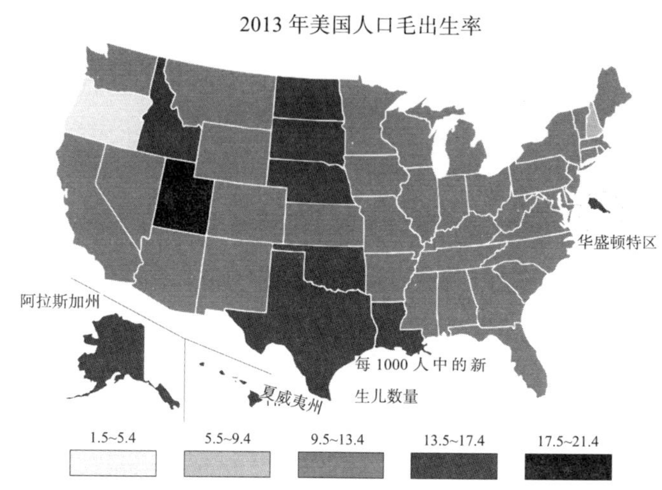

此类的统计学障眼法——除了上述最后一张图之外，其他图均使用了不相等的方形格子宽度——不仅非常普遍，而且经常出现在直方图中。下图描述了 2015 赛季美国职业棒球大联盟排名前 50 的球员的平均击球率[63]（包括全美和美国职业联盟）。

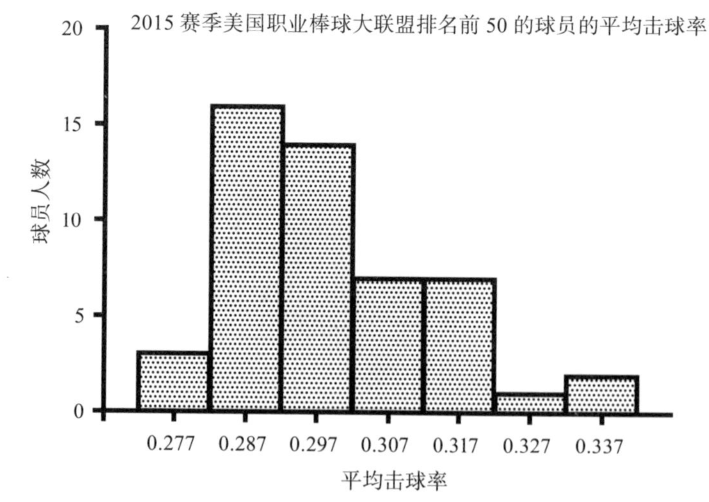

现在，假设你是其中一名击球率为 0.327 的球员，你的排名属于第二高的那个类别。球员奖金即将发放，今年你不再想给球队管理层任何拒绝给你奖金的理由——你已经购买了一辆特斯拉汽车。所以，修改图中方格子的宽度，把你的击球率结果数字与其他两位击球率达到 0.337 的球员混合在一起。如此一来，你就进入年度最佳球员之列了。在具体绘图时，把图出现的缺口补齐（因为 0.327 的方格子中已经没有球员），从而在 x 轴上创造出一段几乎没人可以注意到的不连续的数字间隔。

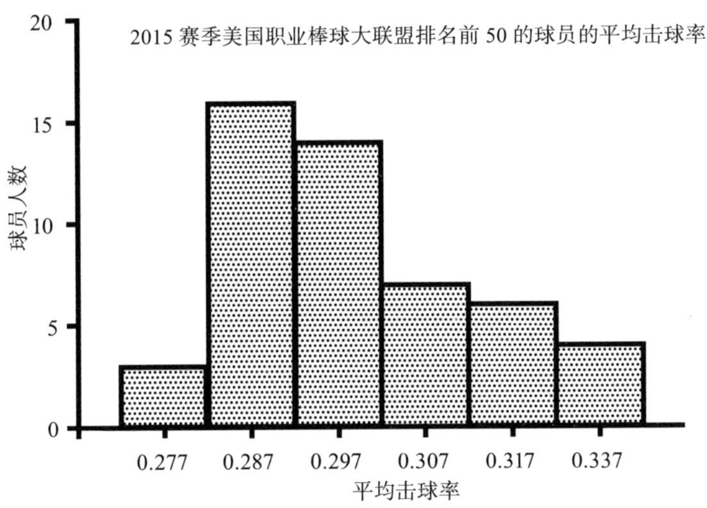

似是而非的样本类别细分

与样本类别混合相反的做法是样本类别细分，它也能使人们相信各种虚假信息。为了把 X 说成是导致 Y 出现的首要原因，我只需要把其他原因细分为越来越小的类别。

假设你在一家生产空气净化器的公司工作，你需要完成这样一项工作：证明在美国，呼吸道疾病是导致死亡的首要疾病，它排在心脏病和癌症之前。事实上，截至今天，美国排在第一位的致死性疾病仍然是心脏病。美国疾病控制与预防中心报道称，2013 年致死率排名前三的疾病[64]为：

心脏病：611105 例

癌症：584881 例

慢性下呼吸道疾病：149205 例

现在，我们抛开家用空气净化器有可能无法显著地预防呼吸道疾病这样令人烦心的细节性问题不谈，上面这些统计数字并不能突出你公司产品的重要性。你也很想每年拯救超过 100000 条生命，这一点毋庸置疑。但是，从产品营销的角度来看，诸如你公司“致力于预防致死率排在第三的疾病”之类的宣传说法，并不能给人留下深刻的印象。但，请等一等！心脏病并非只有一种，它有很多种：

急性风湿热和慢性风湿性心脏病：3260 例

高血压性心脏病：37144 例

急性心肌梗死：116793 例

心力衰竭：65120 例

像这样的心脏病种类还有很多。下一步，我们把癌症也细分为更小的次级类别。通过不对样本种类进行混合，并且创造出这些非常好的细分类别，你就成功做到了——慢性下呼吸道疾病现在俨然成了致死率最高的疾病。你也已经为自己赢得了一份奖金。一些食品公司就采用了这种细分样本类别的策略，从而隐藏了其产品中脂肪和糖分的含量。

第 5 章　收集数字的方法

统计数据中含有数字并不就一定意味着这些数字在收集方面也恰当无误。请回想一下，在本部分的开篇，我们曾提到，判断一项统计属实与否，还应当考虑统计者这个因素，因为统计的对象、方法等皆由统计者甄选和采用。在数字的收集过程中，经常会出现很多错误和偏见，而它们往往能够误导成千上万的人得出错误的统计结论。尽管我们绝大多数人都不可能参与到每项统计的数字收集过程之中，但是我们却可以轻松做到学着对它们进行批判性思考。

我们可以使用很多方法来获取统计数据：查看记录（比如政府机构、医院或教堂里的出生和死亡记录），做调查研究和民意测验，通过观察（比如统计经过主街和第三街道拐角的电动车数量）或者利用推理（如果尿布的销量上升，那么婴儿出生率极有可能提高）。在使用上述方法获取统计数据的任何一个阶段，偏见、误差和无心之过都有可能随时产生。提出“我们真的能够知道吗”和“我们怎样知道”这样的问题，本身也是我们在评估表述时需要做的一部分工作。

抽取样本

天体地质学家只采集月球上的岩石标本，不会去检测月球上的所有岩石。为了弄清楚哪位候选人在得票数方面领先，研究人员不会与每位选民交谈。为了了解病人在接受医生诊治之前需要在候诊室里等待多长时间，研究人员也不会统计记录每一位进入急诊室的病人的等待时间。假如那样做，要么不切实际，要么成本太高。相反，研究人员使用抽取样本的方法来对真实的数字做出估计。当抽样比较合理时，这些估计就会极其准确。在公共民意测验中，为了对美国全国范围内人们（大约 2.34 亿名年龄超过 21 岁的成年人）如何看待某件事情做出估计，我们只需要采访 1067 个人即可。为了准确地了解某个器官的癌症发病率，我们只需要抽取该器官不到千分之一的样本，然后做活组织切片检查就行。

统计样本一定要具有代表性。在你研究的统计群组中，如果每个人或物被选为样本的可能性都相等，那么你的样本就具有代表性。否则，样本就存在偏差。如果器官的某一部分发生了癌变，而你在抽取样本时却选择了错误的部分，那就无法诊断癌症。如果器官上只有很小的一部分发生了癌变，你在该处抽取了 15 个样本，你也许就会得出整个器官发生癌变的结论，真实情况却并非如此。

就活组织切片检查或公共民意测验来说，我们并不总是能够提前知道统计群组中存在多少个差异性。如果在整个人群中每人都相同，那么我们就只需要抽取他们中的一个作为样本。假如我们面对的是一群基因完全相同的人，每个人的个性和生活经验也完全一样，那么只需要分析其中一个人的情况，就可以得到我们想知道的关于所有人的任何情况。但是，每个群组都会包含一些差异性，群组各成员之间也存在一定的差异，所以我们需要对自己的抽样方法保持谨慎态度，以确保我们能够获取所有重要的差异（并非所有的差异都重要）。例如，如果不让某人呼吸氧气，我们知道这个人必定会死去。在这一点上，整个人类都不存在差异（尽管在没有氧气的情况下，人们能够存活的时间长短有差别）。但如果我想知道一个人能够卧推多少磅[①]的重量，那么变量的范围就很宽泛了——我就需要对一个由不同的人组成的巨大人群横截面进行计量，以获取一个范围和一个稳定的平均值。我会抽取体型大的人、体型小的人、肥胖的人、瘦小的人、男人、女人、儿童、健身的人和终日懒散的人、服用合成代谢类固醇的人以及滴酒不沾的人。此外，一些其他因素也很有可能是我们必须要考虑的。比如，在测试的前一天晚上，接受测试的人睡了多长时间，从他们最近一次吃东西到测试时经过了多长时间，他们是怒气冲冲还是心平气和，等等。当然，还存在一些我们认为根本无关紧要的因素：魁北

① 1磅≈0.45公斤。

克圣·休伯特机场当天的空中交通指挥员是男性还是女性；亚伯丁市一家餐馆里的任意一位顾客是否得到了餐馆及时的招待服务。虽然这些因素有可能会影响我们做的其他统计计量（航空旅行业潜在的性别歧视，西北部餐饮业的顾客满意度），但不会对卧推力量统计产生影响。

统计学家要做的工作就是把与统计相关的事情列在一个清单上，最终目的是获得一个具有代表性的统计样本。研究者一定要克服这样一种习惯，即倾向于捕捉那些易于辨识的变量或收集数据比较容易获取的变量——与统计相关的事情有时候并不是显而易见的，有时候它们还很难计量。正如伽利略所说的那样，科学家的工作就是计量那些可以计量的事物，以及使那些不可计量的事物变得可以计量。这就是说，科学领域一些最具创造性的行动就是要弄清楚如何去计量那些存在差异的事物和那些前人没有弄清楚如何计量的事物。

但即便是对那些已知的变量进行计量和控制，也仍然存在挑战性。假设你要研究美国人对于气候变化的看法。你获得了一些研究经费，可用来雇用研究助手和购置一个可以在电脑上运行的统计数据程序。由于自己恰好居住在旧金山市，所以你决定就地开展这项研究。然而，你的研究此时已然存在问题：旧金山市并不能代表加利福尼亚州的其他地方，更遑论代表整个美国了。认识到这一点后，你决定在8月开始做民意调查，因为有研究表明那个时候正是旅游旺季——来自全美各地的人都会齐聚旧金山，所以（你自认为）届时你肯定能够获得全体美国人这个研究对象的一个人群横截面。

请稍等！那些来旧金山旅游的人真的能够代表其他美国人吗？你的研究样本会偏向于有财力能够去旧金山旅游的那些人，以及那些打算在城市度假而不是在国家公园之类的地方度假的人（你的样本也有可能偏向于自由主义者，因为旧金山是一个有名的自由之城）。

因此，你已经明确地知道，自己无法针对全体美国人来做关于气候变化看法的调查研究。但是，你却可以针对旧金山市的人来做这项调查研究。你把研究助手们派到联合广场，并请过往的人回答一份简短的调查问卷。你要求助手们调查不同年龄、不同民族、不同穿衣风格，以及有没有文身的人——总之，要获得一个有差异性的群组横截面样本。但是，你的研究仍然存在问题，因为你的调查有可能无法覆盖那些久病在床的人、在家照料小孩的母亲、白天睡觉的倒班的人，以及由于各种不同的原因而没有来到联合广场（此地属于旧金山市商场和餐馆比较昂贵的地区）的成百上千的旧金山市民。把你一半的助手派到教会区有助于解决样本中人们代表不同的社会经济地位方面存在的问题，但这个方法却不能解决你面临的其他问题。判断一个样本是否属于随机样本的方法是在整个群组中每个人或事物被你和你的研究小组所计量的概率是否相等。此处，答案显然是否定的。

因此，你又做了一个分层随机抽样。也就是说，你首先辨认出自己感兴趣的不同社会阶层或亚组，然后按照其所占总人口的比例从中抽取相应数量的人作为样本。在做完关于气候变化的一些研究之后，你发现人们对气候变化所持的态度与人们的种族似乎没有关系。[65]所以，你没有必要根据被调查者所属的种族来创建次级样本。这样也比较好，因为要对人们的种族分类做出假设确实很困难，或者说那样做会冒犯别人。那么怎样处理那些属于混合种族的人呢？是把他们归入现有的某个类别中，还是创建一个新的类别？可然后呢？为美国人创建一个黑人—白人、黑人—西班牙裔、亚洲人—波斯人诸如此类的种族类别吗？这样一来，新创建的类别可能会由于太过琐碎，从而导致你的分析出现问题。这是因为，你手头上特点鲜明的类别的数量实在太多了。此外，还存在另一个障碍：你还要求所选取的样本能够体现出年龄上的差异，但并非所有人都愿意透露自己的年龄。[66]你的样本能够选取到那些年龄明显在 40 岁以下和 40 岁以上的人，但却会错失那些 30 多岁和 40 岁出头的人。

为了解决白天人们不出来走动为样本抽取带来的问题，你决定登门采访。但是，如果白天去，你会错过那些白天出去上班的人；而如果傍晚去，那么你就会错过那些出去过夜生活的人、上夜班的人、参加晚上教堂活动的人、出去看电影的人，以及出去吃晚饭的人。一旦你自己感觉比较满意时，怎样在亚组中抽取随机样本呢？上面所提到的所有问题仍然存在——创建亚组的方法并不能够解决亚组本身存在的问题。你仍然需要尝试寻找一个合理的代表方法，来代表那些对你的数据有影响的全部其他因素。此处，我们的感觉就像我们只有对月球上的所有岩石进行抽样，才能做出一个好的分析一样。

不过，千万不要灰心丧气。分层随机抽样还是要好于不分层随机抽样。如果你针对大学生展开一项随机抽样调查，请他们描述自己的大学生活体验，那么很有可能出现的情况是，你最终得到的样本中的大学生全部来自规模较大的州立大学——随机抽样法选中这些大学生的可能性更大，原因在于此类大学生的数量实在太多了。假如那些来自规模较小的大学，且属于人文学科类的大学生，他们的大学生活体验与上述大学生很不同，那么你就需要确保你的样本中包含这类大学生，而分层抽样法就能够确保你的调查提问可以覆盖那些来自不同规模的大学的学生。随机抽样应当与便利抽样或配额抽样有所区别。便利抽样或配额抽样指的是针对你所认识的人或者大街上那些看似有助于调查的人进行抽样调查的一种抽样方法。如果不进行随机抽样，那么你的调查就极有可能出现偏差。

“针对经常出没于这栋大楼外人行道上的鸟儿做完抽样调查之后，我们已经得出统计结论：鸟类真正喜爱的食物是百吉面包圈！”

因此，通过抽取样本进行数据收集的过程就像是一场永不终结的战争，而其目的就在于避开那些产生偏差的源头。相关的研究人员并不总是能够完全取得这场战争的胜利。当我们每次从报纸上读到“71% 的英国人喜欢某事物”之类的统计结果时，我们都应当有所反思地提出这样的问题：“是的，但所指的是 71% 的哪一类英国人呢？”[67]

在上述所有这些问题之外，还存在这样一个事实：我们向人们提出的任何调查问题都只是我们可以向其提出的众多问题中的一个样本，而人们相应的回答也只是他们众多复杂态度和体验当中的一个样本。更为糟糕的是，调查对象可能理解，也可能不理解我们提出的问题，他们在回答问题的时候还可能没有做到全神贯注。与调查人员愿意承认的情况相比，一种出现次数更为频繁的情况是，调查对象有时候会给出一个错误答案。人类具有社会属性，很多人都极力避免对抗并愿意取悦他人，所以他们会给出自认为调查人员想要得到的那种答案。另外，被剥夺社会权利的人和那些社会异类分子也大有人在，仅仅是为了使调查人员感到震惊，或者是作为一种对叛逆人格的尝试，因而想看看震惊和挑战别人是否会有快感，他们往往也会给出错误答案。[68]

获得没有偏差的样本绝非易事。当听到一项新的统计时，我们就要提问：“什么样的偏差会悄然进入该项统计的样本抽取过程？”

统计样本可以使我们对某些事情做出估计，它们几乎总会在一定程度上偏离真正的数字，偏离度可大可小，这就是所谓的误差幅度。我们要把误差幅度看作没有针对研究对象进行逐一的调查提问，或对月球上的每一块岩石进行取样，由此而付出的一种代价。[69] 当然，即使你对调查对象群体中的每个人都逐一做了采访和统计计量，但由于计量策略本身存在瑕疵或偏差，统计错误仍然会存在。误差幅度并不能解决研究本身潜在的瑕疵问题，它只能够说明统计抽样的程序出现错误的程度。但是，我们把可能存在的深层次瑕疵问题暂时搁置一会儿，先来探讨一下任何严格定义的样本都摆脱不了的另外一项计量或统计：可信区间。

误差幅度指的是统计结果的精确度，而可信区间则指的是你对自己的估计落在误差幅度之内有多么自信。例如，在一个标准的双向调查中（这类调查的调查对象有两种可能性），由 1067 名美国成年人构成的一个随机样本在两个方向上所产生的误差幅度均为 3% 左右（我们写作 ±3%）。所以，假如某项调查显示，45% 的美国选民支持候选人 A，47% 的选民支持候选人 B，那么对于候选人 A 来说真正的支持率在 42%~48%，而对于候选人 B 来说则在 44%~50%。请注意，这两位候选人真实支持率范围存在相互交叉的情况。[70] 这就是说，候选人 A 和 B 在选民支持率上的两个百分点的差别落在了误差幅度之内：我们不能说其中的一个候选人的支持率高于另一个候选人，因此该项选举处于伯仲之间。

误差幅度是 3% 而不是更多，我们对此有多少信心呢？我们可以计算一下可信区间。在我提到的特殊例子当中，我汇报的可信区间是 95%。也就是说，假如我们做 100 次同样的调查，并且采用同样的抽样方法，那么在 100 次调查中我们有 95 次所获得的数值都会包含真实的数值；而在 100 次调查中有 5 次我们所获得的数值会落在真实数值范围之外[71]。可信区间并不能告诉我们统计数值落在真实数字范围之外的程度——它可以是一个较小的差异，也可以是一个较大的差异，其他的统计数据能够对此做出判定。

我们可以把可信区间的数值设定在自己想要的任何水平之上，但一般会取95%。想要获得范围更小的可信区间，你可以采取两种方法：（1）在给定可信区间数值的情况下，增加样本的数量；（2）在给定样本大小的情况下，减小可信区间数值。当样本大小一定时，把可信区间水平从95变为99，将增大可信区间的范围。鉴于很多外在的境况往往会在第二天或第二周改变人们的想法，所以在多数情况下，由于这种做法会增加统计费用或引起不便，故并不值得采用。

请注意，对于非常大的样本群体——比如全体美国人——我们只需抽取其中很小比例的一个样本。在这个例子中，所抽取的样本比例不超过0.0005%。但是，对于较小的样本群体——比如一家公司或一所学校——我们就要求抽取一个比例较大的样本。对于一家员工总人数达10000名的公司来说，为了取得3%的误差幅度和95%的可信区间，我们就需要抽取其中的964人（比例几乎为10%）作为样本；而对于一家员工总人数为1000的公司，我们需要抽取的样本人数则将近600人（比例为60%）。

误差幅度和可信区间适用于任何种类的统计抽样，并非仅限于关于人的统计抽样，比如城市电动车比例的抽样、胰腺恶性细胞抽样，或者超市里销售的鱼类制品的汞含量抽样。下图展示了当可信区间为95%时误差幅度和样本大小的情况。

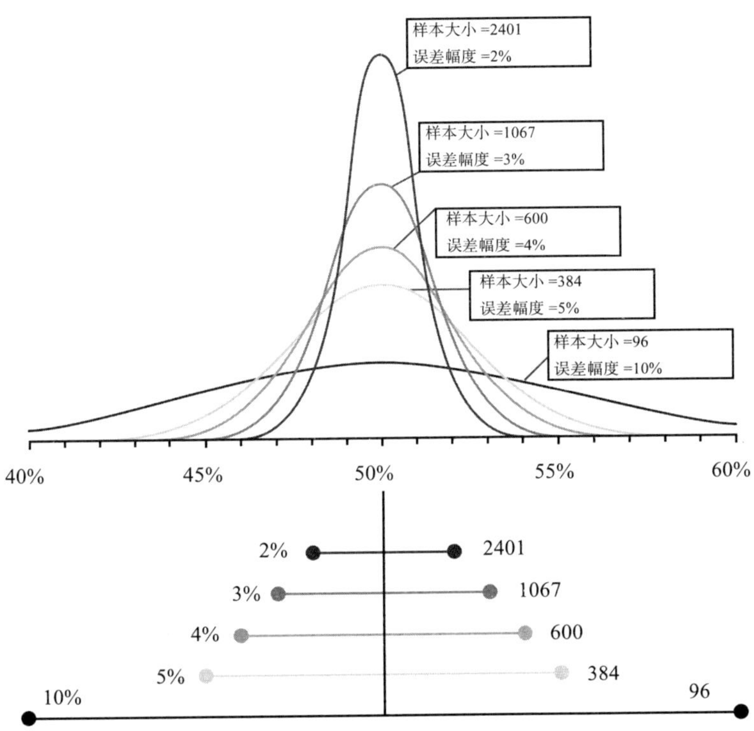

本书末的注释部分介绍了计算误差幅度（和可信区间）的公式。[72] 此外，网络上也有很多相关的计算器可以帮助你进行计算。如果你看到有人虽然引用了统计数据，但却没有给出误差幅度，那么在被调查人数已知的情况下，你就可以自己进行计算。你会发现，在很多情况下，统计汇报者或调查机构并没有提供此类信息。这种统计数据就如同没有数轴的图一样——采用隐瞒误差幅度或可信区间的方法，你可以很轻易地利用统计数据说谎。请看一个例子：在密西西比州州长选举中，我的一条名叫“影子”的狗是其中一名候选人。它的支持率处于领先地位，76% 的选民都把选票投给了它而非其他候选人。（没有报告出来的误差幅度为±76%；请为“影子”投票吧 !!!）

抽样偏差

当研究人员努力获取随机样本时，在判断一个人或事物是否以同样的可能性被抽取为样本方面，他们有时候也会犯错。

1936 年的美国总统大选就出现了一个低级错误。当时，《文学文摘》（*Literary Digest*）开展了一项民意调查，并得出结论说共和党总统候选人阿尔夫·兰登（Alf Landon）将会战胜竞争对手——民主党候选人、现任总统罗斯福。《文学文摘》针对杂志读者、有车族以及电话客户等做了调查，但它并不是一个随机样本。对此，很多学术刊物和大众刊物都引用了这样一种常规解释：1936 年的这项民意调查严重偏向于那些更有可能投票支持共和党候选人的富人。但事实上，根据乔治·盖洛普（George Gallup）1937 年所做的一项民意调查，这种解释是错误的，因为有车族和拥有电话的人更有可能投票支持罗斯福。[73] 该项民意调查的偏差之处在于，罗斯福的支持者参与该项民意调查的可能性小之又小。盖洛普当时发现了这个抽样偏差，并且使用随机抽样的方法独立地进行了民意调查，最终正确地预测了那届总统大选的结果。盖洛普民意调查由此正式扬名。这项调查随后一度成为政治类民意调查的黄金标准，直到 2012 年美国总统大选，它才首次马失前蹄。后来，一项调查揭示出了它的抽样程序存在致命瑕疵。[74] 有讽刺意味的是，盖洛普民意调查的这次失误恰好与拥有电话的调查对象有关。

20世纪三四十年代，通过电话开展的民意调查往往偏向于富人。与此相似，如今通过座机进行的抽样调查则偏向于老年人。所有通过电话进行的抽样均假定，拥有电话的人一般来说能够代表全体人民。然而，这种情况其实并不绝对。在硅谷工作的很多员工，他们交谈时使用的都是互联网应用程序，所以电话抽样可能无法代表这些从事高科技工作的人。

在篮球场周边抽取人均身高的样本，在失业办公室附近抽取样本来分析人们的收入情况，只在一家冶炼厂周围抽取样本来估计全国的肺癌发生率，采用这些方法你都可以实现不着痕迹地利用统计数据说谎的目的。假如你不主动透露自己抽取统计样本的方法，那么其他人无论如何也不会知道。

参与偏差

那些愿意参与一项统计调查活动的人和那些不愿意参与的人相比起来，他们在诸如政治观点、性格以及个人收入等重要方面可能不尽相同。类似地，那些对统计征募通知做出回应的人——愿意参与你的调查研究的人，也许对你感兴趣想要调查的事物持有赞同或反对的偏见。如果你试图吸收“一般”的人参与你的调查研究，当你提前告知他们调查将会涉及的内容时，你就有可能引起参与偏差。一项关于性态度的调查研究会偏向于那些更愿意透露性态度的人，同时会偏离性格腼腆和为人拘谨的人，而一项关于政治态度的调查研究则会偏向于那些愿意谈论政治话题的人。正因为如此，很多问卷调查、实地调查和心理研究要么不提前向调查对象透露它们所要研究的问题，要么采用研究人员不感兴趣的一套不相干问题来掩盖调查研究的真正目的。

那些参与整个调查过程的人很可能不同于那些在调查结束之前就退出的人。在你联系到的人当中，总有一些人不会对调查做出回应。当对你的调查做出回应的人和不做回应的人在类型方面存在差异时，这些不回应调查现象的存在就会带来偏差。它所形成的特殊种类的抽样偏差被称为无回应误差。

我们假设你在哈佛大学工作。你想要说明你们学校的毕业生在毕业两年后一般都能获得高工资。所以，你向每名毕业生都发送了一份调查问卷。然而，此时你的调查俨然已经存在问题。首先，毕业生中有些人已经搬家却并未通知哈佛大学，有些人尚在监狱服刑，还有些人属于无家可归者。这些人都无法收到你的调查问卷。其次，在对调查活动做出回应的毕业生当中，那些工资收入较高且感恩于哈佛大学培养的人比那些没有工作且心存怨言的人填写调查问卷的可能性更大。没有把调查问卷反馈给你的那些人造成了无回应误差。有时，这些无回应误差会成系统地出现，从而造成统计数据的扭曲。

在做这项关于哈佛大学生毕业后两年工资的调查时，如果你的目的旨在说明哈佛大学的教育和培养能够创造高收入，那么这项调查也许会帮助你向大多数人说明这一点。但是，批判性的思考者会认识到，哈佛大学的学生与普通人不同，他们往往出身于收入更高的家庭，而这与学生将来的收入水平之间存在关系。哈佛的学生往往都属于事业型的人物。假如这些人上的是名气稍逊一筹的大学，甚或没有上大学，那么他们也可能在毕业后赚取同样的工资收入（马克·扎克伯格、马特·达蒙和比尔·盖茨都属于在哈佛大学辍学，但在事业上取得成功的典范式人物）。

如果你的统计调查无法针对社会中的某类人展开，比如驻扎在海外基地的军人，或者无家可归的人和待在收容机构的人，那么这种抽样偏差就叫涵盖误差。因为你无法接近社会人口中的某一部分人，所以这部分人没有机会被你的抽样选中。

如果你试图弄清楚一个瓶子中红色、橙色和蓝色软糖各自所占的比例，那么你就有可能无法彻底弄清楚这个瓶子里的情况。[75]器官活组织切片检查往往受到外科医生在器官上收集样本材料的位置方面的限制，所收集的样本并不一定具有代表性。在心理学研究中，实验的对象常常是大学在校生，而这些人也并不能代表普通大众。这个国家里各色人等千差万别，各自都有不同的态度、观念、政治倾向、人生经验和生活方式。说所有大学生都相似是错误的，说他们能够准确代表其他大众也同样不正确。

报告偏差

当被问及个人看法时，人们有时候会撒谎。一位哈佛毕业生可能会过高地报告他的收入，其目的要么是显示他比现在更加成功，要么是他自认为自己本应得到较高的收入，只是由于出现了情有可原的状况，他实际上并没有得到。当然，他还可能会少报收入。因为这样一来，哈佛大学校友会就不会再让他捐赠一大笔钱了。这些偏差相互之间有可能抵消掉，也有可能无法抵消。最终，在这项关于哈佛大学毕业生收入情况的调查中，我们收集到的一般性数字只不过是被调查对象所汇报的一般性数字而已，而并非他们的实际收入。那些富裕的毕业生有可能对自己的年收入情况不是很清楚，因为年度收入并非只是工资收入——它包括其他很多逐年变化的收入项，比如投资、股息、奖金和稿酬等。

你的调查也许会问到人们在以往的考试中或纳税方面是否有过欺诈行为。他们可能并不认为你的调查属于真正的机密调查，所以极有可能不想如实报告（在估计美国有多少非法移民需要医疗保健服务或这些人当中有多少是犯罪分子时，这也是一个问题。由于担心被举报，所以他们中的很多人害怕去医院或警察局报到）。

假设你想调查了解一下人们阅读的是什么样的杂志。[76] 此时，你可以向他们做问卷调查。但是，他们有可能会想给你留下一个好印象，他们也有可能把自己的阅读品位汇报得比实际品位更高。你也许会发现，报告自己在阅读《纽约客》或《大西洋月刊》的人数要比销售数字所显示的人数多得多，而报告自己在阅读《美国周刊》和《国家询问报》的人数却比销售数字所显示的人数少得多。人们在调查中并不总是会如实作答。所以在此处，你的调查实际上所统计的并不是他们在阅读什么杂志，而是一种势利行为。

因此，你重新做了一个计划：你打算做实地调查，登门拜访，亲自观察人们在起居室里摆放的是什么杂志。但是，这种做法仍然存在偏差：它并不能告诉你人们实际上在阅读什么杂志，而只能说明他们在阅读完后保存了什么杂志，或者说他们选择了使用什么样的杂志来给客人留下印象。调查了解人们阅读什么杂志要比调查了解人们购买（或展示）什么杂志的难度更大。但是，这两种调查之间的区别非常重要。对于广告界人士来说，尤其如此。

什么因素会让一个人认为自己属于多种族人呢？如果他们在单一种族的社区里长大，那么他们就不会过多地倾向于认为自己是多种族的；如果他们曾经遭受过种族歧视，那么他们在这方面的倾向性就会更大。也许我们的调查对多种族的定义很准确，但这并不意味着人们一定会以我们想要的方式来汇报自己所属的种族类别。

缺乏标准化

统计计量必须做到标准化。统计数据的收集程序必须清晰、可复制以及精确，从而可以让每一位收集数据的人遵循统一的方法。每一位计数的人一定要以相同的方式计数。我们以格里森（Gleason）肿瘤评分为例——它只是一种相对标准化的方法，也就是说，不同的病理学家会给你评定出不同的分数，并据此标记出你的肿瘤所发展的程度（格里森评分体系指的是，在显微镜下检查前列腺组织样本，并且在 2 分至 10 分之间评定出一个分数，从而显示组织癌细胞扩散的可能性大小[77]）。对于某位患者是否患有精神分裂症，精神病学家们会持有各自不同的看法。对于什么才算是充分地构成了某种精神现象，统计学家们相互之间也会给出不同的观点。病理学、精神病学、超心理学和其他学科虽然都在积极创建定义明确的程序，使得人人皆可遵循，并获得同样的结果，但几乎全部的统计计量都会存在分歧，也都会有不同观点存在的空间。假如有人要你称自己的体重，那么你称体重时穿不穿衣服呢？口袋中放不放钱包呢？再假如，有人要你测量烤架上牛排的温度，那么你是在牛排的某一处测量，还是在多处测量然后取平均值呢？

计量误差

参与统计调查的人在理解某个问题时，也许并不会按照研究人员主观上所认为的那种方式。他们有可能会错误地填写调查问卷，也有可能以很多出人意料的方式在无意中给出错误的答案。每一项统计和每一个科学领域都会产生计量误差。欧洲核子研究组织（CERN）的物理学家曾经公开宣称，他们通过测量得知中微子的移动速度超过了光速。这项发现将成为近 100 年以来最重要的发现之一。随后，他们却声明说，他们的测量有误。[78]

只要我们进行定量分析，就会出现计量误差。2000 年的美国总统大选实质上属于一种统计计量误差（也可归因于没能够成功地记录人们的意图）：当不同的官方统计团队对相同的选票进行计数时，所得的统计结果却并不相同。其中的部分原因在于，他们在如何统计“酒窝”选票和“悬挂”选票[①]等方面存在分歧——这属于定义上的问题——但即使当时采用严格的计票规则，票数统计的结果也仍然会有差异。

大家都有过这样的经历：当我们数储钱罐里的钱币时，如果我们数两次，总钱数有时会不相同。此外，当我们站在体重秤上连续测量三次时，所得的体重数字有可能会不一致；当你测量家里某个房间的大小时，每次测量所得的面积也可能会略有不同。后面这两种情况都可以得到解释：你的体重秤弹簧不是完美的机械装置；当每次使用卷尺测量时，由于你手拿卷尺的方式存在差别，所以卷尺静止端的位置会出现微小的滑动，从而导致你的读数产生微弱的差异。又或者卷尺的长度不足以一次测量整个屋子的长度，所以你需要分两三次在地板上做出标记再进行测量，然后再把所得长度相加，这也会增加出错的可能性。计量工具本身存在差异（计量设备本身确实都有一定的准确度规格，设备的价格越高，其计量的准确性也越高）：你家里的体重秤可能在半磅范围之内才能准确计量；而邮局计量秤的准确度却在半盎司（一

① 一般来说，在选民投票选举所支持的候选人之后，美国总统大选的选票上候选人名字旁边的孔印会被打穿，产生一个方形的纸块，这个纸块就叫作孔芯。当选票上有打孔的痕迹，但是孔芯未被打穿时，这种选票就被称为“酒窝”选票；当孔芯被打穿，但并未离开选票时，这种选票就被称为“悬挂”选票。——译者注

磅的 1/32）范围之内。

1960 年，《美国人口普查》的一项研究记录了 62 名年龄为 15 岁到 19 岁的妇女，她们的子女数均达到或超过 12 个。[79] 此外，该研究还记录了很多 14 岁的寡妇。然而，常识告诉我们，年龄为 15 岁到 19 岁且养育孩子数超过 12 个的妇女不可能存在，同时年仅 14 岁的寡妇也非常罕见。因此，此处的统计肯定有误。一种可能的原因是某些人口普查员勾错了普查表格上的选项。他们这样做也许属于无心之过，也许是为了使自己免于去做费时耗力的采访而有意为之。另一种可能的原因在于，对普查感到不耐烦（或存心不良）的一组被普查人员编造了古怪的回答，而人口普查员当时却疏于发觉。

2014 年，有人控诉新英格兰爱国者队在比赛用球上做了手脚，即给橄榄球放气以便使队员在比赛中更易于完成接球动作。该队在进行辩护时把计量误差作为辩护内容的一部分。[80] 在新英格兰爱国者队和印第安纳小马队的比赛当天，当半场结束时，两队的比赛用球分别做了气压检测。新英格兰爱国者队的比赛用球首先进行了气压检测，随后印第安纳小马队的比赛用球也同样做了检测。由于印第安纳小马队的比赛用球此前存放在温暖的更衣室或办公室里的时间更长一些，所以该队的所有比赛用球预热的时间也更长。如此一来，这些橄榄球的气压也因而增加了。美国联邦的一个地方法院采纳了这种观点。在参考其他证据之后，该法院针对上述控诉做出了证据不足的裁决。

当你所使用的计量工具——秤、尺子、调查问卷或测试——实际上无法计量你想要计量的对象时，也会产生计量误差。例如，当你用直尺去测量一根头发的宽度时，或当你真正要研究的是关于激励的内容，却使用了一个有关沮丧方面内容的调查问卷（这两者可能相关但却并不相同）时，这种错误就会产生。统计记录选民在资金方面支持哪些候选人与了解他们如何投票二者并不等同，因为很多选民会在同一次大选中同时向多个候选人赠予政治献金。

很多测试或统计调查表面上展示的是某一种事物，然而实质上却并不尽然。相关的论述在这方面着墨颇多。智商（IQ）测试便是其中被错误解释最严重的一种测试。它用于评估人们的智商，好像智商只是单一的层级一般。然而，事实却并非如此——智商有多种表现形式，比如空间智商、艺术智商、算术智商等。人们已经得知，智商测试往往偏向于中产阶级白人。当我们分析智商测试结果时，通常想要知道的是一个人有多么适合一个特定的学校项目或工作。在这些情形下，智商测试的确能够预测行为。然而，其原因并非是由于一个人的智商测试得分高就说明他的智慧也必定更高，而是因为智商测试显示出此人在其他方面（经济的、社会的）一贯具有的优势。

当遇到基于调查的统计时，你一定要努力弄清楚该调查所提的问题是什么，这些问题在你看来是否合理、是否存在偏差。对于任何统计来说，我们都要努力弄清楚它们是如何计量研究对象的，以及数据收集者是否有能力做出这样的计量。

定义

事物的定义和分类往往会对统计的结果产生重大影响。此类问题既会出现在自然科学之中（比如统计癌细胞发展等级或者统计降雨情况），也会出现在社会科学当中（比如统计调查人们的观点和经验）。

圣路易斯地区今天有没有下雨？这要取决于你对下雨的定义。如果只有一滴雨水降落在圣路易斯地区 8846 平方英里（美国行政管理和预算局数据）的广袤土地上，我们是否会说这地方下了雨？在一天之中，需要有多少滴雨水降落在多大面积的土地上并持续多长时间，我们才把这一天称作下雨天？

美国劳工统计局根据两种不同的定义对通货膨胀采用了两种不同的计量方法。个人消费支出指数（PCE）和消费价格指数（CPI）这两种衡量通货膨胀的方法可以产生不同的统计数字。如果你要比较同一国家中两年之内或两个地区之间的通货膨胀，那么你当然需要确保每次比较时都使用相同的指数。如果你只是想要了解一下近期通货膨胀率上升或下降的情况，那么一些不道德的统计使用者就会根据他们对上述两种指数差异的理解，从中挑选出最具影响力的一个，而不是选择最适合的那个指数来欺骗你。

再如，无家可归指的是什么呢？是指睡在人行道上或者汽车里的人吗？这些人也可能有家，只不过无法回家或者选择不回家而已。那么，对于失去自己的公寓所有权因而临时睡在朋友家沙发上的女人，情况怎样呢？再或者，对于一个出售了自家房子，然后一边暂居旅馆几周，同时一边又在等待新房就绪的家庭，情况又怎样呢？那些幸福而又舒适地非法居住在废弃仓库里的人呢？当我们横跨不同的州和城市来统计比较无家可归的情况时，不同的行政辖区所使用的无家可归的定义有可能是不同的。即使各行政辖区都采用标准化的定义，你所遇见的对于无家可归的统计定义也有可能与你个人的定义不同。[81]在我们的大型城市里，解决“无家可归问题”的障碍之一，就在于我们对无家可归没有一个统一的定义，或者说我们对哪些人满足无家可归的标准没有进行统一的定义。

当我们遇到那些根据新研究所做的新闻报道时，我们一定要留意该研究对各要素的定义方法。这是因为我们需要针对它们是否会被人接受、是否具有合理性做出自己的判断。对于政治性很强的话题（诸如堕胎、婚姻、战争、气候变化、最低工资标准以及住房政策等）来说，做到这一点尤为关键。

诚然，没有哪种事物的政治性会强于政治本身。通过提出政治性问题的方式，人们就可以针对公共民意调查中的定义进行辩驳和扭曲，并为己所用。现在我们试想一下，假设你受雇于一位政治候选人，负责收集其竞争对手艾丽西亚·弗洛里克的相关信息。[82]除非弗洛里克能够设法在每项议题上都满足所有选民的口味，否则总会有选民对她有怨言。所以，你要这样做，提出这个问题：“即便你支持这位候选人，但对于她讲过的任何话，你到底有没有不赞同的地方？”现在，几乎每位选民多少都会有些牢骚话，所以你就可以回去向老板汇报说：“81% 的选民不赞同弗洛里克的主张。”你所做的就是收集了一件事情的相关数据（甚至一个微小分歧），然后把它汇入一大堆类似的怨言，并且重新把它们命名为“不赞同”。这种做法听上去让人感觉很公平。

不能知晓或无法核实之事

早期的计算机科学家创造出了 GIGO（无用输入 / 无用输出）这个著名的说法。当时，人们盲目热衷于相信计算机输出的任何内容，因为计算机输出的内容能给人带来一种准确和确定的错觉。如果一项统计是由一系列胡乱定义的计量单位、猜测、误解、过度简化、错误计量以及有缺陷的估计组成的，那么最终的统计结论也必定存在缺陷。

对于自己读到的很多内容，我们都应当心存疑虑。我们要问问自己：有人知道这一点，这可能吗？一家报纸针对未成年男、女同性恋自杀的比例进行了报道。[83] 哪种死亡才算是自杀，哪些尸体属于男同性恋，以及哪些尸体又属于异性恋，要弄清楚这些问题非常困难。鉴于此，任何此类的统计必定没有什么实际意义。同理，一个偏远地方死于饥饿的人数，或者一场内战期间命丧于种族屠杀的人数，这些数字都应当值得我们怀疑。在伊拉克—阿富汗—美国冲突期间，由各观察人士所提供的差别极大的伤亡估计就已经证实这一点。

有一位杂志出版商吹嘘说，他们的杂志拥有数量高达 200 万的读者。他们是怎么知道这个数字的呢？他们并不知道。他们假定，每份售出的杂志得到其他读者的分享阅读（他们所谓的“传阅率”）具有一定的比例。他们还假定，销售给图书馆的每份杂志都有一定数量的人去阅读。他们对图书和电子图书都做出了上述同样的假设。然而，主观臆断和现实情况二者之间却有着天壤之别。很多人都购买了史蒂芬·霍金（Stephen Hawking）的《时间简史》一书。据说，这是近30年以来销量最大，且没有阅读完全书的读者数量最多的一本图书。也许很少有人会传阅这本书，因为只需把它摆放在自家起居室里便会给来客留下深刻印象。那么，一本杂志或一本图书会有多少读者呢？一个播客（podcast）到底有多少听众呢？我们皆无从知晓。我们只知道它们的销量或下载量，仅此而已（尽管近来电子图书的发展趋势很有可能改变这种长期以来的现实状况）。

下一次，当你再次读到新西兰人平均每周用牙线洁牙4.36次（此数字为我所杜撰，但它有可能像任何统计估计数字一样准确）这样的报道时，请自问：怎么会有人知道这种事情呢？他们依据的数据是什么？假如浴室里有隐藏的摄像头，那就是另一回事了；但这更有可能是由那些把统计结果汇报给受众的人造成的。他们只对自己能够记住（或者自认为真实）的事情进行汇报。然而，我们却总是会面临这种情况。

第 6 章　神奇的概率

当我在第 5 章提到也许很少有人会传阅《时间简史》的时候，你相信我所说的话吗？正如我们很多人所做的那样，我当时对术语的使用也比较宽泛。但是，数学概率这个话题却关系到我们对整个世界认知能力的限度——从诸如夸克和玻色子等亚原子粒子的运动方式到我们有生之年世界末日来临的可能性，从参与各州发行彩票活动的人到天气预报（这两种活动可能有着相同的成功概率）。

有了概率，我们就可以对未来将要发生的事件进行定量分析。概率对于我们做出理性决定也起着重要的辅助作用。没有了它们，我们便会受到逸闻趣事和虚假叙述的蛊惑。也许你曾听到有人说过类似这样的话："我可不系安全带，因为我听说有个人死于车祸时就系着安全带。他被困在了车里没办法出去。假如没有系安全带，他就不会出事了。"[84]

这种说法也许有一定的道理，但我们的视野却决不能局限于这一两个叙述。什么是相对风险呢？尽管在少数诡异的特殊情况下安全带会置人于死地，但假如不系安全带，那么死亡的可能性必然会高得多。概率有助于我们对这个问题进行定量分析。

当使用“概率”一词时，我们一般采用不同的方式来表达不同的意思。这很易于使人联想到两点：当某人表达的是一种意思时，概率所表示的则是另外一种意思；当我们面对多种可能性时，疑惑不解往往会促使我们得出错误的结论。

概率中的一种——古典概率，所依据的就是对称和可能性相等的思想[85]：一个色子有 6 个面，一枚硬币有 2 个面，轮盘赌的转轮有 38 个弹槽（这是美国轮盘赌的数量，欧洲轮盘赌有 37 个弹槽）。如果没有制造上的缺陷或故意弄虚作假使一种结果优于另一种结果，那么每种结果出现的可能性都相等。所以，掷色子时任何一个特定点数出现的概率都是 1/6，掷硬币时正面朝上的概率是 1/2，玩轮盘赌时获得任何一个点数的概率都是 1/37 或 1/38。

古典概率只限定于在上述这些定义非常明确的事件中使用。在古典概率中，由于系统参数为已知，所以我们可以据此计算出每个系统事件的概率。然而，我们在日常生活中常常想要知道其他事件发生的可能性，比如一种药品对患者起到治疗作用的可能性，或者消费者偏爱某一种啤酒的可能性。因此，第二种概率便由此产生。在第二种概率中，由于不清楚系统参数是什么，所以我们往往需要对它们做出估计。

为了计算第二种概率，我们需要进行观察或实验，并统计我们得到自己所期望结果的次数。这种概率就叫频率论概率。我们先让一组患者服用一种药品，然后统计有多少患者的病情出现了好转——这就是实验，药物起到治疗作用的概率就是病情出现好转的患者人数占患者总人数的比例（基于期望结果所出现的频率）。假如我们针对大量的人来做这个实验，所得结果将近似于真实概率，这正如公共民意调查一样。[86]

古典概率和频率论概率这两种概率方法，所计算的都是那些重复出现的、可复制事件的概率，以及在大体相同的条件下你所期望获得的特定结果出现次数的比例[87]（一些主张比较严格的概率论家提出，条件必须完全相同。但我却认为，这种要求过于苛刻。因为即使在极限情况下，由于偶然变异的存在，宇宙也绝对不会完全相同）。当你使用随机采访的方式进行公共民意调查时，即使你今天采访一些人，明天再采访一些人，你实际上也还是在相同条件下向人们提问的——条件是在此期间没有发生能够改变人们想法的重大事件。当一位证人就犯罪嫌疑人的DNA（脱氧核糖核酸）与一支左轮手枪上发现的DNA二者相匹配的概率出庭作证时，他所使用的就是频率论概率。[88]因为从本质上讲，他所做的就是对相匹配和不相匹配的DNA碎片进行计数。从一副纸牌中取出一张牌、在流水线上找出一件有瑕疵的小部件、询问人们是否喜欢他们的咖啡品牌，这些都是古典概率和频率论概率的例子。这些事件也都是重复出现的可复制事件（取纸牌属于古典概率事件，后两个例子则属于频率论概率事件）。

第三种概率与上述两种概率不同。这种概率不是从实验或可复制事件中获得的——相反，它是针对特定事件发生的可能性所表达出的一种观点或相信程度。这种概率叫作主观概率（贝叶斯概率属于其中的一种，它是以 18 世纪的统计学家托马斯·贝叶斯的名字命名的）。当朋友告诉你说，他有 50% 的概率去参加迈克和朱莉的周末聚会时，他所使用的就是贝叶斯概率。他所表达的是自己要去参加聚会的一种信念上的强烈度。明年失业率会达到多少呢？我们不能用频率论概率的方法来回答这个问题，因为我们不能把明年的失业率作为在完全相同或类似条件下所取得的一组观察数值。

我们来思考一个例子。当天气预报员预报明天下雨的概率为 30% 时，此前他并没有针对相同条件下的很多天（即使这种情况真的存在）做过实验，并统计结果。30% 这个数字表达了他对明天有雨这件事相信的程度（比例为 1∶100）。他有意提醒你，打算外出时要考虑是否带上橡胶套鞋和雨伞。

如果该天气预报员的统计校准度比较高，那么在他的预报所涵盖的那些天当中恰好就会有 30% 的天数会下雨。假如其中有 60% 的天数下了雨，那么他的预报就低估了很多。统计校准问题只与主观概率相关。

我们再来看上文提到的那个问题：你的那位说自己有 50% 的概率去参加聚会的朋友。很多不进行批判性思考的人经常会犯这样的错误，认为如果存在两种可能的情况，那么它们的可能性必然相等。认知心理学家阿莫斯·特沃斯基（Amos Tversky）和丹尼尔·卡尼曼（Daniel Kahneman）曾经向人们描述了实验条件下的聚会和其他情境。例如，在一次特定的聚会当中，参会人员可能会被告知，70% 的来宾是作家，30% 的来宾是工程师。如果你在聚会上偶遇一位有莎士比亚文身的人，那么你就可能正确地认为那个人是作家；如果你碰见了一位身穿印有麦克斯韦方程式 T 恤的人，那么你也有可能正确地认为那个人是工程师。但假如你在聚会上随机地遇见了某人，而且没有任何暗示其身份的东西——没有莎士比亚文身，也没有数学方程式 T 恤——那么，此人是工程师的概率有多大呢？在特沃斯基和卡尼曼所做的实验当中，人们往往会回答说："一半一半。"[89] 这明显混淆了两种可能的结果和两种可能性相等的结果。

主观概率是一种唯一可供我们在现实情境中使用的概率方法。现实情境中往往没有实验，也没有对称方程式。如果"优势证据"① 指向被告有罪，法官就会让陪审团做出判决。这种情况就属于一种主观概率——每名陪审团成员都要按照各自的标准和信条（有可能带有个人色彩，并非是客观公正的）来权衡现有的证据，并就证据是否具备优势做出判断。

在赛马比赛中，当庄家开出让利盘口时，他所使用的就是主观概率——尽管庄家有可能获得赛马的历史战绩、健康状况以及骑手的历史数据等信息，但却没有自然对称（它不是古典概率），

① 优势证据规则是对双方所举证据的证明力进行判断时所确立的规则，属于采信规则。即当证明某一事实存在或不存在的证据的分量与证明力比反对的证据更具有说服力，或者比反对的证据可靠性更高时，由法官采用具有优势的一方当事人所列举的证据认定案件事实。——译者注

也没有做实验（它也不是频率论概率）。棒球和其他体育比赛也都如此。为赛马比赛下赌注的人会说，皇家队下次比赛获胜的概率有 80%。然而，他并不是从数学意义上来使用概率的，这只是他和我们使用语言为比赛赋予数字精确度的一种方法。下注的人不可能让时光倒流，从而反复观看皇家队进行同一场比赛，然后统计出它在比赛中获胜的次数。他或许掌握着经过反复计算的数据，又或许使用电脑报告了他的预测。但是，他最终所得的数字只不过是一种猜测而已，只能表明他对自己预测的信心程度。不同的赛马行家对同一场比赛结果的预测并不相同。这个现实中的证据说明了人们对赛马获胜概率的预测只不过是主观上的一种判断。[90]

主观概率就在我们周边，但大多数人却视而不见——在报纸上、会议室以及酒吧里我们都能遇到它。某个国家将在未来的 12 个月内试验原子弹，明年银行利率将上浮，意大利将赢得世界杯冠军，士兵将占领某一个特定山头，这些事件发生的概率都属于主观概率而非频率论概率——它们都是一次性的不可复制事件。专业人士和预测家的个人声誉完全取决于他们能否对此类事件的发生进行准确预测。

概率的结合

乘法法则是计算概率最重要的法则之一。如果两个事件是独立事件——其中一个事件的结果不影响另一个事件的结果——通过把两个事件发生的概率相乘，你就能得到两个事件同时发生的概率。掷硬币时，正面朝上的概率是一半（因为总共只有两种相等的可能性：正面和反面）。从一副扑克牌中随机抽取一张牌，得到红桃的概率是 1/4（因为只有 4 种可能性相等的结果：红桃、方块、梅花和黑桃）。如果你投掷一枚硬币并从一副扑克牌中随机抽取一张牌，那么硬币正面朝上，同时抽到红桃的概率就可以通过计算得出：把两个事件的概率相乘，即 1/2 × 1/4 = 1/8。这种概率叫作联合概率。

你还可以亲自验证上述算法的真实性。具体方法是把所有可能的情形都列出来，然后统计一下你得到自己想要的结果的次数。

正面	红桃	反面	红桃
正面	方块	反面	方块
正面	梅花	反面	梅花
正面	黑桃	反面	黑桃

此处，我忽略了这样一些极其罕见的情形：你把硬币抛出后，它恰好立了起来；硬币在空中被海鸥叼走；你所用的扑克牌是一副魔术牌，每张都是梅花。

同理，我们还可以计算三个事件的联合概率：掷硬币时出现正面，从一副扑克牌中抽到一张红桃，下一个你遇见的人和你在同一天出生（这三个事件的联合概率约为 1/365.24——尽管出生日期略显密集，并且有一些出生日期相比较而言更为常见，但是这个数字是一个合理的近似值）。

也许你曾经访问过这样一些网站，它们要你回答一系列的多项选择题，比如“你曾经在下面哪5个街道居住过”“你拥有下面哪5种信用卡”。这些网站试图对你进行鉴定，它们要确定你就是它们所认为的那样。这些网站所使用的正是乘法法则。假如你连续回答6个此类问题，而答对每个问题的概率都只有1/5(0.2)，那么你凭借猜测全部答对这些问题的概率就只有0.2 × 0.2 × 0.2 × 0.2 × 0.2 × 0.2，或者说0.000064——大约是6/100000。这还不如你在法庭DNA证据的例子中所发现的那么绝对，但也还不错(你现在可能在猜想，这些网站的提问为什么不采用那种只需要简短作答的填表题。那样一来，你就必须自行提供全部答案而无须做多项选择。原因在于，如果那样做，正确答案的随机性就太高了。你的信用卡指的是大通、大通银行，还是摩根大通的？你曾经居住在北面梧桐街、梧桐北街，还是北梧桐街？你应该能够明白其中的道理了)。

事件的概率由其他事件得知

乘法法则只能在事件之间相互独立的条件下适用。什么样的事件不属于独立事件呢？比如，天气。今晚出现冰冻天气的概率和明晚出现冰冻天气的概率，这两个事件就不是独立事件——一种天气模式一般都倾向于保持一天以上，尽管也会出现反常的冰冻天气，但预测明天夜间气温的最好办法是参照今晚的气温。你可以计算一年之中夜间气温下降到冰点以下的天数——我们假设你所居住的地方有36天如此——那么就可以说今晚出现冰冻天气的概率是 36/365，或大约为 10%。然而，这种算法并没有把依赖关系考虑在内。如果你说在冬季连续两个晚上出现冰冻天气的概率是 10% × 10%=1%（遵循乘法法则），那么你就低估了概率，因为这两个晚上的事件不是独立事件，明天的天气预报是由今天的情况预测的。

一个事件发生的概率还可以通过你正在研究的特殊样本得知。今晚出现冰冻天气的概率明显受到你所讨论的地方所在地理位置的影响。在南、北纬 44 度地区，这个事件发生的概率高于南、北纬 10 度地区。如果你研究的是篮球场，那么你在那里找到身高 6 英尺 6 英寸的人的概率就比在司机们经常去的酒馆里的概率高。你所研究的人或事物的亚组与你的概率估算具有相关性。

条件概率

在评估统计学表述时，那种分析由随机人群组成的群组的做法，经常会使我们误入歧途。实际上，我们应当分析的是亚组。你得肺炎的概率是多少？也许并不是很高。但是，如果我们对你本人和你的特定情况了解得更多，那么你得肺炎的概率可能更高，也可能更低。这种事件的概率被称为条件概率。

我们设计了如下两个不同的问题：

1. 从整个人群中随机抽取一个人，这个人得肺炎的概率是多少？

2. 不是从人群中随机抽取，而是抽取出现三种病症（发烧、肌肉酸痛和胸闷）的一个人，这个人得肺炎的概率又是多少？

第二个问题涉及条件概率问题。它之所以成为条件概率，是因为我们分析的并不是每一个可能存在的条件，而只是那些满足条件所列要求的人。我们无须浏览全部数字就能够做出猜测：处于第二种条件下的人得肺炎的概率更高。当然，我们也可以重新设计这个问题的提问方式，从而使得肺炎的概率低于那些从人群中随机抽取的人：

不是从人群中随机抽取，而是最近刚刚连续做了三次肺炎检测且结果都呈阴性的人。这个人的免疫系统非常活跃，就在几分钟之前，他还刚刚获得了纽约市马拉松比赛的冠军。这个人得肺炎的概率是多少？

采用同样的办法，你患肺癌的概率与你的家族遗传病史并非没有关系。餐馆服务生把番茄酱拿到你餐桌的概率与你所点的菜也并非没有关系。你可以计算出任何一个随机抽选出来的人未来10年得肺癌的概率，也可以计算出服务生把番茄酱拿到一个餐桌相对于拿到所有餐桌的概率。所幸的是，我们事先知道这些事件还要依赖于其他行为。这一点使我们得以缩小所研究人群的范围，从而获得更准确的估计。例如，假如你的父母都患有肺癌，你想要计算一下自己得肺癌的概率。计算方法是研究这个所选群组中其他人的情况，即那些父母患有肺癌的人。而假如你的父母都没有得过肺癌，你想要分析的内容就变成了由没有患肺癌家族史的人所组成的亚组（可能你会得到一个不同的结果数字）。如果你想要知道服务生给你拿来番茄酱的概率，那么你就会只分析那些点了汉堡或炸薯条的顾客的餐桌，而不是那些点了塔塔吞拿鱼或苹果派的顾客的餐桌。

在法律界，忽视事件之间的依赖性（假定事件相互独立）会造成非常严重的后果。莎莉·克拉克案件便是这方面的一个例证。[91]莎莉是一位来自英国埃塞克斯郡的妇女。由于被控告谋杀了自己的第二个孩子，所以她出庭接受审判。此前，她的第一个孩子死于婴儿猝死综合征（SIDS）。检方人员控告说，由于两个孩子都死于 SIDS 的概率非常低，所以莎莉必定谋杀了自己的第二个孩子。检方证人梅多医生是一名儿科医师，他援引了一项研究称，婴儿死于 SIDS 的概率为 1/8543（梅多医生在儿科方面的专业知识并不能使他成为一位专业的统计学家或流行病学家——此类的困惑和疑虑成为很多错误的法庭裁决的基础，本书第三部分将对其进行探讨。一个领域的专家并不能自动成为另一个类似领域的专家）。

如果进行深入思考，我们就会对 8543 这个死亡数字产生疑问。他们怎么会知道这个数字？ SIDS 是一种排除性诊断方法，也就是说，没有任何测试方法可以让医学人员做出结论说，死亡是由 SIDS 造成的。相反，如果医生无法找出死因，而且又排除了其他可能性，那么他们就会把死因贴上 SIDS 的标签。无法找出某种事物并不能证明它没有发生。由此看来，一些归因于 SIDS 的死亡实际上是由一些并不那么神秘的原因导致的，比如下毒、窒息、心脏衰竭等。

不过，作为一种辩论，让我们先假设 SIDS 造成婴儿死亡的原因就是那位专家证人所提出的 1/8543 的概率。他在证词中又进一步说，同一个家庭发生两次 SIDS 的概率为 1/8543 × 1/8543，或者说 1/73000000（“这能说是巧合吗？我认为不是！”在其总结陈词时，检方人员可能会这样咆哮道）。这种计算——这种对乘法法则的运用——把死亡假定为独立事件，但它们也可能不是独立事件。无论何种原因导致克拉克女士的第一个孩子猝然离世，这种原因对于出生在同一个家庭的两个孩子来说，可能都会存在：与 SIDS 相关的环境因素有两个，一个是二手烟，另一个是让婴儿正面朝下趴着睡觉。另一种可能的情况是：第一个孩子患有某种先天性的生理缺陷病，而这种情况在第二个孩子的基因组中出现的概率相对很高（兄弟姐妹都有一半相同的基因）。如果这样来思考，那么第二个孩子就有 50% 的概率可能会死于这样的因素。所以，现在看来，克拉克女士就变得很不像是一位杀死自己孩子的母亲了。最终，她的丈夫在医院的档案中找到了证据，证明第二个孩子的死亡是由微生物学方面的原因造成的。最终，克拉克夫人得以无罪释放。然而，她却为自己没有犯的罪行而在监狱里服刑三年。

条件概率有一种特殊的记录符号。假定你要了一个汉堡，那么服务生把番茄酱拿给你的概率可记作：

P（番茄酱｜汉堡）

其中，竖线｜读作“假定”。请注意，这个记法省略了很多描述性的词语，从而使数学表达更为简洁。

假定你刚刚点了一个汉堡，而且也点了番茄酱，那么服务生把番茄酱拿给你的概率可以记作：

P（番茄酱｜汉堡∧已点）

其中，∧读作“并且”。

条件概率的形象化表达

美国一年中肺炎的相对发病率约为2%，即每年在全美国3.24亿人当中被诊断为肺炎的人数为600万[92]（当然，毫无疑问，没有诊断出肺炎的人也有很多，而且某些人在一年之中得肺炎的次数也不止一次，但我们此处的讨论先忽略掉这些细节情况）。因此，任何随机抽取的人患肺炎的概率大约为2%。但是，如果我们对这个随机抽取出来的特定的人能够有些了解，那么我们就可以做出更准确的估计。如果当你来到医生办公室时，有咳嗽、胸闷和发烧这些症状，那么你就不能再算一个随机抽取出来的人了——你应当归入在医生办公室里表现出上述症状的那一类人。根据这个新证据，你就可以有条不紊地把自己先前所持有的某些事属实（你患了肺炎）的那种信念进行更新。我们采用贝叶斯法则计算条件概率的方式来做到这一点：既然我有了某症状，那么我患肺炎的概率是多少？你拥有的信息越多，就越能够更好地完善这种信念的更新。既然我有了上述这些症状，也有家族病史，而且刚好和患肺炎的人在一起待了三天，那么我自己得肺炎的概率又是多少呢？这样计算所得的概率会越来越高。

当计算条件概率时，你可以使用贝叶斯法则的公式（详见本书附录）。[93] 但是，还有一种简易的方法能够先把条件概率变得形象化，然后再进行计算。首先，采用数学上的四重表描述出所有可能的情形。例如，你是否点了汉堡，你是否拿到了番茄酱。

		是否点了汉堡	
		是	否
是否拿到了番茄酱	是		
	否		

然后，根据实验和观察，你在表中填写好各个数值，即每个事件发生的频率。在一个餐馆里，你所观察的 16 个顾客中点了汉堡且拿到番茄酱的只有一个，点了汉堡但没拿到番茄酱的有两个。这就构成了表格左侧一列的内容。

		是否点了汉堡	
		是	否
是否拿到了番茄酱	是	1	5
	否	2	8

类似地，你发现有 5 个顾客没有点汉堡，但却拿到了番茄酱，而 8 个顾客没有点汉堡，也没有拿到番茄酱。这又构成了表格右侧一列的内容。

下一步，你把表格的每行每列数字都相加。

		是否点了汉堡		
		是	否	
是否拿到了番茄酱	是	1	5	6
	否	2	8	10
		3	13	16

现在来计算条件概率就变得很容易了。假定你点了汉堡，如果你想要知道你拿到番茄酱的概率，那么你就先看假定条件，也就是左侧的一列。

		是否点了汉堡		
		是	否	
是否拿到了番茄酱	是	1	5	6
	否	2	8	10
		3	13	16

总共有三个人点了汉堡，即该列最下面的总数 3。那么，假定你点了汉堡，你拿到番茄酱的概率是多少呢？我们现在来看“是否拿到了番茄酱的肯定回答”一栏与“是否点了汉堡的肯定回答”一栏交叉处的方格数字，它是 1。条件概率 P（番茄酱｜汉

堡）就等于 1/3。你可以形象化地表达这个逻辑：有三位顾客点了汉堡，其中一位拿到了番茄酱，而另外两位没拿到番茄酱。在这个计算过程中，我们忽略了表格右侧的一列。

使用这种方法，我们就可以计算任何条件概率，包括在你没有点汉堡的条件下拿到番茄酱的概率：由于总共有 13 人没有点汉堡，而且其中的 5 人拿到了番茄酱，所以概率为 5/13，或约等于 38%。在这个特定的餐馆中，你没有点汉堡却拿到番茄酱的概率要大于你点了汉堡并拿到番茄酱的概率（现在请你启动批判性思维。这种情况是怎么出现的呢？也许该数据是由那些点了炸薯条的顾客拉动的，也许该餐馆售卖的汉堡在给顾客之前就已经抹上番茄酱）。

医疗决策

条件概率的这种形象化表达方法在医疗决策中非常有用。如果你去做医疗检查，结果显示你患有某种疾病，那么你真正得这种疾病的概率是多少？概率肯定不是 100%，因为医疗检查并非完美无缺，它们也会误报（当你没有患病时，检查结果却显示你得病了）和漏报（当你患有疾病时，检查结果却显示你很健康）。

一名妇女患乳腺癌的概率为 0.8%。如果她患有乳腺癌，乳腺 X 光影像能够检测出来的概率只有 90%。由于该测试并不完美，它也有检测不出乳腺癌的时候。如果这位妇女没有得乳腺癌，检测显示阳性结果的概率则为 7%。现在，假设随机选出来的一位妇女，其乳腺癌检测结果呈阳性——那么她真正患有乳腺癌的概率是多少？[94]

我们先画一张四重表，然后填写好可能的情形：这名妇女患有乳腺癌和没有患乳腺癌，以及检查结果显示她患有或没有患乳腺癌。为了使数字变得简单，同时使数字显得完整，我们假设分析对象为 10000 名妇女。[95]

这个数字就是妇女总人数，所以它应该出现在表格外边的右下角。

		检测显示是否患有乳腺癌		
		是	否	
是否真正患有乳腺癌	是			______
	否			______
		______	______	10000

在汉堡—番茄酱的例子中，我们先填写的是表格周边的数字，因为那是我们先得到的条件信息。这个例子则与之不同。患乳腺癌的概率是 0.8%，或者说每 10000 名妇女中就有 80 人患有乳腺癌。这个数字应当填写在表格外面最右边的第一个横线上（虽然我们现在还不知道如何在表中的方格里填写数字，但很快就会知道）。由于表格外面最右边的一列数字之和必须是 10000，那么其第二个横线上的数字就是 10000 – 80 = 9920。

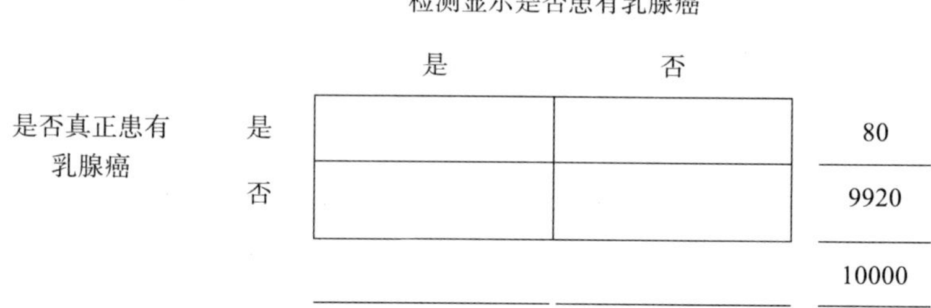

是否真正患有乳腺癌	检测显示是否患有乳腺癌：是	检测显示是否患有乳腺癌：否	
是			80
否			9920
			10000

我们已经知道，如果真正患有乳腺癌，那么检测显示阳性的概率是 90%。由于概率之和必定是 100%，所以如果真正患乳腺癌时检测不显示阳性的概率一定是 100% – 90% = 10%。对于那 80 名实际上真的患有乳腺癌的妇女来说（表格外最右边第一个横线上的数字），我们现在知道，她们中将有 90% 的人检测结果呈阳性（90% × 80 = 72），另外 10% 的人检测结果呈阴性（10% × 80 = 8）。如何填写表中第一行的方格，我们所需要的全部信息都已经在此了。

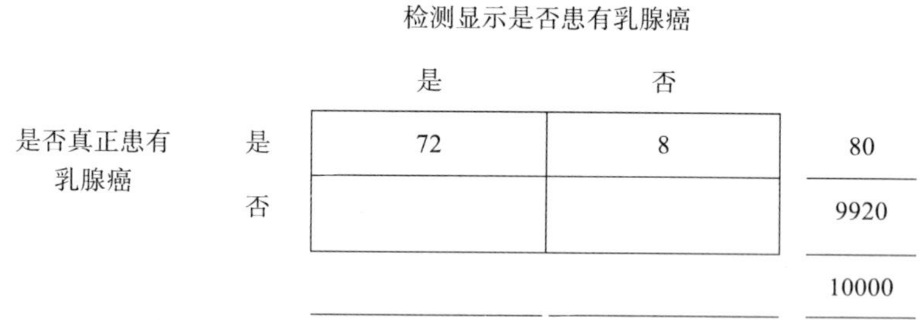

是否真正患有乳腺癌	检测显示是否患有乳腺癌：是	检测显示是否患有乳腺癌：否	
是	72	8	80
否			9920
			10000

对于诸如“假定我的检测结果呈阳性，那么我真正患有乳腺癌的概率是多少”之类问题的答案，我们现在还没有做好计算准备，因为我们还需要知道有多少人的检测结果会呈阳性。要解开

这个谜团，现在所缺少的一环正是我们在本部分开篇所做的一个说明：在那些真正没有患乳腺癌的妇女中，有 7% 的人的检测结果仍然会呈现阳性。表外最右边第二条横线上的数字告诉我们，总共有 9920 名妇女没有患乳腺癌，这个数字乘以 7% 等于 694.4（我们取其近似值 694）。9920 – 694 = 9226，这个计算结果应当填写在表中第二行的右下角方格中。

		检测显示是否患有乳腺癌		
		是	否	
是否真正患有乳腺癌	是	72	8	80
	否	694	9226	9920
		766	9234	10000

最后，我们把表格中每列的数字相加，结果分别放在表外最下方的横线上。

如果你属于那些认为检测结果呈阳性就一定表明自己真的患有乳腺癌的成百上千人中的一员，那你的认识就错了。假定当检测结果呈阳性时，真正患有乳腺癌的条件概率的计算方法是，把表中左上方方格中的数字除以该列数字的总和，即 72/766。一个好消息是，即使乳腺 X 光影像结果呈阳性，实际上真正患有乳腺癌的概率也只是 9.3%。这是因为乳腺癌这种疾病的发病率相对来说比较低（每 1000 人中还不到一人患病），而且相关医疗检测方法也不完美。

		检测显示是否患有乳腺癌		
		是	否	
是否真正患有乳腺癌	是	72	8	80
	否	694	9226	9920
		766	9234	10000

反向条件概率行不通

自小学开始，我们对数学中的某些对称性就一直比较熟悉：如果 x = y，那么 y = x；5 + 7 = 7 + 5。然而，把这种数学方法运用于某些概念时却行不通。这就像我们在上文关于概率数值的讨论中所看到的那样（如果出现假警报的概率是 10%，那么并不意味着遭受袭击的概率就会是 90%）。

请思考下面这条统计：

超市里售出的苹果数量是路边摊售出的苹果数量的 10 倍。

稍做思考便可得知，这条统计并不是说在你想吃苹果的那一天，你去超市找到苹果的可能性更高：超市的顾客数量或许是路边摊的顾客数量的 10 倍，即便超市的库存量很大，它也有可能无法满足顾客的需求。如果你看见大街上任意一个路人手里拿着苹果，而你不知道他们从哪里买的苹果，那么他们手里的苹果是从超市买来的概率要高于在路边摊买来的概率。

作为一个条件概率问题，我们可以提问：假定一个人手中有一个苹果，那么他的苹果从超市买来的概率是多少？

P（在超市购买｜发现手中有一个苹果）

如果你很想吃蜜脆苹果，你可能会很想知道这个人是在哪里买到的，但下面的条件概率公式所表达的意思却大不相同：

P（发现手中有一个苹果｜在超市购买）

同样的意义不对称的现象会以各种不同的伪装形式出现在各类统计数据当中。如果你读到这样的内容：晚上 7 点发生的汽车事故数量比早上 7 点多。[96] 这是什么意思呢？此处，语言文字叙述本身就有歧义。它可以表示，你所研究的是在汽车事故已发生的条件下，它发生于晚上 7 点的概率；也可以表示，在晚上 7 点的条件下，汽车事故发生的概率。在第一种情形下，你的研究对象是所有的汽车事故，然后分析有多少事故发生的时间是晚上 7 点。在第二种情形下，你所研究的是晚上 7 点时有多少汽车在路上，然后分析这些汽车中有多少发生了事故。天！

也许，晚上 7 点时道路上的汽车数量比一天之中的其他时间都多，而且每 1000 辆汽车发生事故的概率也极低。在这种情况下，也可以出现晚上 7 点比其他时间汽车事故都多的现象。其原因仅在于，在那个时间点道路上的车辆要多得多。能帮助你确定什么时间驾驶汽车才最安全的其实是事故率。

与此类似，你或许还听说过这种说法，即大多数的汽车事故都发生在离家三英里的地方。这并不是因为那样的地方本身最危险，而是因为人们出门大都是做短途旅行，所以离家三英里的地方是人们开车经过最频繁的地方。在多数情况下，对上述关于晚上 7 点汽车事故的这个叙述所做的两种不同的解释都是不相等的：

P（晚 7 点 | 事故）≠ P（事故 | 晚 7 点）

此类理解上的混乱状况不仅存在于理论层面之上，很多庭审案件的结果也都取决于一种对条件概率的错误运用，造成既成事实判断方向上的混乱。一位法医学专家或许能够正确地计算出犯罪现场发现的血迹与被告血型意外匹配的概率只有 1%。但这并非完全等同于说，被告无罪的可能性就只有 1%。什么？直觉又一次欺骗了我们。这位法医学专家告诉我们的是，在假定被告无罪的条件下，血型相匹配的概率：

P（血型匹配 | 无罪）

或者，用白话来说，就是“如果被告真的无罪，我们可以发现的血型匹配的概率”。这与你真正想要知道的数字并不相同，其实你想要知道的是：在血型相匹配的条件下，被告人无罪的概率是多少：

P（血型匹配 | 无罪）≠ P（无罪 | 血型匹配）

由于这种错误的理解，很多无辜的公民被迫遭受了牢狱之灾。很多病人也在医疗保健方面做出了不明智的决定，因为他们错误地认为：

P（阳性检查结果｜癌症）= P（癌症｜阳性检查结果）

不仅仅是病人，医生也时刻都在犯此类错误（一项研究表明，90% 的医生把上述两种概率视为等同）。[97] 这种情况异常危险。曾经就有一位外科医生规劝 90 名妇女说，如果她们属于高危人群，那么就要把健康的乳房切除。[98] 这位医生之前注意到，93% 的乳腺癌患者都属于高危人群。假定一位妇女患有乳腺癌，那么她处于高危人群的概率为 93%：P（高危人群｜乳腺癌）= 0.93。对于一个由 1000 名普通妇女组成的样本，我们使用一张四重表进行描述。另外，再附加这样一条信息：57% 的妇女都属于高危人群，以及妇女患乳腺癌的概率是 0.8（如上文所提）。据此，我们就可以计算 P（乳腺癌｜高危人群）。妇女们在知道这个统计概率后，才可以去咨询外科医生。

		是否属于高危人群		
		是	否	
是否真正患有乳腺癌	是	7	1	8
	否	563	429	992
		570	430	1000

假定一位妇女属于高危人群，那么她患癌症的概率并不是那位医生错误认为的 93%，而是 7/570，即 1%。那位医生把妇女患癌症的概率高估了实际值的近 100 倍。可想而知，其后果是多么

具有灾难性。

你也许会感到四重表就像是一种怪异的小练习，但是形象化地列出数字以简化计算过程的做法，实际上是科学的、批判性的思考方法。有了这些计算所得的结果，你就可以把问题的不同部分进行量化，从而使自己的决定变得更加有理有据。虽然四重表的计算功能如此强大，但令人惊讶的是，并非每个人在高中时期都曾接受过这方面的教育。

思考统计数据和图表

我们大多数人不仅很难通过心算得出概率和统计数据，而且也很难体察出复杂数字表格中所存在的数字模型。我们往往更偏爱栩栩如生的图片、图像和文字描述。在做决定之际，我们经常会过分看重这些图片和描述，而不是统计信息。此外，我们还倾向于错误地理解和解释图表。

我们中的很多人由于惧怕数字，所以会盲目接受那些硬塞给我们的数字。这样做会促使自己做出糟糕的决定，得出错误的结论。我们还有一种倾向，即只把批判性思考运用在那些我们不赞同的事情上面。在当今的信息时代里，虚假事实戴上了真正事实的面具，真假信息鱼龙混杂、难以分辨，数字经常占据着重要论述和重大决定的核心位置。糟糕的统计数据也随处可见。正如社会学家乔尔·贝斯特（Joel Best）所说，这不只是因为其他人全部都是说谎者。[99] 糟糕的统计数据是由人做出来的——而且往往是那些充满热情和善意的人——他们对自己宣扬的内容并没有做批判性思考。

人们对于数字的恐惧感使他们无法对统计数据进行分析。同样的恐惧感也使得他们无法仔细分析那些存在于图表、数轴标签和他们的表述中的数字。世界充满各种巧合，怪诞的事情很有可能发生，但是，当两个事物同时发生变化时，并不能说明它们之间一定存在因果关系，或者它们同等地与隐藏着的第三种因素有关联。受到这种关联或巧合蒙蔽的人一般都不能很好地理解概率、因果关系以及随机性在事物中的角色。你可以编造这样一个故事：在过去 300 年间，海盗数量的减少和恰巧同时出现的全球气温上升，这二者必定表明海盗在控制全球变暖方面起着关键作用。不过，这不仅是一种草率的思考，而且是一种对证据的错误解释。有时，这种错误逻辑的传播者本就心知肚明，但他们却期望你不会注意到；而有时，就连他们自己也被蒙在鼓里。但现在，你的认识已经得到了提高。

第二部分　猜不透的文字游戏

真假参半的谎言最为凶险。

——阿尔弗雷德·丁尼生勋爵

第 7 章　我们如何认知

人类不仅是一个爱说谎话的物种，而且还具有社会属性，很容易受到其他人观点的左右。我们获取信息的方式有三种：自己发现，内在地吸收，外在地通过他人而得知。我们对世界的认知大多数都属于最后一种——在认知世界过程的某个环节，有人告知我们，或者我们自己阅读得知，所以我们所获得的只是二手信息。我们依靠那些具有专业知识的人来告知我们信息。

我从未亲眼看见过氧原子和水分子，但有一部文献资料细致地描述了相关的实验，从而使我相信它们的存在。与此类似，我从来没有直接查证过这些信息：美国人登上了月球、光速为 186000 英里 / 秒、巴氏消毒法真的能够杀死细菌、人体一般有 23 对染色体。我没有直接地得知我所在大楼里的电梯设计良好、维护及时，也没有直接地得知我的私人医生确实上过医学院。我们依靠的是专家、认证书、许可证、百科全书和教科书。

然而，我们也得依靠自己，依靠自己的智慧和推理能力。那些想要骗取我们的钱财，或者诱导我们去投有悖于自身最大化利益选票的说谎者，会试图用虚假的事实来蒙骗我们，用没有依据的数字来迷惑我们，还会用经不起仔细推敲的不相干信息来使我们分心。这些人经常会以专家的面目示人。

使用我们分析统计数据和图表时所采用的那种方法来分析我们遇到的说法与表述，是应对上述情况的正确方法。它所需要的必要技能超不出绝大多数 14 岁的孩子所具备的能力。这些技能在法学院和新闻学院里都会讲授，商学院和研究生的科学课程中有时也会教授。但是，对于最需要这些技能的人来说，却很少有能够学习这些技能的机会。

如果你喜欢收看刑事犯罪类电视剧，或者喜爱阅读新闻调查类文章，那么你就会熟悉许多揭穿谎言的技巧——它们与庭审案件中所做的那种评估类似。法官和陪审员评估相互矛盾的陈述与主张，并试图从中找出真相。对于什么才能算作真正的证据，还有条例可以遵循。在美国，尽管有例外的情况，但是未经验证的文件或“传闻”一般都不允许用作证词。

假设有人推荐你访问一个音乐网站。该网站称，每天听 20 分钟莫扎特的音乐会使我们变得更聪明。而另一个网站则表示，这个说法不真实。这里的主要问题在于，人脑常常根据情绪化的想法做出决定，然后再努力为已做出的决定进行辩护。人的大脑好比是一部非常强大的自我辩白机器。只需要听 20 分钟美妙的音乐，就能使自己的智商排名突飞猛进，这当然再好不过了。要评估这个说法，我们还需要做更多努力。而要花费的时间也极有可能比听莫扎特的《G 大调弦乐小夜曲》所需要的时间更多。但是，避免得出不正确的结论却很有必要，因为即使最聪明的人，也会被愚弄。史蒂夫·乔布斯（Steve Jobs）在采纳了只要改变饮食，胰腺癌便可自行治愈的建议（由书籍和网站提供）之后，推迟了相关的治疗。[100] 当他后来意识到改变饮食的方法并无治疗效果时，早已病入膏肓。

我们并非总是可以确定信息来源的真实性或准确性。思考一下本书第一部分开篇的那个警句：

> 陷我们于困境的并非自己的无知，而是确信无疑之事其实不然。

在故事影片《大空头》的开头部分，我看到了这句话。这部电影认为这句话的出处是马克·吐温，我当时觉得自己先前好像在哪里读过这句话。阿尔·戈尔（Al Gore）在他自己出演的影片《难以忽视的真相》（*An Inconvenient Truth*）中，也使用过这句话，而且他同样认为这句话的出处是马克·吐温。但是，在查阅过《武器化的谎言》（*Weaponized Lies*）之后，我找不到有任何依据能够证明马克·吐温曾说过这句话。以上对这句话出处的说明和引用本身，很好地例证了这句话的内容本身，即它意在告诫我们必须要反对的那种做法。两部影片的导演、编剧和制片人都没有做好准备工作——他们认为自己确切地知道的事情，却根本不属实。

在网络上略做搜索，我们就能查到《福布斯》杂志上的一篇文章。该文称，它的出处确实被张冠李戴了。[101] 文章的作者奈杰尔·里斯（Nigel Rees）通过查阅美国国会图书馆编纂的一本名言词典《恭敬引用》（*Respectfully Quoted*），得出了这一结论。[102] 该词典罗列了《人人之友》（*Everybody's Friend*）、《乔希·比林斯①百科全书》（*Josh Billing's Encyclopedia*），以及 1874 年版的《智慧和幽默的格言哲学》（*Proverbial Philosophy of Wit and Humour*）对那句话的各种不同表述。[103] "就是这样，"里斯写道，"你瞧，马克·吐温是比乔希·比林斯更有名的幽默家，所以那句话的出处就转移到马克·吐温头上了。"

里斯接着写道：

> 这句话的出处不只转移到了马克·吐温头上。沃尔特·蒙代尔（Walter Mondale）在 1984 年的一场总统竞选辩论中提出："我想起了威尔·罗杰斯（Will Rogers）曾经对胡佛做过的评价。他说'让我烦恼的并不是他的无知，而是他确信知道的事情并不属实'。"

以上关于那句话出处的说法，哪个正确呢？要解决这种棘手的问题，咨询专家往往比较有用。我请教过华沙大学图书馆研究馆员格雷琴·里伯（Gretchen Lieb），他现在也是华沙大学英语系的联络员。里伯给出了下述有见地的分析：

---

① 乔希·比林斯是美国幽默作家亨利·惠勒·萧（Henry Wheeler Shaw, 1818—1885）的笔名。——译者注

名人名言的出处问题非常棘手。的确，在文字意义上，名人名言等同于谎言、该死的谎言和统计数据[①]。从被人们不断地诠释而不是逐字逐句地引述原话的角度来讲，时代久远的名人名言也几乎像是从另一种语言翻译而来的一样。在作家的圈子里，这种情况尤其如此。其原因在于，这些作家写作时所采用的是奇特的方言，比如小说《哈克贝利·费恩历险记》所用的语言。这些语言晦涩难懂，有时候会对今天我们这样的读者造成很大的困扰。

我也可以去查阅大量的其他名人名言图书，比如《牛津词典名人语录》等，但是这些书编纂于20世纪，所以时间上又显得太过于现代了。

你之前见过Hathi Trust数字图书馆[②]吗？它是取自谷歌图书的搜索源头——学术性图书馆的一个图书库。Hathi Trust数字图书馆可以为我们提供绝佳的图书资料，特别是1928年之前的书面资料。

此处就是与那句话出自乔希·比林斯有关的内容（我们把它做成了电子书，所以我没有必要离开书桌去查纸质版了）。这条内容还援引了《牛津词典名人语录》(与《巴特利特名人名

① 美国著名作家马克·吐温曾说过，世界上最大的三个谎言就是谎言、该死的谎言和统计数据。此处，作者这句话的意思是说，名人名言的出处也像谎言一样，很多时候都是讹传和靠不住的。——译者注

② Hathi Trust数字图书馆，成立于2008年10月的美国图书馆项目。——译者注

言录》[1]相比，我个人使用它更多一些），我把这个内容“忠实引用”如下：

《牛津词典名人语录》第3版（1979年）第491页指出，“人们的烦恼不是他们的无知，而是他们非常了解的事情并不属实”这句话出自乔希·比林斯。尽管一些类似的表达可以在《人人之友》《乔希·比林斯百科全书》，以及1874年版的《智慧和幽默的格言哲学》中查阅到，但在乔希·比林斯的作品中却查无实据。原文中的拼写错误已做了纠正：“对于我所知道的，我希望我也是确定的”（第502页）；“智慧不存在于知道的新事物更多，而在于知道的虚假事物更少”（第430页）；“我衷心地认为，无知比知道不实之事更好”（第286页）。

顺便提一句，对于沃尔特·蒙代尔把那句话的出处归属于威尔·罗杰斯的说法，《恭敬引用》指出，这在罗杰斯的著作中也查不到。

这里有一个关于比林斯那本书的网站链接，在上面搜索“并不属实”这个短语，你就可以知道其中的内容：

http://hdl.handle.net/2027/njp.32101067175438

① 《巴特利特名人名言录》（*Bartlett's Familiar Quotations*）是由约翰·巴特利特（John Bartlett）编纂的一本名人名言语录。——译者注

结果是不能证实。此外，如果你搜索马克·吐温，会发现比林斯这位纲要、百科全书编纂家把同样幽默和机智的马克·吐温援引为他最信赖的通信者。所以，他们两人展开了一种对话，相互之间的思想碰撞产生了聪明的格言警句，或者用比林斯的说法叫作“箴言”（affurisms）。因此，谁又能弄清楚谁说过什么呢？

当人们（特别是那些政客）引用马克·吐温或威尔·罗杰斯的名言时，我通常都不以为然，同时内心思忖着，H. L. 门肯[①]，今天的我们并不认识您啊。当今时代，像门肯这种具有批判性思维的人真是寥寥无几。乔希·比林斯，你真令人感到惋惜。作为排名第二的幽默家，在100年后的今天你竟然处于如此危险的境地。

所以，以上就是一个无论是在内容还是在出处方面都看似完全被人伪造出来的引用方面的例子。尽管那个思想是由比林斯、吐温，还是由他们的密友布莱特·哈特[②]提出来的目前尚不清楚，但是比林斯的相关作品显然已经包含那句名言的基本思想了。威尔·罗杰斯混杂在中间，因为……呃，只是那句话听起来好像是他能讲出来的而已。

本书第二部分开篇的那句名言是一位熟人推荐给我的。他把

① H. L. 门肯（H. L. Mencken，1880—1956），美国记者、文学评论家。——译者注

② 布莱特·哈特（Bret Harte，1836—1902），美国小说家。——译者注

它错误地记作了：

最大的谎言是一种能诱导你得出错误结论的部分真实。

这句话听上去似乎合理。这就恰好像是丁尼生使一个抽象名词显得可信那样，也如同他把抽象和现实混作一团一般。在对本书涉及的事实内容进行核查时，我才找到了这句话的原文（“真假参半的谎言最为凶险”）。正如库尔特·冯内古特[①]所说，它就是这么回事。

当面对全新或自相矛盾的表述时，我们不仅可以甄选出其中的真实内容，还可以做到集思广益、有据可查。我们自己分析表述，做出决定，自己完全是自己的法官和陪审团。在这个过程中，我们通常会很好地参考和借鉴专家的观点和看法。那么，如何辨识专家意见呢？

① 库尔特·冯内古特（Kurt Vonnegut, 1922—2007），美国黑色幽默作家。——译者注

第 8 章　不可轻信专家的意见

在评估权威人士的意见时，我们首先要问谁或什么使他们具有了权威性。如果权威性来自他们曾经见证了某些事件，那么这些见证又有多大的信服力呢？

再崇高的权威也一定会出错。21 世纪初，美国政府就曾误认为伊拉克存在大规模杀伤性武器（WMD）。相比而言，在政治方面担心更小的领域，科学家们曾经都认为人类的染色体数量为 24 对，而不是 23 对。[104] 因此，参考社会公认权威的说法并不是评估某种表述的最后一个步骤，反而只是一个良好的开始。

专家们的谈话方式有两种，而知道如何分辨它们，对你来说非常重要。在第一种谈话方式中，他们回顾事实和证据，将其综合之后形成一种基于证据的结论。在这个过程当中，他们向你说明什么是证据，为什么它们具有相关性，以及这些证据怎样能够帮助他们得出结论。科学理应遵循这种方式，法庭审判也应当采用这种方式，而且最佳的商业决策、医疗诊断和军事战略的制定都应当采取这种方式。

专家们的第二种谈话方式是只和他人分享观点。专家也是人，就像我们一样，他们往往也会喜好谎言，也会沉溺于自我反省过程中飘忽、松散的思绪，也会喜欢假想和未经检验的想法。这些都没有什么问题——一些好的、可测试的想法正是来自这种联想思维——但是，却不应该把它与逻辑实证论点相混淆。权威专家和科学家为大众编写的书籍和撰写的文章经常包含这种狂放不羁、天马行空的臆测，而我们之所以能够欣然接受，是因为作者的专业知识和修辞才能给我们留下了深刻的印象。不过，如果再做得好些，作者还应揭开权威面纱，让你得以深入体察，至少能够让你看到其中的些许证据。

一般来说，专家这个称呼专指这些人：接受过特殊培训的人、花费了大量的时间来拓展专业知识的人（如医生、飞行员、音乐家和运动员等），以及那些能力和知识被认为与其他人密切相关的人。如此这般，专业知识可以说是一种社会性的判断，我们比较的是一个人的技能和世界上其他人的技能水平。专业知识具有相对性。爱因斯坦是60多年前的一位物理学专家，假如他活到今天，并且没有把史蒂芬·霍金和当今众多物理学家所具备的物理学知识增加到自己的知识库，那么他就很有可能不被人们视为物理学专家。专业知识还遵循一个连续性方面的规律。尽管埃德加·米切尔[①]是仅有的12个登上过月球的人之一，但是说米切尔上尉是一位在月球行走方面的专家却很有可能不是准确的表述（尽管米切尔几乎比世界上任何人都更了解月球行走）。

具备相似培训水平和专业知识的专业人士不一定赞同彼此的观点。即便能够达成一致意见，他们的观点也不会总正确。成千上万的专业财务分析员所做的股票行情预测完全错误，而少数的行业新人反而能做到正确预测。几乎所有著名的英国唱片公司曾经都拒绝了甲壳虫乐队的作品小样，而没有流行音乐专业知识的年轻制作人乔治·马丁（George Martin）却指定该乐队签约百代唱片公司（EMI）。发明了图形交互界面计算机的施乐帕克研究中心（Xerox PARC）当时并没有预见到个人计算机的发展前景，而没有任何商业经验的史蒂夫·乔布斯却认为它的认识有误。在上述这些领域内，新人成功的原因一般被理解为股市行情和大众流行音乐品位的不可预测性很高并且无章可循。然而，事情已然发生。所以，并不是说专家就绝不会出错，而只是说从统计学的角度来讲，他们正确的可能性更高一些而已。

很多从事发明创造工作的人都曾被专家告知“这绝对行不通”。这方面最知名的例子是发明了飞机的怀特兄弟和他们当时的伙伴。怀特兄弟高中辍学，从未接受过任何航空飞行和物理学方面的正式培训。很多有正式培训背景的专家曾经公开宣布，比空气重的飞行机器绝对不可能实现。怀特兄弟自学成才。当他们制

---

① 埃德加·米切尔（Edgar Mitchell）是美国国家航空航天局（NASA）前宇航员，曾参加了第14次阿波罗登月任务，并成为美国第6个登上月球的人。

造出实用的、比空气重的飞机时，他们的坚毅品格已经使自己变成了实际上的专家，并且证明了其他专家的观念不正确。通过电影《点球成金》（*Moneyball*）所讲述的有关棒球的故事，原小说作者迈克尔·刘易斯（Michael Lewis）向世人展示了一个人如何拒绝世俗认知，并运用逻辑和统计方法来分析与解决长久存在的问题，从而击败所谓的专家：奥克兰运动家队总经理比利·比恩（Billy Beane）采用了其他球队看不上眼的球员评价指标，打造了一支具有强大战斗力的球队，并且连续两年进入季后赛决赛阶段，极大地提升了整支球队的价值。

专家们通常都获得了相关的许可，或者拥有高等学历，抑或受到了其他权威人士的认可。我们可以把获得丰田汽车工厂认证的修理工视为丰田汽车方面的专家，而大街上自食其力、自学成才的汽车修理工也可能具有相同的专业知识，并且在技术方面还可能更出色，收取的修理费用却更低廉。只不过后者的专业技能好于前者的概率不高。对你来说，想要找到技术更出色、收费更低廉的修理工往往比较困难。这只不过是一个平均概率的问题：就修理好你的丰田汽车而言，一般的经过丰田认证的修理工的专业知识要比一般的自食其力的修理工更多一些。当然，例外情况肯定存在，所以你必须把逻辑分析重点放在这个方面。我认识一位奔驰汽车修理工，他不但曾在一家奔驰汽车经销商那里工作过25年，而且还是所有修理工里最有名气、修理技术排名第一的人。35年的从业经验（截至我认识他时）使他掌握的汽车修理专业知识比那家代理商的很多年轻修理工都要丰富得多。或者，还存在另一种情况：自食其力的修理工可能专门致力于某些修理工作，而且经销商很少为客户提供这方面的服务，比如变速器大修或汽车重新装潢。让一位每月都做5次差速器重新组装工作、没有获得认证的修理工来为你重装汽车差速器，肯定要好于让一位可能只在读技校时做过一次此类工作的代理商修理工。这其中的道理就像人们对于外科医生的一种说法一样：一位做过200次相同手术的医生，不管他所做的那些手术质量如何，你都愿意让他为你做手术，而不愿让那些只做过一两次同样手术的医生来做。

在科学、技术和医学领域，专家们的著作或作品会发表在同行审议期刊上（发表在实时性出版物上的则更多）或者以专利的形式出现。他们或许已经得到认可，比如获得过诺贝尔奖、大英帝国勋章或国家科学奖章。在商业领域，专家们或许已经获得诸如开办和经营企业或聚集财富（沃伦·巴菲特、比尔·盖茨）方面的经验。当然，也有的获得了较小的荣誉——月度销售员、年度汽车修理工，以及社区颁发的最佳奖项（例如，最佳墨西哥餐厅、最佳屋顶建设承包商）等。

在艺术和人文领域，专家们也许在大学里任职，或者其专业知识受到了那些在大学或政府部门任职的人或专家小组的认可。这些专家小组一般是通过向先前的获奖者和精心安排的观察人员征求建议的方式来组建的。诺贝尔奖和麦克阿瑟“天才”奖的提名与筛选小组的组建所采用的正是这种方式。

如果从事艺术和人文领域工作的人已经获得某个奖项，比如诺贝尔奖、普利策奖、肯尼迪中心荣誉奖、北极星音乐奖、加拿大朱诺音乐奖、国家图书奖、纽伯瑞儿童文学奖，以及布克奖，那么我们就可下结论说，他称得上是自己所在领域的专家。[105] 在判断专业水准时，由同行颁发的奖项尤其有用。美国作曲家、作家与出版商协会（ASCAP）的会员仅限于专业歌曲作家，它的奖项颁发由会员投票决定。这个奖项之所以有意义，是因为它的授予方由同行专家组成。格莱美奖和奥斯卡金像奖同样分别由音乐与电影业内同行人员投票来决定奖项的归属。

你可能在想，“请等一等。这些奖项中总会包含政治和个人喜好的因素。我最喜欢的演员 / 歌手 / 作家 / 舞蹈家从来没有获过奖，但是我敢打赌说，我可以找到成千上万认为他的水平丝毫不亚于今年的年度获奖者的人”，但这又是另一回事了。评奖体系侧重于保证每一位获奖者实至名归，但这并不等于说每位应该得奖的人都是获奖者（请回忆一下之前讨论过的不对称性）。那些受到真诚的、受人尊敬的奖项认可的人，其水平一般都会达到专业水准[这里再一次有例外情况存在，比如 1990 年的格莱美音乐奖最初颁发给了米力瓦利（Milli Vanilli）合唱团，但后来又收回了；颁发给《华盛顿邮报》女记者珍妮特 · 库克（Janet Cooke）的普利策奖两天后被收回，原因是获奖的故事报道具有欺骗性。小说家加夫列尔 · 加西亚 · 马尔克斯（Gabriel García Márquez）打趣说，库克其实可以获得诺贝尔文学奖]。当一位专家的欺诈行为被揭发后，他们的专业知识是否会遭到否定呢？也许会。这种行为必定会影响他们的信誉——既然你已知道他们说了一次谎，那么就要当心他们会继续说谎。

专业知识面一般较窄

罗伊·梅多，即那位在莎莉·克拉克涉嫌谋杀婴儿案中出庭作证的儿科医师，并不具备医学统计学或流行病学方面的专业知识。他从事医疗行业，把他推到证人席上的公诉人无疑希望陪审员们能够认为他有这方面的专业知识。作为三位晶体管发明者之一的威廉·肖克利（William Shockley）获得了诺贝尔物理学奖。后来，他所大力宣扬的种族主义观点之所以能够在社会上站住脚，可能是因为人们臆测到既然他有足够的智慧获得诺贝尔奖，那么他也一定知道一些其他人不知道的事情。今天人们普遍质疑的莫扎特效应，其"发现者"戈登·肖（Gordon Shaw），是一位缺少行为科学知识培训的物理学家；正如他们对肖克利所做的那样，人们大概会揣度，"他是一位物理学家——他必定非常聪明"。但是，智慧和经验往往是特定领域内的事情，这与人们通常持有的那种把智慧看作单个的、集合数量的认识正好相反。世界上最优秀的丰田汽车修理工有可能无法为你的大众汽车做故障判断，最优秀的税务律师也许给不出违约诉讼方面的最佳建议。假如我们想就社会科学问题进行提问，物理学家也很有可能不是能回答我们所提问题的最佳人选。

对于那些利用自己扮演的人物形象进行产品宣传的演员，我们在内心深处（希望不是在我们的理性思维当中）都为其精心保留了一席之地。萨姆·沃特森（Sam Waterston），就像他在电视剧《法律与秩序》中扮演的那位既可靠而又有职业道德的地方检察官杰克·麦科伊（Jack McCoy）一样，非常值得信赖。尽管他为亚美利交易控股公司（TD Ameritrade）所做的商业广告非常令人信服，可是作为一名演员，他本人却对银行和投资方面的事务没有什么见解。30 多年前，因参演电视剧《医学博士马库斯·韦尔比》（*Marcus Welby, M.D.*）而备受人们喜爱的演员罗伯特·杨（Robert Young），曾经为 Sanka（一种不含咖啡因的咖啡品牌）咖啡拍摄过商业广告。克里斯·鲁宾逊（Chris Robinson）和皮特·伯格曼（Peter Bergman），分别出演了电视剧《综合医院》和《我的孩子们》。他们二人曾经代言了一种药品——Vicks Formula 44[①]；在美国联邦贸易委员会出台了相关规定（所谓的“白色外套”规则）之后，这两位演员不得不发布一份免责声明。这份声明随后演变成了一个流行口号：“我不是医生，但我在电视上扮演过医生。”很明显，那些容易受骗的电视观众把演员在电视剧里表现出来的权威错误地当作了他们在现实医药行业中的权威。

信息来源等级

由于一些出版物可能比另一些出版物更有可能咨询真正的专家，所以还存在信息来源的等级问题。一些信息来源的连续可靠性要比另外一些更好。在学术界，经过同行评审的文章一般来说要比图书的准确性更高，而主流出版社的图书一般要比自费出版的图书更准确一些（因为主流出版社不仅更有可能对出版内容进

① 一种用于变态反应对症治疗的药物，主要成分为盐酸苯海拉明，该药物成分中所含的苯丙醇胺可造成脑溢血。——译者注

行审阅和校订，而且支撑它们这样做的财务能力也更强）。一些获奖报刊，比如《纽约时报》《华盛顿邮报》《华尔街日报》，凭借着它们在新闻报道方面一贯的准确性为自己赢得了社会声誉。这些报社力争做到对所有新闻报道进行独立审核与验证。如果一位政府官员向记者透露了某些信息，记者就会从另一位政府官员那里去证实。如果某位科学家发表了某种论断，记者就会联系与该项研究发现没有任何利益联系的其他科学家，以便听取独立的意见。这些报社确实也会犯错误，就连《纽约时报》的记者们都曾因伪造新闻报道而获罪，并且这份号称“档案记录报”的报纸每天都会刊载勘误表。包括诺姆·乔姆斯基（Noam Chomsky）在内的一些人士就曾争论说，《纽约时报》就是政府的一种宣传工具，它在报道与美国政府有关的新闻时连一丁点儿适度的怀疑精神都没有。[106]但是，这个问题就像上文讨论过的汽车修理工问题一样，也是一个平均数的问题——你在《纽约时报》上读到的绝大多数内容可能比你在《纽约邮报》（打个比方）上读到的内容更真实。

声誉较高的信息源一般都在对事实的可靠性非常有把握之后，才会发布信息。网络上涌现出来的很多信息源并不遵循这样的标准。在一些情况下，它们会赶在那些更为传统和谨慎的媒体之前，率先发布新闻，并且还能做到准确报道。我们很多人都是最先在TMZ.com网站①上得知迈克尔·杰克逊（Michael Jackson）的死讯

① TMZ.com：创办于2005年的一家美国娱乐新闻网站，专注于名人的八卦新闻报道。TMZ是Thirty Mile Zone（30英里区域）的首字母缩写，主要指洛杉矶市30英里以内的地区。——译者注

的，随后传统媒体才报道了这一消息。与《洛杉矶时报》和 NBC 相比，TMZ.com 更愿意根据较少的事实证据来发布这个新闻报道。在这个特定的情形中，虽然事实印证了 TMZ.com 做法的正确性，但你可不能总是指望这种报道方式。

推特上流传的大量关于名人去世的报道最后都被证明是虚假报道。仅 2015 年一年，这些不实报道就包括了卡洛斯·桑塔纳①、詹姆斯·厄尔·琼斯②、查尔斯·曼森③和成龙的离世消息。2011 年，推特发布的一条虚假报道致使 Audience,Inc. 公司④的股票遭到抛售，其间，该公司的股票价格下跌了 25%。[107] 推特公司自己的股票价格则上升了 8%——暂时上升——这发生在一条关于收购的虚假传言发送之后。一家为了把自己伪造成像彭博资讯网一样著名的虚假网站散布了这条传言。正如《华尔街日报》所报道的那样，“利用虚假传闻和新闻报道来操纵股票行情的手法是一种非常老套的策略。今天的情况与过去的不同之处在于，流入市场的信息不仅无处不在，而且数量巨大。这使得处于高度紧张工作状态的交易人员避开精心策划的骗局变得非常困难”。[108] 资深记者乔纳森·凯普哈特（Jonathan

① 卡洛斯·桑塔纳（Carlos Santana，1947—2017），墨西哥裔美国音乐艺术家。——译者注

② 詹姆斯·厄尔·琼斯（James Earl Jones，1931—2017），美国演员。——译者注

③ 查尔斯·曼森（Charles Manson，1934—2017），美国邪教组织曼森家族领袖。——译者注

④ Audience,Inc. 公司：一家移动设备语音及音频处理器供应商。——译者注

Capehart，他是获得1999年普利策新闻奖的记者团队中的一员）曾经给《华盛顿邮报》撰写了一篇新闻报道，所依据的就是来自一个虚构地区的一位虚构的国会议员所发布的一篇推文。[109]

就图表和统计数据而言，我们并不想盲目相信自己所遇到的一切来自优质信息源的信息，也不想把一切来自可疑信息源的信息统统拒之门外。你不应当相信自己在《纽约时报》上读到的全部内容，同样也不应当拒绝自己在TMZ网站上看到的一切信息。分析信息出现的地方，最终的落脚点还是在于辨别其表述本身的可信度。这就好比在法庭审判当中，你并不会只依靠一个证人的说法，而会去搜集确凿的证据。

网站域名

统一资源定位器（URL）后缀的最后三位所代表的就是网站域名。由于一些域名存在使用上的限制条件，所以熟悉自己所在国家的域名很有益处。它有助于你就一定的话题树立网站的可信度。例如，美国非营利性教育机构的专用域名是.edu，比如Stanford.edu（斯坦福大学）；.gov是政府机构的正式域名，比如CDC.gov（疾病控制与预防中心）；.mil是美国军事组织的域名，比如美国陆军的域名army.mil。最著名的域名要数.com了，它用作商业企业的域名，比如通用汽车公司的域名GeneralMotors.com。其他域名包括.net、.nyc和.management，这些域名都没有使用上的限制条件！像 Caveat emptor 和 BestElectricalService.nyc 这种网站，它们在现实中的地理位置也许在新泽西州（而它们的员工甚至都没有获得在纽约工作的许可）；而 AlphaAndOmegaConsulting.management 这家网站有可能对管理一窍不通。

了解网站域名还有助于辨别信息内容暗含的偏见。尽管教育或非营利性研究网站（可以在 .edu、.gov 或 .org 网站找到）上面可能会存在学生写的博客文章和一些没有论据支撑的观点，但是，与商业网站相比，你在这样的网站上找到一份客观报告的可能性更大。教育和非营利性网站也不是没有偏向：为了给它们的活动目标争取到最大化的捐赠额度或公众支持，它们也会以偏重于达成其目标的方式来呈现信息。辉瑞制药公司的网站 pfizer.com 上面有关药品的内容可能不会偏向其竞争对手，比如英国制药公司葛兰素史克（GlaxoSmithKline），而后者则很有可能偏向自己的产品。

请注意，你并不总是想要得到客观的信息。当你搜索家里冰箱的用户手册时，你很可能想要访问（个人比较推崇的）制造商的网站（比如 frigidaire.com），而不是发布过时或错误版本的用户手册的网站。.gov 网站也许会偏向政府利益，但是这样的网站在提供有关法律、税务代码、统计数据，以及怎样在 .CDC、gov 网站注册自己的汽车等信息方面却最为准确。美国国立卫生研究院网站（NIH.gov）所提供的很多医疗方面的信息要比商业网站提供的同类信息更准确，因为前者没有任何经济利益牵扯其中。

谁在幕后[110]

一家网站是否可以用一个有意欺骗你的名字来运营？维生素E生产者协会或许会创建一个叫作 NutritionAndYou.info（营养与你）的网站，只是为了让你觉得它的宣传主张不存在偏见。有人发现，杂货连锁店全食超市（Whole Foods）的总裁就曾在网络上伪装成一名顾客并夸赞自己公司产品的质量。包括 Yelp! 和亚马逊在内的很多信用评级网站发现，它们的评级投票箱里塞满了接受评级一方人的朋友和家人的投票。人们在网络上的表现并不总是与现实中一致。只是由于一家网站使用了“美国政府健康服务”的名字，并不能表明这家网站就是由政府来负责运营的；一个以独立实验室命名的网站，并不能说明它就是独立的——这也可能是由一家汽车生产商运作的网站，其目的是在不能算作完全独立的检验中使自己的汽车检测结果显得比较好看。

在2014年佛罗里达州第13选区进行的美国国会议员竞选中，当地的共和党竞选办公室创建了一个以其竞选对手——民主党候选人阿莱克斯·辛克（Alex Sink）的名字命名的网站，其目的是欺骗选民，使他们误认为有人贿赂了她；而在现实中，那笔钱其实是给了她的竞争对手大卫·乔利（David Jolly）。[111]那个网站 contribute.sinkforcongress2014.com 所贴出的图片，不仅使用了辛克本人照片所使用的配色方案，而且还以她面带微笑为特色，所以它与辛克个人网站上的照片非常相似。

民主党国会议员候选人阿莱克斯·辛克的个人网站照片

共和党网站为了给阿莱克斯·辛克的竞选对手大卫·乔利拉拢政治献金所使用的照片

共和党的网站确实也提到，其筹集的竞选资金将用于击败辛克，所以它的做法并不属于明目张胆的欺诈行为。但是，我们来看一个事实——大多数人并不会花时间仔细阅读网站的内容。共和党竞选办公室伪造的网站最吸引人眼球的部分是辛克的那张大照片，以及阿莱克斯·辛克｜国会。这些信息强烈地暗示着该网站支持辛克，而不是反对她。为了不被击败，民主党则以其人之道还治其人之身，他们创建了 www.JollyForCongress.com 网站来为辛克筹集竞选资金。

牙齿技术安全专家（Dentec Safety Specialists，简称 Dentec）和戴吉尔牙齿安全产品（Degil Safety Products，简称 Degil）是销售类似产品和服务的两家公司。Dentec 公司使用 DentecSafety.com 网站来进行产品营销，而 Degil 公司的营销网站是 DegilSafety.com。然而，为抢占客户，Degil 公司还注册了 DentecSafety.ca，以便把加拿大客户吸引到自己的网站。法庭最终裁定，Degil 公司要赔偿给 Dentec 公司 10000 美元，并且必须放弃使用 DentecSafety.ca 网站。[112]

曾经有一家网络销售商运营了一个名叫 GetCanadaDrugs.com（Get Canada Drugs：获取加拿大药品）的网站。法庭在调查之后发现，这个网站的名字含有“欺骗性的错误描述”。法庭裁决中的主要观点包括其医药产品并不全部产自加拿大，而且只有 5% 左右的网站顾客是加拿大消费者。如今，这个网站域名已经被叫停了。[113]

虽然了解域名有一定的益处，但它却并不属于一种十分安全的验证系统。MatinLutherKing.org（Matin Luther King：马丁·路德·金）网站听起来好像是一个提供有关这位伟大的演说家和民权领袖相关信息的网站。由于它是一家 .org 网站，所以你会认为它没有隐秘的赢利动机。该网站公开宣称，它提供有关马丁·路德·金的“真实历史考证”。然而，请等一等。大多数人一开始讲话时都不会先强调“我要讲的内容都是真实的”。BBC 在播报一条新闻时不会总是强调“这是真的”。真实性是默认存在的状态，我们也都相信别人会对我们讲真话。有这样一个古老的笑话：“怎样才能知道有人在对你说谎呢？看看他们一开始是否会使用‘绝对诚实’这个词。”诚实的人并不需要用这种在开始说话之前先强调自己讲话内容真实性的方式。

MartinLutherKing.com 网站的实质内容其实是一种可耻的大杂烩。[114] 它包含了曲解、排犹主义的痛斥，以及断章取义的引用。那么背后是谁在运营这个网站呢？一个崇尚白人至上主义的新纳粹主义仇恨组织——“风暴前线”。[115] 还有什么方式会比承诺提供有关一位伟大民权领袖的“真实信息”来藏匿种族主义的动机更好呢？

制度偏见

有没有偏见能够对个人或组织在信息建构和表达的方式上造成影响呢？个人或组织有没有利益冲突？杏树种植者协会提出的有关杏仁健康价值的宣传信息与独立检测实验室所提供的相关信息相比，后者的可信度更高。

当评判专家意见时，我们要谨记，专家不仅会有偏见，而且有时候就连他们自己都没有意识到这一点。同样是治疗肿瘤，外科肿瘤医师可能会建议患者做手术，放射性肿瘤医师则可能建议放射性疗法，而内科肿瘤医师又可能会建议化学疗法。同样是治疗抑郁症，精神病医生会向患者推荐药物疗法，而心理学家则会推荐谈话疗法。正如那句俗语所说，如果你手里有一把锤子，那么眼里的一切就全都是钉子[①]。谁的观点正确呢？你也许还需要亲自分析相关的统计数据。或者，你可以去找那些对各种可能性都做了评估的中立方寻求帮助。这就是元分析统计方法在科学和医学领域所要实现的目标（或者，至少说元分析应当做到这一点）。元分析统计方法这种研究技术指的是把不同实验室里取得的几十个甚至上百个实验结果全部放在一起进行分析，从而确定某一个特定说法的支撑性证据的分量。这就是公司会请审计员或财务分析员查看其会计账目，然后就针对什么样的公司值得去收购再做出相应决策的原因所在。那些即将被收购公司的内部人士肯定对他们公司的财务状况非常了解，但是他们却明显带有偏向性，并且这种偏向的方向并不总是你所认为的那样。如果他们想卖掉公司，那么他们或许就会增加公司的账面价值；如果他们很担心恶意收购，那么他们或许会降低公司的账面价值。

谁链接到网页

谷歌上有一种特殊搜索，使用它你就可以看到自己所登录

① 作者在此处引用这句俗语，意在说明，专业人士在解决问题时，往往会偏向于倚仗自己的专长，而且他们对自己思维方式上的这种偏向，又常常意识不到。——译者注

的网页上还有哪些人也进行了链接。输入“链接：”加上一个网站的统一资源定位器，谷歌便会显示出链接到该网页的所有网站（例如，链接：breastcancer.org，即乳腺癌 .org 网站，它就能显示链接到该网站的 200 个网站）。那么，你为什么想要这么做呢？如果一个消费者保护机构，比如美国商业改善局，或其他监督机构链接到了该网站，那么你可能就会想弄清楚这些机构是在赞扬还是在谴责该网页。该网页可以在法律诉讼中用作证据。又或者，一个权威信息源可能作为一个有价值的资源而链接到了该网页，比如美国癌症协会。

在 Alexa.com 网站[①] 上，你可以了解到访问者的统计资料——他们的国籍、教育背景，以及在访问这个网站之前人们刚刚访问了哪些网站。这方面的信息能够使你更好地了解谁在使用该网站，以及他们的动机是什么。医生们访问的含有药品信息的网站可能要比没有医生访问的药品信息网站更有可信度；和你同住一个城镇的人们对一家本地商业企业所做的评论，可能比你所在州之外人们的评论更具参考价值。

同行评审期刊

当同行评审出版物时，学者们齐聚一室，针对新的实验、报告、理论或表述做出评估。此外，学者本人必须是同一领域内的

① Alexa.com 是一家专门发布网站世界排名的网站。——译者注

专家才能参与评审。然而，这种方法还称不上安全可靠。经过同行评审的研究发现有时也会被全盘推翻，或者相关论文还会被撤销。尽管同行评审不是唯一可以依赖的系统，但它提供了一个很好的基础，有助于我们得出自己的结论。例如，如果某个内容出现在了《自然》杂志（*Nature*）、《柳叶刀》杂志（*The Lancet*）或《细胞》期刊（*Cell*）中，那么你便可以确信它必定经过了严格的同行评审。这就如同当你决定是该相信一家小报还是一家严肃的新闻组织的信息时一样，发表在同行评审期刊上的论文，其质量有可能更高。

科学或学术性文章应当包含脚注或其他对同行评审学术文献所做的引用。这类文章的表述要经过证实，对事实内容的引用也应当标明出处。10年前，要弄清楚一份期刊是否有声誉相对而言还算比较容易。但是，随着开放式获取期刊的增加，如今评判的界限已经变得比较模糊了。在并行的假学术圈里，只要支付一定的费用，开放式获取期刊就可以为你打印任何内容。图书馆的参考馆员能够帮助你区分二者。出现在诸如PubMed[①]（由美国国家医学图书馆维持运营）之类索引上的那些期刊，其品质都经过了精挑细选，而你从一般的搜索引擎上搜索的文章却并非如此。尽管谷歌学术网（Scholar.Google.com）并不进行期刊审查，而且它还包含很多虚假的学术论文，但与谷歌和其他搜索引擎相比，它的限制性却更强，其搜索结果仅限于学者专著论文和一般的学术

① PubMed是一种免费搜索引擎，提供生物医学及与医学相关方面的论文和摘要搜索。——译者注

论文。该网站的一个优点是它清除了那些明显不是学术性研究的内容。但是，这种做法也是一把双刃剑：它同时也使我们弄清楚到底该相信哪个搜索结果变得更为困难，因为看似有根据的搜索结果太多了。丹佛市科罗拉多大学图书馆研究馆员杰弗里·比尔（Jeffrey Beall）曾经制作了一份期刊黑名单，上面所列的那些期刊被他称作“掠夺性的开放式获取期刊”（这些期刊动辄向用户收取高昂的费用）。他的黑名单上的期刊数量已经从 4 年前的 20 个增长到如今的 300 多个。社会科学研究网（Social Science Research Network,ssrn.com）也可以帮助你审查研究性论文。

监管权力

互联网上不仅没有统一集中的权力机构来防止人们制造虚假信息，而且也没有方法封闭违法网站。人们只能诉诸获得法院禁令这种成本高昂的解决办法。

在互联网之外的现实世界里，信息监管的形势比较明朗。教科书和百科全书的准确性都经过了比较细致的同行评审（尽管有时候学校董事会和政府立法机关也会在政治压力之下修改这些图书的内容）。在美国，如果一个药品生产商做出了某种宣传，那么美国食品药品监督管理局（FDA）就必须进行核实（加拿大卫生部和其他国家的类似机构也如此）。如果电视上出现了某种广告，那么美国联邦贸易委员会（FTC）将会展开调查，以检查它是否具有真实性和误导性（在加拿大，这种工作是由 ASC，即加拿大广告标准局完成的；在英国则是由ASA，即英国广告标准局完成的；欧洲使用的是一个自我监管组织，它叫作EASA，即欧洲广告标准联盟；很多国家也有类似的监管机构）。

虽然那些制造欺骗性内容的说谎者会被惩罚，但是惩罚的力度却往往不大，因而对这些人形成不了威慑。2014年，功能饮料生产企业红牛公司耗费了1300多万美元来解决一场集体诉讼。[116]红牛公司做出的其产品能够增强饮用者体力和脑力表现的承诺误导了消费者。2015年，塔吉特公司（Target）同意支付给消费者390万美元的索赔款。[117]消费者控诉该公司所销售商品的店内实际价格高于广告中的价格，并且商品的重量也存在误报的情况。同一年，全食超市公司同样由于误报包装食品类商品的重量而被起诉。家乐氏（Kellogg）在广告中宣称，它所销售的全麦麦片"临床显示，可以把孩子的注意力提高11%"。由于这条广告具有诱导性，所以家乐氏公司被起诉。为了平息诉讼，该公司花费了400万美元。[118]在我们看来，上述这些罚金数字已经很高了，但对红牛（2014年总收入77亿美元）、家乐氏（2014年总收入146亿美元）和塔吉特公司（2014年总收入726亿美元）来说，却只不过比它们财务报表中的化整误差金额略多一点而已。

信息是当前信息吗，是否可信

网页不像图书、报纸和传统信息源那样，它很少标明日期。网页上的图表、示意图和表格并不总是告诉人们它们的适用时段。

你今天在网页上看到的“年初至今销售收入”，实际上已经把今天也包含在了所谓的“至今”之中，或者这个销售收入数字是今年的。对此，你千万不能轻易相信。

由于网页的制作费用相对比较低，而且易于创建，所以人们在使用完网页后经常会弃之不顾，转而去做其他事情，或者人们只是觉得不用再去更新它们了。因此，这些网页就变成了网络上被弃用的店铺，显示“营业中”的霓虹灯标志牌依然在不断地闪烁。然而，店铺其实早已停业。

鉴于上文提到的各种原因——欺诈、不称职、计量误差、解释错误的存在，研究发现和表述就变得不可信了。通过正当庭审程序被裁定有罪的人得以免罪。经过多次检测的汽车安全气囊可能被召回。权威人士会改变主意。所以，单纯看到一个网站比较新，并不足以确保它的可信度尚未受到破坏。新网站几乎每周都会涌现，而它们发布的虚假信息却早已被完全揭穿。现在有很多网站都致力于揭发都市神话，比如 snopes.com，或者都在专注于核实撤回是否属实，比如 retractionwatch.com。

在 2015 年秋至 2016 年进行的美国总统大选期间，很多人都凭借测伪网站来证实政客们的言辞。历史上，政客说谎现象的起始时间至少要从公元前 64 年昆图斯 · 西塞罗（Quintus Cicero）建议他的哥哥马库斯 · 西塞罗（Marcus Cicero）说谎开始算起。西塞罗不具备，但我们却拥有的一个手段是立刻进行验证。但这并不是说所有的验证不仅准确，而且没有偏向，亲爱的读者——你们仍然要确保验证者不支持或反对某个特定候选人或政党。

由《坦帕湾时报》（*Tampa Bay Times*）运营的网站 Politifact.com（Politifact：政治事实）曾经凭借新闻报道获得了普利策奖。该网站监督和核实政治人物的演说、公共活动和采访，并且采用 6 个等级的评级方法对政治人物的言论进行评级：真实、多数真实、半数真实、多数虚假、虚假以及——虚假的最高程度——“裤子着火”（指那些既不准确，又十足荒唐的言论。此处借用了儿童玩耍时奚落和嘲弄他人的童谣“骗子，骗子，裤子着火”）。由《华盛顿邮报》运营的一个事实核实网站，采用的则是 1 至 4 个匹诺曹①的评级方法，并且把人们最为看重的检查标记——杰佩托②分配给了那些“包含真实内容、全部真实内容和只有真实内容”的说法与表述。[119]

我们仅举一例。2015 年 11 月 21 日，在亚拉巴马州伯明翰市的一次竞选集会上，美国总统候选人唐纳德·特朗普（Donald Trump）发表了演讲。他提到自己将在美国创建一个穆斯林登记处，以对抗来自美国国内的恐怖主义威胁。为了支持这个政治立场，他在演讲时说，2011 年 9 月 11 日世贸中心轰然倒塌时，他在电视上看到了新泽西州泽西城“成千上万的”穆斯林大肆欢呼的场面。第二天，美国广播公司（ABC）的新闻记者乔治·史蒂凡诺帕罗斯（George Stephanopoulos）在电视上表达了对特朗普

① 匹诺曹（Pinocchio）：意大利童话故事《木偶奇遇记》中的一个小木偶。每当匹诺曹说谎话时，他的鼻子就会立刻变长。——译者注

② 杰佩托（Geppetto）：《木偶奇遇记》中老木匠樱桃师傅的好朋友，他制作了匹诺曹木偶人。——译者注

这种说法的反对意见，并且指出泽西城警方否认曾有这样的事情发生。对此，特朗普回应说，他在电视上亲眼看到了这样的场面，当时的电视报道非常清楚。Politifact.com 和《华盛顿邮报》查看了“9·11”事件发生后三个月内所有相关的电视和新闻报道。但它们发现，没有任何证据可以证实特朗普的上述言论。事实上，新泽西州帕特森市的穆斯林当时在城市的主要街道上放置了一条条幅，上面写着“穆斯林社区绝不支持恐怖主义”。Politifact 总结了自己的调查发现后写道，特朗普的回忆“全然不顾我们可以找到的全部证据。我们把他的这个言论评定为彻头彻尾的谎言”。[120]《华盛顿邮报》也将其评定为 4 个匹诺曹。

在同期选战中，希拉里·克林顿声称“我的祖父母和外祖父母全都是移民”。而根据 Politifact 核实的情况（和美国人口普查资料），他们之中只有一位出生于海外，其他三位均出生于美国本土。[121]

复制，粘贴，转发，编辑？

有一种方法能够愚弄人们，使他们认为你真的学识渊博：从他人的网页上找到那些看上去比较有知识深度的内容，然后将其粘贴到你的网页。当你采用这种方法时，何不索性把你个人带有争议性的观点也添加进去？这样就会披上他人学识的外衣，从而增加你的网页点击率。如果你想从思想方面针对某人展开攻势，就可以实施攻击和诽谤。具体方法是把某人经过详细论证的论点进行编辑，从而提高对立面论点的地位。有鉴于此，所有人都有责任确保我们所读到的信息是原汁原味的纯粹信息，而不是某人编造出来的大杂烩。

辅助性信息

在那些撰写商业广告词的人当中，某些不道德者往往会依仗这样一个事实：多数人根本无意于阅读广告文章的脚注或深究其中引用的内容。这种情况使说谎变得更为容易。或许，你想让自己的网站能够说服人们相信：经证实，使用你的护肤品可以延缓皮肤衰老 10 年。所以，你撰写了一篇广告文章，并且使用了很多脚注，它们都可以链接到那些与你的论点毫不相关的网页。这会欺骗很多人，因为现实中的很多人都不会深究这些脚注内容。而那些查看你使用的脚注的人，也只不过会看到通过你所指的统一资源定位器能够进入一个具有相关性的网站，比如，一个关于皮肤衰老和皮肤医学的同行评审期刊网站。然而，实际上你所引用的文章对你所宣传的产品根本只字未提。

更令人气恼的是，引用内容与广告文章其实只是表面上有关系，二者实际上并不相关。你也许会宣称，你的护肤品含有维他命 X，而经证实维他命 X 具有改善皮肤健康和质量的功效。这看起来还不错。但究竟怎样呢？维他命 X 的相关报告提到在皮肤上涂抹或者口服它的人了吗？用了多大的剂量呢？你的护肤品含有足量的维他命 X 吗？

术语陷阱

你可能在美国疾病控制与预防中心网站（CDC.gov）上读到过这样的信息：某种特定疾病的发病率为每 10000 人中 1 例。可你又偶然读到了美国国家卫生研究院网站（NIH.gov）的一篇文章。该文称，上述同样疾病的流行程度（患病率）为每 1000 人中 1 例。此处的数字是不是位数出现了问题？排版时发生了错误？难道发病率和患病率不应该是一样的吗？事实上，它们并不相同。疾病的发病率是指一定时期内（比如 1 年）所报告的新病例（发病率）的数量。患病率则是指，现有病例数量——患有该项疾病的总人数（有时，那些惧怕数字的人只靠粗略地扫一眼数字就错误地认为，每 1000 人中 1 例小于每 10000 人中 1 例，他们只把注意力的重点放在零的个数较多的数字上面，而不是放在比率上面）。

我们以多发性硬化症（multiple sclerosis，简称 MS）为例。它是大脑和脊髓出现的一种脱髓鞘病变。在美国，每年被确诊这种疾病的患者数量为 10400 例，发病率为 10400/322000000，或者说每 100000 人中 3.2 例。[122] 换言之，这种疾病的发病率为 0.0032%。与此相对应的是，美国全部人口中目前已经患有该疾病的人数为 400000，患病率为 400000/322000000，或者说每 100000 人中 120 例。在你一生中的某个时间点，身患这种疾病的概率为 0.12%。

除了发病率和患病率，医学上经常引用的第三个统计学术语是死亡率——一般指的是在某个特定的时间段内死于某种疾病的人数。以冠心病为例，美国每年新诊断出的病例为110万，目前已患有冠心病的人数为1550万人，而每年死于冠心病的人数为375295人。[123] 一个美国人今年被诊断出患有冠心病的概率为0.3%，比被确诊为多发性硬化症的可能性要高约100倍；现在就得冠心病的概率将近5%，任何年份中死于冠心病的概率为0.1%。在你一生中的某个时间点，死于冠心病的概率为20%。当然，正如我们在本书第一部分所了解到的那样，所有这些统计结论适用的样本群组是全体美国人的集合。假如我们对某一个特定的人的具体情况知道得更多，比如其家族心脏病史、是否吸烟、体重和年龄等，那么我们运用条件概率法就可以做出更准确的估计。

一种疾病的发病率可能较高，而其患病率和死亡率则可能相对较低。感冒就是一个例证——一年之中，上千万的人会得感冒（发病率较高），但几乎每一个感冒患者很快就能够痊愈，所以感冒的患病率——任何给定时间内患有感冒的人数——可能较低。有些疾病相对来说比较罕见，属于慢性病，而且很好治疗，所以其发病率可能较低（每年出现的病例数量不多），但患病率较高（所有患病的人数相加，而且患病的人一直有这些病症），死亡率却很低。

正如我们看到的那样，人们在评估证据时不仅常常忽略数字和数轴标签，而且经常忽略词语描述。请回忆一下本书第一部分中的那些显示“毛出生率”的美国地图。当你最初观察那些地图时，有没有想过什么是“毛出生率”？你或许会想象，出生率可以根据几个因素来调节，比如胎儿是否为活胎、是否可以活过一定的时期等。你可能会认为，由于词典上对“毛”的解释是处于自然或未经过处理状态的事物，尚未经过加工处理（如原油），所以这个词必定意味着未经处理的、纯粹的、未经调整的数字，但事实却并非如此。统计学家使用毛出生率这个术语来统计活胎数量（这是一个调整后的数字，已经减去死胎数量）。为了做出是否要从事婴儿尿布销售的决定，你应该了解的是毛出生率，而不是总的婴儿出生率（因为总的婴儿出生率包括了那些死胎的数量）。

顺便再提一句，毛死亡率这项具有相关性的统计指的是死于任何年龄的人数。如果你用毛出生率减去毛死亡率，所得结果就是如今的公共政策制定者（托马斯·马尔萨斯[①]曾经就对此非常感兴趣）非常感兴趣的数字：RNI，即人口自然增长率。

① 托马斯·马尔萨斯（Thomas Malthus，1766—1834）：英国的一位牧师，他著有的《人口原理》一书，于1798年出版问世。——译者注

第 9 章　被低估的可替代解释

当你评估一种表述或论点时，要问问自己是否有另外一个原因——而不是对方已经给出的那个原因——可以对所汇报事实或观察做出解释。可替代解释总会存在，我们的工作就是针对已经给出的一个或多个原因做出权衡和考量，以便确定做结论的人是否已经得到最明显或可能性最大的结论。

例如，如果你走过大厅时遇见了几个朋友，而他们并没有对你的招呼做出回应，你也许会得出结论说他们对你有意见。但是，可替代解释可以是：他们当时并没有看见你；他们在赶时间参加会议；他们正在全神贯注于某事；他们正在参加一项心理测试；他们参加了沉默一小时誓言活动；或者他们暂时遭到了“掘墓盗尸人的入侵”[①]（也可能永远遭到了入侵）。

可替代解释不仅大量地出现在伪科学和伪知识中，它们也常常会出现在真正的科学领域。欧洲核子研究组织的物理学研究者对外报告称，他们发现中微子的运动速度比光速更快。这个发现若得到证实，将颠覆存在了一个世纪的爱因斯坦理论。然而最终证明，该发现不过是实验室里的直线加速器出现了电缆松动而造成的结果。这个例子突显出了一点：在极度复杂的实验中，与那些将彻底颠覆我们对宇宙性质的理解的事物相比，方法论上的缺陷几乎总会成为更有可能的解释。

与此类似，如果一个网页通过引用实验数据，向你展示了一种全新的、之前从未听说过的混合维生素，声称该药物可以让你的智商测试提高 20 分——制药公司居然不想让你知道这一点！那么你就应该弄清楚其他人都没有听过这种说法的可能性有多大，以及这种说法是否有这样一种简单的可替代解释：因为某人想要从中赚钱。

具有心灵感应的人、算命先生以及灵学家们通过看似不可能的读心术这种特殊技能赚到了大把的钞票。有一种解释认为，他们挖掘到了一种秘密隐藏的力量，而这种力量与我们所熟知的因

---

① 《掘墓盗尸人》是 1955 年美国作家杰克·芬尼（Jack Finney）创作的一部科幻小说。该书曾于 1954 年开始连载于《矿工杂志》，其中描写了来自外太空的种子侵入到加利福尼亚州米尔谷（Mill Valley）地区。种子进入熟睡中的人的身体，并长出与被侵入的人一模一样的人，新长出来的人由类似于植物的豆荚构成，而被入侵的人则化为了尘土。这些新长出来的人不会繁衍后代，且只能存活 5 年。如果没有受到阻止，它们将很快把地球化为一片死寂。——译者注

果规律和时空性质格格不入。而一种可替代解释则认为，他们属于魔术师，使用的是魔术手段，只不过他们对自己的所作所为说了谎话而已。有一点可以作为后一种观点的佐证：职业魔术师的确存在，包括詹姆斯·兰迪[①]在内。直到现在，他都可以利用聪明的幻术来复制心灵感应者的每一种特技。为了尽力证实那些自称灵学家的虚假性，魔术师往往还会告诉你他所使用的技巧。公平地讲，我认为可能的情况是，正是这些魔术师在试图欺骗我们——他们才是真正的灵学家，害怕把自己的技巧解释给我们（可能惧怕虐待、绑架等）。他们只不过假装自己所使用的是聪明的幻术而已。但我们再回头看一下以上两种可替代解释：一种使我们摒弃一切已知的自然和科学知识，而另一种却并非如此。虽然任何心理学家、执法官员、商业人士、离婚夫妇、外国服务人员、间谍或律师往往会告诉你人们会说谎，但是他们这样做却有着各种各样的原因，有时候其频率和活跃度令人感到非常担忧。但如果你遇到了一种不太可能成立的表述，那么更有可能的（可替代）解释就是，那个把该表述告诉你的人肯定在说谎。

那些不使用灵学力量而努力预测未来的人——军事领导人、经济学家、商业战略家——的预测经常会出现较大的偏差，原因在于他们没有考虑到可替代解释。在这种情况下，一种叫作“前景规划”的商业实践应运而生——要考虑所有可能的结果，甚至

① 詹姆斯·兰迪（James Randi）是世界著名的职业魔术师、作家和演说家，1928年出生于加拿大，现居美国。——译者注

那些看似不大可能的结果。这要做起来非常困难，就连专家甚至都会出错。1968 年，威尔 · 杜兰特（Will Durant）和艾丽尔 · 杜兰特（Ariel Durant）写道：

> 在美国，盎格鲁–撒克逊家庭婴儿出生率低的情况造成了国家经济和政治影响力的减弱。罗马天主教家庭较高的婴儿出生率表明，到 2000 年，罗马天主教家庭将会成为国家级、市级以及州级政府的主导力量。[124]

他们两人没有考虑到的情况是，在这中间的 32 年里，很多天主教徒会脱离教会。尽管教会禁止人们采用节育措施，但很多人却那样做了。对于他们在 1968 年的观点来说，其可替代解释真是难以想象。

有关社会和艺术方面的预测也被颠覆了：披头士时代的专家提出“吉他乐队即将过时”。贝多芬第五交响曲首次演奏时，当时的评论中有很多负面的看法。其中的一种观点认为，将来没有人再想听它了。科学也被颠覆了：专家称，高速运行的火车永远不能实现，因为乘客会因窒息而死。专家认为，光的传播介质是一种叫作“以太”的物质。科学和生活都不会静止不动。我们所能做的就是利用身边可以使用的最佳工具，评估证据的分量，并做出自己的判断。其中的一个工具尚未得到充分利用，那就是运用创造性思维为我们一贯的思考方式想象出可替代解释。

在刑事审判中进行法律论证时，可替代解释起着关键作用。

我们在本书第一部分看到的框架效应[①]，以及没能理解到条件概率不可逆向使用，这两者都会造成很多错误的判决。

恰当的科学推理首先要建立两个（或多个）假设，然后再给出每种假设情况发生的概率。在法庭上，律师不应当把注意力集中在血型匹配的概率之上，而应当把关注点放在两种可能情况发生的概率上面：两个血液样本来自同一处的概率是什么，以及它们来自不同地方的概率又是什么。更确切地说，我们需要比较这两件事情的概率：假定嫌疑人有罪时，血液样本相匹配的概率，以及假定嫌疑人无罪时，血液样本相匹配的概率。或者说，我们可以比较这样的两种概率：根据现有数据，嫌疑人无罪的概率，以及根据现有数据，嫌疑人有罪的概率。我们还需要知道统计计量的准确性。2015年，美国联邦调查局（FBI）宣布，在显微镜下进行头发分析，所得结果在90%的情况下都不正确。[125] 如果没有上述这些信息，法庭就不可能对案件做出公平、准确的判决。[126] 也就是说，如果我们单从血型匹配的角度思考，那么我们相当于只考虑了一个方面的证据，即假定罪犯曾出现在犯罪现场时血液相匹配的概率。然而，对于可替代的假设情况下血液匹配的概率，我们却不得而知。我们所需要做的正是对这两种情况加以比较。

上述情况每时每刻都在发生。在英国的一个案件当中，犯罪

① 框架效应（framing effects）指同一个问题的两种逻辑意义上相似的说法却最终导致了两种不同的决策判断的产生。框架效应是判断与决策研究领域一个非常重要的概念，而且被认为是行为决策研究中最具普遍意义的发现之一。——译者注

嫌疑人丹尼斯·亚当斯（Dennis Adams）就完全是因为DNA证据而遭到了指控。[127] 由于受害人无法将他从一组嫌疑人中指认出来，所以她在法庭上表示，丹尼斯并不像袭击她的人。该受害人补充说，丹尼斯看上去比袭击她的人大20岁。此外，丹尼斯还拥有案发当晚不在现场的证明，并且这一点也得到了第三方证人的证实。在审判中，检方可以拿出的唯一证据就是DNA相匹配。此外，丹尼斯有一个兄弟。虽然丹尼斯的兄弟的DNA也与从犯罪现场采集的DNA相匹配，但没有进一步的证据能够证明作案人是丹尼斯的兄弟。所以，调查人员并没有考虑丹尼斯的兄弟作案的可能性。然而，他们却同样没有其他的证据能够证明丹尼斯是作案人——唯一的证据只是他的DNA与犯罪现场的DNA样本相匹配。在那次审判当中，没有人考虑过这样的可替代解释：犯罪者有可能是丹尼斯的兄弟……丹尼斯在初审和上诉判决中均被判定有罪。

古人所建，外太空才能看到

你或许听到过这样的推测：人类生命并非在地球上进化而来；某个外星生命种族从天而降，种下了第一个人类生命的种子。这种推测本身并非没有道理，只不过没有真正的证据可以证明它而已。但这并不意味着这种推测不真实，也不意味着我们不应该去寻找相关证据，而是说明了这样的事实：有可能属实的某种事物，其实用性有限——也许它只对科幻小说有用处。

2015年《纽约时报》的一篇报道描述了哈萨克斯坦境内一种

只能从太空才能观察到的神秘地面构造。

卫星图显示，在一个位置偏远、没有树木生长的北部大草原上，出现了一个巨大的土方工程。其形状呈几何图形，包括方形、十字形、直线和圆形在内，其面积足有几个足球场那么大。整个构造只能从太空中看到。据估测，其中最古老的图形距今已有8000年历史。

面积最大的图形位于新石器时代的一个人类聚居点。它是一个由101个隆起的土丘构成的巨大的四方形，对角由对角交叉线相连接。整个图形的占地面积比吉萨金字塔还大。另外还有一个图形是带三个分叉的卍字末端的“手臂”，呈Z字形，并向逆时针方向弯曲。[128]

报道的描述很容易使人感到激动不已，使人联想到这些伟大的设计曾是古人向外星生命发送信号的一种方式，也许还遵守着来自外星球的严格指令。它们也许是古代外星飞船的降落场，或是一种编码信息，仿佛在传达着“发送更多食物”的信号一样。我们人类的天性本就如此——我们喜欢对超出常规的事物产生联想。我们是一个偏爱讲故事的物种。

任何有能力进行星际飞行的文明，必定会拥有比在地面上摆放巨大的土丘更为高效的通信方式。对这个相当明显的事实，我们暂时先不做考虑。此处必定存在一种可替代解释。幸运的是，《纽约时报》援引了这些神秘石头的发现者迪米特里·代伊

（Dimitriy Dey）的话，为我们提供了下面这种可替代解释（尽管并不是所有报道这个发现的媒体都这样做了）：

> “我认为它们从太空中被人们看到并非有意为之。”44 岁的代伊先生在他的家乡库斯塔奈（Kostanay）接受采访时表示。他摒弃了那些与外星生命和纳粹有关的离奇推测（早在希特勒之前，万字符就是一个古老的、几乎普遍被人们使用的设计元素）。他推理说，在位于高处的地面上沿着直线所建立的这些图形是“用于跟踪太阳起落轨迹的水平天文台”。

与外星生命的解释相比较，一种古代日晷这种解释听起来似乎可能性更大。这并不是说该解释一定准确，但发掘合理的可替代解释恰恰是信息素质和评估表述工作的一部分。这个例子便是例证。

缺少对照组

所谓莫扎特效应，指的是每天听 20 分钟莫扎特的音乐能够暂时提高人的智商。这个效应之所以不可信，原因在于相关的实验缺少对照组。也就是说，实验给一组人听了莫扎特的音乐，而另一组人则无事可做。什么也不做的一组人不足以作为有事可做一组人的对照组。事实证明，如果你让人们做一些事情——几乎可以说任何事情——该效应就会消失。莫扎特效应的推动力并不是莫扎特的音乐能够提高智商，而是无所事事时的无聊感会暂时减少有效的智商。

如果你把20名患有头疼病的人带入实验室，并给他们服用新研制的一种神奇的头疼药。最终，10个人的头疼症状得到了缓解。这个实验其实什么也说明不了。某些头疼病的症状会自行缓解。这样的头疼病有多少种呢？我们不知道。在这个实验中，你需要有一个对照组。这组人不仅有着相似的年龄和背景，而且也患有类似的头疼症状。患者都抱有这样一种信念：只要病情好转，自己的健康状况就会得到改善。因此，你一定要给实验对照组提供某种东西，它能够像你所研究的新药物那样增强患者的这种信念。这就是著名的安慰剂。这种药丸的外观看上去和神奇的头疼药一模一样。所以，在实验结束之前，所有参加实验的对象都不知道谁服用的是哪种药。

在《逆转：弱者如何找到优势，反败为胜》（*David and Goliath*）一书中，作者马尔科姆·格拉德威尔（Malcolm Gladwell）传播了一个无效的结论。他提出，失读症患者在实际生活中有可能还具备某种优势。这个建议促使很多父母相信，他们患有失读症的孩子不应该接受必要的教育补救措施。格拉德威尔实验的错误之处在于缺少了对照条件。假如他在实验中所选择的失读症患者能够改善自身的教育状况，那么他们在人生中所能够获得的成功将会比现在大多少？我们对此并不清楚。

缺少对照组的现象经常出现在人们的日常谈话之中。这要比在科学表述中更难以发现，因为我们从不注意从寻常谈话中去寻找。假设你读到——并正在验证——这样一项新研究：每天有规律地睡觉和起床可以提高工作效率与创造能力。你的一位艺术家朋友，无论从哪个方面衡量都称得上成功人士。她却反对说，她本人每天都是想睡就睡，经常熬夜，有时候还一睡就是 20 多个小时，但仍然感觉很好。然而，她的表述缺少对照组。假如她按照正常时间作息，那么她的工作效率和创造能力又会在现在的基础上提升多少呢？[129] 我们不得而知。

有一对儿孪生兄弟，出生不久就被分开抚养——一个在纳粹德国，另一个在委内瑞拉。[130] 一个按照罗马天主教信仰抚养，最终加入了希特勒青年团；另一个作为犹太人来养育。当这两兄弟阔别 21 年后重逢时，他们发现彼此的行为习惯仍然有很多的相似之处。[131] 很多被这个故事吸引的人，都只能把其中的原因归结到遗传学上面：两人都用无名指挠头；两人都认为偷偷地走近陌生人然后大声打喷嚏这种行为比较滑稽；两人都在上嘴唇上留着修剪整齐的小胡子，都戴着矩形金属框眼镜，眼镜的上角都是圆形的；两人都穿着有肩章和军队风格口袋的浅蓝衬衫；两人的走路姿态相同，在椅子上的坐姿也一样；两人都喜欢黄油和辣味的食物，使用马桶前后都要冲刷马桶，读书时也都先读结尾部分；为了方便握笔，两人所使用的钢笔和铅笔上都缠上了胶带。

像上面这样的故事一定会促使你思考基因如何影响我们的行为方式。或者说，我们是否都属于一种自动装置，行为方式早已预先确定好了。要不然，怎样解释这种巧合情况呢？

嗯，有两种方法可以进行解释，而且它们都可归结为对照组的缺失问题。社会心理学家可能会说，人们倾向于用相似的方式来对待长相相似的人。人们对待有魅力的人会有别于没有魅力的人，对待身材高大的人也不同于身材低矮的人。如果你脸上显现出诚恳和无私的特征，那么人们对待你的方式就会与你脸上没有这些特征时不同。双胞胎兄弟的行为特征由他们各自所处的社交圈塑造成型。对于出生后分开养育的双胞胎这个“自然实验”而言，为了从中得出确切结论，我们需要由没有相关性的一组人组成一个对照组。这些人不但长相必须非常相似，而且从小就被分开抚养。

统计学家或行为遗传学家可能会说，在我们所做的成千上万件事情中，如果你的观察时间和努力程度足够，那么这样的情况就有可能出现：任何两个陌生人各自在服装、修饰打扮、喜欢的笑话，以及古怪的个人癖好方面，都会有惊人的相似性。[132] 当没有这个对照组时——把陌生人聚集到一起，并记录下他们的行为习惯——我们就不清楚上述这个非常吸引人的双胞胎故事究竟是由遗传学决定的，还是纯属巧合。遗传学或许在其中也起到了一定的作用，但可能它所起的作用并没有我们想象中的那么大。

择优挑选

我们的大脑与生俱来的一项能力就是根据大千世界里每个瞬间所发生的亿万个事件来编造故事。其中的某些事件纯属巧合，并不具备任何实际意义：正当你思念一位很久没有联系的朋友时，她恰好打来了电话。这并不意味着你们两人具有某种精神力量；如果你在俄罗斯轮盘赌中连续获胜，这也并不意味着你能够永远保持连胜，并且理应把所有赌注都压到下一轮当中；假如没有获得资格认证的修理工这一次修理好了你的汽车，也并不意味着下一次他同样能够修理好你的汽车——或许他这次只不过是运气较好而已。

我们试举一例。试想你有这样一个特别喜爱的假设论点，即摄入过多的维生素 D 会使人心神不安，你就会想方设法地搜寻可以支撑这个论点的证据。但如果你只搜寻支撑性证据，那么你的研究就不恰当，因为你忽略了相反的证据——维生素 D 的摄入存在或多或少两种情况。然而，你却茫然不知，因为你根本就没有留意。用通俗的话来讲，科学家把这种做法叫作“择优挑选”（cherry-picking）那些符合你的假设的数据。恰当的研究方法则要求，你应当对任何事情都保持一种开放心态，并努力大胆地思考正、反两方面的证据，然后形成一种基于证据（而不是那种基于“哇，我希望是这样”）的研究结论。

与这种择优挑选的偏见相伴出现的另外一种偏见叫作选择过滤（selective windowing）。当你接触到的信息不能够代表全部信息时，选择过滤便会产生。假如你在一列火车上，透过“过滤车窗”观察一座城市，那么你只能看到这座城市的一部分，而这部分并不一定是一个有代表性的部分——你只能观察到该城市铺设了火车轨道的那个部分，以及可能存在的与之相关联的偏见。火车会产生噪声，富裕的人一般居住在没有噪声的地方，所以那些留下来居住在火车轨道附近的人一般收入都较低。如果你对一座城市的了解仅限于那些居住在火车轨道附近的人，那么你所看到的必定不是整座城市。

这个问题当然与本书第一部分关于数据收集和获得有代表性

统计样本的重要性这两个讨论内容有关。我们努力理解这个世界的性质——或者至少理解一座有火车穿城而过的新城市——我们想为自己所见所闻的内容想出可替代解释。一个具有广泛适用性的好的可替代解释是：你只看到了整体的某一部分，而你所没看到的部分可能非常不同。

你的姐姐正在骄傲地向你展示她5岁女儿的画作。这个作品非常出色！如果你喜爱它，就把它装裱起来吧！但如果你要在孩子未来能否成为一名伟大画家方面做投资决定，你就会提出这样一些问题：谁修改了这幅画作？谁挑选了它？原画尺寸有多大？这位小毕加索在这幅画作之前还有多少作品？这些以往的画作绘制先后顺序怎样？利用选择过滤的方法，你可能看到的是一系列绝妙画作中的一部分作品，也可能是经过她的老师辨别和修改过的大量画作（属于平淡无奇一类）中的一幅可爱的小作品。

在新闻标题中，我们也能够看到选择过滤。一条新闻标题也许会宣称“支持这项立法的美国人比反对它的人多三倍”。按照本书第一部分介绍的步骤，即使你自己已经感觉比较满意，并认为该项调查的统计样本具有代表性并且从美国人中抽取了足够大的样本基数，但是你却不可以得出结论说，大多数的美国人都支持该项立法。情况也有可能是这样的：1%的美国人反对它，3%的美国人支持它，而94%的美国人则尚未做出决定。同样的花招也可以植入这样一条有关美国总统选举的新闻标题中：在总统预选中，支持候选人A的共和党选民人数比支持候选人B的共和党选民人数多了5倍。这个表述有可能反映了真实情况，但是也有可能忽略了这样的情况：民调显示，候选人 C 获得了 80% 的选票。

请你试着把硬币抛向空中 10 次。你心里“知道”硬币正面朝上的次数应该占到一半，但也有可能不是这样的。即使你投掷硬币 1000 次，你也极有可能不会得到 500 次正面朝上的结果，因为只有经过无限次数的尝试，才能获得理论上的概率。你投掷硬币的次数越多，那么你就越接近得到正面朝上和反面朝上 50% ∶ 50% 的概率。它是违反直觉的，但在上述投掷硬币的序列中的某个时间点，你连续得到 5 次正面朝上结果的概率会非常接近 100%。为什么它会如此违反直觉呢？我们的大脑还没有进化到能够完全理解随机性的程度。它一般并不是正面—反面—正面—反面这样的次序，但即使在一个随机序列中，也会有连续（也叫连串）的情况出现。这就使欺骗别人变得容易起来。请你自己用手机视频记录下连续投掷硬币 1000 次的过程。在每次投掷之前，你都宣布“这次的结果将会是连续 5 个正面的第一次出现”。接着，如果结果是正面朝上，在下一次投掷之前，说“这次是连续 5 个正面的第二次出现”。如果下次的结果是反面朝上，那么重新投掷。如果不是反面，那么在下一次投掷前，说“这次会是连续 5 个正面朝上的第三次出现”。然后，剪辑你的视频，使其只包含连续 5 次硬币正面朝上的片段。没有人会比你更聪明！如果你确实想要给人们留下较深的印象，那么就去做连续 10 次正面朝上的视频吧（每 1000 次投掷连续 10 次正面朝上的概率大约为 38%。换个角度来看，如果你让房间里的 100 个人连续向上投掷硬币 5 次，那么其中的某个人得到连续 5 次正面朝上结果的概率为 96%）。[133]

当我们调查人们对于纽约市警察局的看法时，一位 75 岁的社会名流的观点很有可能与一个 16 岁有色人种男孩有着很大的不同，他们的看法受到了个人所看到的现象的选择性过滤。这位 16 岁的有色人种男孩可能汇报说，警察经常无故地把他叫住，对他进行种族性的评论，并像对待罪犯一样对待他，而那位 75 岁的社会名流可能根本无法理解为什么会出现这种状况。“我对该警局所有警员的印象都非常不错。”

保罗·麦卡特尼（Paul McCartney）和迪克·克拉克（Dick Clark）曾经把自己 20 世纪 60 年代电视节目的底片全部收购了。[134] 从表面上看，这样做可以使他们把自己的过往历史资料掌握在自己手中。假如你是一位研究学者，或者是一位正在寻找档案资料的纪录片制片人，那么你的工作就会受到这两人选择性地呈现给你的视频资料的限制。当你查看某种表述的支撑性数据或证据时，一定要问问自己，对方呈现给你的部分是否能够代表整体。

选择性的小型样本

一般来说，小型统计样本不具备代表性。

假设你在负责一种新型混合动力汽车的营销工作。你想得到有关这款汽车燃油效率的表述，所以，你派了一名司机驾驶这辆汽车上路进行测试。结果发现，该车消耗 1 加仑 ① 燃油可以行驶 80 英里。这看上去很不错——你的任务已经完成了！但是，也许

① 1 加仑 ≈3.785 升

你只是比较走运而已。你的竞争对手做了一项更大的测试，他们派出了 5 名司机驾驶 5 辆汽车上路。他们的测试结果是消耗 1 加仑燃油的行驶距离接近 60 英里。谁的测试准确呢？你们两者都准确！假设你的竞争对手的测试结果如下：

测试一：58 英里 / 加仑

测试二：38 英里 / 加仑

测试三：69 英里 / 加仑

测试四：54 英里 / 加仑

测试五：80 英里 / 加仑

路况、外界气温以及驾驶习惯等都会给测试带来很多变量。如果你很幸运（而竞争对手不走运），你派出司机测试时得到了一个极端结果，可以使你兴高采烈地进行汇报（当然，如果你想优先选择，那么你就可以忽略上述的第一至第四个测试结果）。但是，如果研究人员想得到真相，他就需要一个更大的统计样本。一个做了 50 次不同的汽车行程测试的独立实验室或许会发现，这款汽车的平均燃油效率完全不同。一般来说，小型统计样本所得结果更有可能出现异常。更大的统计样本则可以更准确地反映世界的客观状况。[135] 统计学家把它称为大数定律。

如果你观察一家乡村小医院一个月之内的婴儿出生率情况，就会发现 70% 的新生儿都是男孩。与此相对照，城市大医院里的新生儿则有 51% 是男孩。你就会想，乡村小医院里一定发生了某种有趣的事情。事实可能如此，但没有足够的证据可以确切地说明这一点。小型统计样本在这里又起到了作用。大医院可能出现每 100 个新生儿当中有 51 个新生儿是男孩的情况，而小医院里每 10 个新生儿当中有 7 个是男孩。这正如上文提到的投掷硬币的例子一样：概率各为 50% 的两个事件，其统计学上的平均数在大型统计样本中的辨识度最高。

那么，统计样本多大才算足够呢？判断这个问题是专业统计学家的工作。不过，在你试图弄清楚自己所阅读的统计资料时，也有粗略但现成的规则可供使用。对于人口统计来说（比如投票偏好、牙膏偏好等统计），你可以在网上轻松地搜寻到样本大小计算器。对于判断某事在本地的发生率这类的统计（比如新生儿是男孩的比例、普通人每天说自己感到饥饿的次数），你就需要了解研究对象的基础比例（或发生率）。假如研究人员想知道在一个特定社区里有多少例新生儿白化病患者。他查看了前 1000 个新生儿，并且发现其中没有白化病患者。如果他就此得出结论，这就不明智了，因为新生儿白化病的实际发病率每 17000 人中仅有 1 例。1000 个新生儿的样本太小了——“小”是相对于你所研究对象的稀有性来说的。另外，如果他所研究的是早产儿发生率，那么统计样本为 1000 时就已经非常够用了，因为早产儿发生率实际上是每 9 个新生儿中有 1 例。[136]

统计学素养

我们来思考这样一个街头游戏：有人在一个帽子或篮子里放

置了三张卡片，每张卡片都有两面：一张卡片两面都是红色，一张卡片两面都是白色，一张卡片一面是红色，另一面则是白色。设置骗局的人从帽子中抽取了一张卡片，并向你展示了卡片的一面，它为红色。他下了5美元的赌注，赌的是该张卡片的另一面也是红色。[137] 他期待你认为另一面是红色的概率为50%，所以你就会愿意赌他输。也就是说，那张卡片的另一面是白色的概率也同样为50%。你可能会做出这样的推理：

> 他向我展示了红色的一面。所以，他抽取的要么是一张两面都是红色的卡片，要么是一张一面白色、一面红色的卡片。这就意味着，他抽取出的那张卡片的另一面要么是红色，要么是白色，这两种结果的概率相等。我可以打赢这场赌博，因为如果我不能立即获胜，也会很快在接下来的赌局中获胜。

我们先不考虑赌徒谬误——很多人用增加一倍赌注的方式在俄罗斯轮盘赌中输了钱，最后才发现概率并不是一个自我修正的过程——那个骗子指望你也犯下同样的概率分配错误，而且他的讲话速度一般都会很快，以便分散你的注意力。比较有用的做法是采用绘图的方法把这里的概率计算出来。

下面就是这三张卡片的情况：

红色	红色	白色
——	——	——
白色	红色	白色

如果他展示给你的一面是红色，那么它就有可能是三种红色面中的任何一种情况。这三种情况中的两种，卡片的另一面是红色。只有在一种情况下，另一面才是白色。因此，如果他向你展示的卡片一面是红色，那么另一面也是红色的概率为2/3，而不是1/2。因为我们大多数人都没有想到这样的事实：对于两面都是红色的那张卡片，他可以向你展示其中的任何一面。如果你刚开始思考这个问题时出现了错误，请不要妄自菲薄——数学哲学家戈特弗里德·威廉·莱布尼茨（Gottfried Wilhelm Leibniz）和近来很多的教材编写者也犯过同样的错误。[138] 当根据概率来评估表述时，一定要努力理解其中的模式。要做到这一点很难，但如果你能认识到概率往往让人难以捉摸，并且也能认识到在评估它们的时候我们大多数人都有的局限性，那么你被骗的可能性就会更小。但是，如果身边的每个人都赞同某种错误说法呢？也许就像皇帝的新装那样？

第 10 章　似是而非的反知识

英国记者达米安·汤普森（Damian Thompson）创造了“反知识”一词，用来指那些经过包装之后表面看似事实的错误信息。[139] 目前，一些睿智的人已经开始相信反知识的存在了。科学、时事新闻、明星八卦和伪科学中都有这方面的例子。反知识包括了缺少支撑性证据的表述和那些虽有证据但却与其相矛盾的表述。我们以这个伪历史学表述为例：大屠杀、人类登月，以及美国 2011 年 9 月 11 日的恐怖袭击事件都不曾发生，它们只不过是巨大阴谋的一部分而已（反知识并非总涉及阴谋，只是偶尔涉及）。

帮助反知识传播的一部分推动力正是这样的诡计，即想象“如果它是真的呢”。此处再一次体现了人类不仅是一个爱编故事的物种，而且也酷爱好故事。反知识一开始就能吸引我们，所凭借的正是利用数字和统计数据装扮出来的一种知识的外衣。但深入研究表明，这些反知识实际上根本没有根据——反知识的传播者希望的就是通过数字的呈现使你对它们产生足够的印象（或者惧怕），从而盲目地接受它们。或者，他们会引用一些不真实的“事实”。

记者达米安·汤普森报道了这些反知识表述如何站住脚，如何惹恼我们，使我们对已知事物产生怀疑……也就是说，这个过程直到我们运用理性分析时才会结束。[140] 汤普森回忆了一位朋友讲起美国“9·11”恐怖袭击事件，“他用一番看似合理的言论抓住了我们的注意力，‘请从垂直方向观察纽约世贸中心双子塔的倒塌过程，而不要从侧面观察。飞机燃料不会产生足以熔化钢筋的热量，只有受控爆炸才能做到这一点’”。

我们对这条反知识的剖析如下：

双子塔从垂直方向轰然坍塌，这是真实情况，我们看到过视频剪辑内容。

假如那次袭击所采用的方式如他们所说的那样，你就会看到该建筑物倾倒：这一点并无明确的说明，属于隐藏前提。我们无从知晓它是否属实。仅仅由于说话者做了肯定的宣称并不意味着它就真实。还需要进一步证实这个表述。

飞机燃料不会产生足以熔化钢筋的热量：我们同样不知道这句表述真实与否。而且，它还忽略了其他易燃物——清洁用品、油漆、工业化学品——它们可能就存放于双子塔里面，所以这些易燃物一旦着火势必会火上浇油。

如果你不是专业结构工程师，也许会觉得这些假设前提似乎合理。但稍微查看一下资料就会发现，专业结构工程师并没有发现双子塔的倒塌有什么神秘之处。

在复杂事件中，并非一切情况都可以得到清楚的解释，因为并不是所有的情况都得到了观察或记录。接受这一点认识非常重要。在约翰·F. 肯尼迪（John F. Kennedy）遇刺事件中，扎普鲁德[①]所拍摄的现场胶片成为该事件进展方面唯一的胶片证据，而这个证据并不完整。该段视频是用消费者级的摄像机拍摄的，其帧频只有 18.3 帧 / 秒，分辨率很低。[141] 肯尼迪总统遇刺事件有很多悬而未决的疑团，相关证据有被人做过手脚的迹象，很多目击者也从未被问询过。那些自己宣称或者被推断知道真相的人后来相继死去，死因却尚未得到说明。也许该事件属于一个阴谋，但仅凭借未解开的疑团和前后矛盾的解释，并不能证明阴谋一定存在。尽管伴有视力模糊现象的头疼症发病的原因尚未得到解释，但它并不能证明患者一定得了某种罕见的脑瘤——它更有可能属于某种剧烈程度更小的疾病。

在我们已知的必定真实的事情（比如光合作用和地球围绕太阳转动）和那些有可能真实的事情（比如“9·11”恐怖袭击事件是劫机事件的结果而并非美国政府的阴谋）这二者之间，科学家和其他理性思考者都会加以区分。这些话题都涉及了不同数量和不同种

① 扎普鲁德的全名为亚伯拉罕·扎普鲁德（Abraham Zapruder），他是一位女士服装裁缝。1963 年 11 月 22 日，肯尼迪总统在得克萨斯州达拉斯的迪利广场遇刺时，扎普鲁德用一部 8 毫米的摄像机拍摄了一小段时长只有 26 秒的视频，其中包含肯尼迪总统身中致命一枪的场景。——译者注

类的证据。一种解释或理论所具有的些许漏洞并不会破坏其本身的可信度。一种已经确立的理论具有成千上万的支撑性证据，少量未做解释的异常现象并不会破坏或减少它的可信度。[142] 但这些异常现象一般都占据所有阴谋思维的核心位置，比如大屠杀修正主义、反进化论主义，以及“9·11”恐怖袭击事件阴谋论。虚假理论和真正理论之间的差别在于概率。[143] 当某种事物与真实知识相反并且具有一定的社交货币①时，汤普森就把这种事物称为反知识。

当记者误导我们时

新闻记者使用两种不同的模式来收集重要事件的相关信息。这两种方式相互之间往往不能同时成立。如果记者不加以注意，他们的新闻报道就会误导公众。

在科学调查模式中，记者与科学家属于一种合作关系——记者们针对科学发展情况进行报道，并共同有助于把科学语言转换成普通大众能够理解的语言。大多数科学家都不擅长做这项转换工作。记者们在同行评审期刊上或在新闻发布会的现场了解一项科学研究的相关内容。当一项研究进入接受同行评审阶段时，通常已经有 3 到 5 名既客观公正又非常知名的科学家完成了相关的评审，并且认可了它的准确性和结论。一般来说，为支持每个假设、辅助假设和结论的科学证据建立权重，并不是记者的工作内

① 社交货币（social currency）是一个常见的术语，指在社交媒体和网络社区中出现的实际和潜在的全部资源。——译者注

容，该项工作已经由撰写科研论文的科学家们完成。

如今记者已经按照工作情况被分成了两类。一类是严肃调查型记者，比如《华盛顿邮报》和《华尔街日报》的记者。他们不仅会联系少数与该项研究没有利益牵扯的科学家并听取他们的观点，而且还会查找那些与已发表的学术报告意见相左的观点。然而，大多数记者认为，只要根据已发表的内容进行新闻报道，并把它转换为更加通俗易懂的语言，那么他们就算是完成了工作。

在即时新闻模式中，记者们采用从源头——各类事件的见证者那里收集信息的方法，努力弄清楚世界上正在发生的事件。那些目睹了底特律的一次盗窃、加沙地带的一次爆炸，或者克里米亚半岛军队的一次集结的人，都可以作为事件的见证人。记者可能只有一名事件的目击者，或者可能会努力从第二名、第三名目击者那里寻求证实。在这些情况下，记者的一部分工作就是要辨别事件见证者的诚实度和可信度。诸如“这是你亲眼所见的吗”或“事件发生时你在哪里”此类问题，都有助于记者进行辨别。你一定会对否定答案出现的频率或者对人们说谎的频率感到惊讶。只有通过记者细心的证实才能暴露事件见证者们的叙述中前后矛盾的问题。

所以，在第一种模式中，记者针对科学发现进行报道。这些科学发现本身就有无数次的观察和大量的数据作为依据。在第二种模式中，记者们针对事件进行报道。这些事件的依据往往是少数事件见证者的描述。

因为记者必定要采用以上这两种信息收集方式，所以他们有时候会将二者相互混淆。他们有时会忘记大量的逸事趣闻并不是数据，也就是说，一大堆新闻故事或随意的观察并不能称得上科学。我们的一种期望也牵涉其中：报纸应当在向我们提供信息的同时娱乐我们，给我们讲述故事。大多数好的新闻故事都会向我们展示一个行动的链条。这些行动靠因果关系互相联系。由于房屋风险抵押贷款被重新包装到了AAA级投资产品中，所以最终导致2007年房地产崩盘。这些事件都不属于科学实验，而是我们要努力弄清楚真相、努力讲述新闻故事的事件。虽然新闻报道类文章和科学类文章的举证责任不同，但若没有一个解释，哪怕是一个暂定的解释，我们就没有什么可以讲述的故事了。然而报纸、杂志、图书——人们却都离不开故事性内容。

这就是媒体轻而易举就能传播谣言、反知识和虚假事实的主要原因所在。这正如1987年杰拉尔多·瑞弗拉[①]关于撒旦教派的言论引发了一场全美国范围内的恐慌那样。外星人绑架和被压抑记忆也属于此类由媒体造成公众恐慌的例子。正如达米安·汤普森所指出的那样："对工作压力很大的新闻编辑来说，痛苦的见证每每胜过干巴巴的、可能无结果的统计数据。"[144]

风险认知

我们往往误认为报纸留给刑事犯罪的报道篇幅可以用来衡量犯罪率，或者报纸对不同死亡原因的报道肯定与风险有关。但是，这

---

① 杰拉尔多·瑞弗拉（Geraldo Rivera），美国新闻记者，曾供职于福克斯新闻。——译者注

样的臆测并不明智。每年死于胃癌的人要比死于意外溺水的人多出大约5倍。[145]我们仅以《萨克拉门托蜜蜂报》这一家报纸为例。2014年该报并没有针对胃癌做任何报道，但却报道了三个意外溺水死亡事件。[146]根据新闻报道，你会认为溺水死亡要比胃癌死亡更为常见。认知心理学家保罗·斯洛维奇①证明，对于受到新闻媒体关注的那些事件，人们对其相对风险往往会表现得异常重视。在预测某事件是否会受到新闻媒体关注时，需要考虑的部分因素是该事件本身是否具有故事性。溺水死亡不仅更具戏剧性，更有突然性，而且可能比胃癌引起的死亡更具可预防性——所有这些都是构成虽然可悲，但却优秀的故事的元素。因此，新闻媒体对溺水死亡的报道更多，并使我们错误地相信溺水死亡更为常见。误解风险会造成我们忽视或低估本可用于保护我们自己的那些证据。

“鉴于最近登上报纸头条的海啸数量，你真是太贴心了。”

① 保罗·斯洛维奇（Paul Slovic），美国俄勒冈大学心理系教授，著有《风险的感知》（*The Perception of Risk*）一书。——译者注

利用这种对风险的误解，那些别有用心或信息闭塞的业余统计学家只需借助媒体平台，就可以很轻易地欺骗我们，使我们相信很多虚假的事情。

英国《泰晤士报》2015 年的头版标题宣称，在英国，一生中身患癌症的人数从 33% 上升到了 50%。[147] 这个比例的上升意味着今天 2/3 的儿童将来都会得癌症。英国国家健康服务中心届时将出现癌症病人爆满的风险。你对这个报道有怎样的看法？癌症正在大肆蔓延吗？食用不健康的垃圾食品、手机辐射、使用致癌性清洁产品，以及从臭氧层漏洞中射进来的辐射线，这些现代生活方式中的某个环节或许将成为可疑的致病因素。的确，很多追逐利润的利益相关者都可以把这个标题拿来推进其工作日程，包括健康食品公司、防晒霜生产企业、整体医学从业者以及瑜伽导师。

在你感到恐慌之前，一定要认识到：这个新闻标题中的数字代表所有种类的癌症，包括前列腺癌之类的慢性癌症、很易于清除的黑素瘤等。它的意思并非是说每个癌症患者都会死去。根据英国癌症研究中心（CRUK）的报告，幸亏有了早期诊断和治疗手段的改善，自 20 世纪 70 年代以来，从癌症中康复的人数增长了一倍。[148]

上面这条新闻标题忽视了这一点：多亏了医学的进步，如今人们的寿命延长了。心脏病前所未有地得到了控制，过去的 25 年间由呼吸系统疾病引发的死亡已经大幅度减少。[149] 如今这么多人死于癌症，主要原因在于他们并不是先死于其他疾病。一个人终归要因为某种原因死去。《泰晤士报》的同一篇报道中已经包含这种思想，前提是你能够读得这么深入（这一点很多人都做不到，我们只是浏览一下新闻标题，然后就开始烦躁和担忧）。该条新闻标题的统计数据所反映出来的一部分内容是：癌症一般是老年人才得的病，很多人在得癌症之前还有足够的时间去生活。所以，它并不一定是让大家恐慌的原因。这有点类似于这样一种说法："阿根廷有一半的汽车在使用期内，发动机会彻底报废。"当然，汽车最终一定会报废，可能因为车轴断裂、严重的撞击、传动系统故障或者发动机故障等。

用关联说服他人

如果你想用反知识来欺骗人们，可以采用这样一种有效的手段：使用大量可以核实的事实信息，然后在其中加入一两个虚假信息。你所使用的那些真实的信息可以给人们提供真相。如果那些勇猛无惧的网络探险者果真去证实这些真实信息，他们一定会取得成功。所以，你只要增添一两个虚假信息来表达你的观点，很多人就会倒霉地赞同你。因此，当你想要说服他人时，就可以采用这种把伪造事实或反知识与真实事实和实际知识关联在一起的方式。

请思考下述推理：

1. 水是由氢元素和氧元素构成的。

2. 水的分子式是 H_2O。

3. 我们的身体由60%的水分构成。

4. 人类血液的 92% 都是水分。

5. 大脑含有 75% 的水分。

6. 世界上很多地方都有受到污染的水。

7. 世界上的可用水源只有 1% 可以饮用。

8. 如果你买了瓶装水，那么你唯一可以肯定的就是你的饮用水的品质很高。

9. 主流健康研究人员建议人们饮用瓶装水，并且大多数人都在饮用瓶装水。

上述推理过程中的前 7 个论断都属实。第八条论断在逻辑上并没有遵循整个推理过程的逻辑，而第九条论断，嗯……谁是主流健康研究人员呢？他们自己饮用瓶装水的含义是什么呢？可能是在聚会上、餐馆里或者在飞机上，这些场合只供应瓶装水，没有其他饮品，所以他们会喝瓶装水。或者，这句话意味着他们在小心翼翼地避开饮用其他形式的水吗？这两种可能性之间存在较大的差别。

事实上，在发达国家，瓶装水不比自来水更安全和更健康。有时，由于监管上的松懈，瓶装水会更不安全。这个结论是根据大量信息来源可靠的报告得出的，包括美国自然资源保护委员会、梅奥诊所、《消费者报告》（*Consumer Reports*），以及同行评审期刊上的大量报告。[150]

当然，例外情况也存在。在纽约、蒙特利尔、密歇根州的弗林特市以及其他很多古老的城市，市政供水由铅制管道输送，而铅可以渗入到自来水中，导致铅中毒。[151] 水处理厂不时出现的问题促使市政府颁布了有关自来水的临时公告。当我们去第三世界国家旅行时，由于那里的监管和卫生标准更低，瓶装水也许是最佳选择。但是，工业化国家里自来水的标准是所有行业里最严格的标准——所以省点钱别再购买瓶装水了。上述特别提到的那种伪科学的健康倡导者的观点，呃……其实对水来说并不适用。

第三部分　理解世界的逻辑

大自然允许我们计算的只有概率。然而，科学尚未崩塌。[152]

——理查德·费曼

第 11 章　科学运作的原理

经过几个世纪的发展，批判性思维促使人类思想和历史产生了范式转移：科学革命。假如没有佛罗伦萨、博洛尼亚、哥廷根、巴黎、伦敦以及爱丁堡这些城市对科学的发展和实践（此处仅列举少数几个伟大的学术中心），科学或许就不可能像实际上所发生的那样塑造我们的文化、工业和雄心壮志。当然，科学并非永远正确。但是，科学思维不仅是我们为人处世的基础，而且也是我们判断真伪的依据。因此，科学本身值得我们深入探究，从而更好地理解其功能和运作方式。这其中也包括洞悉我们自己并不完美的大脑，甚至那些最严谨的思想家的大脑，是如何蒙蔽自我的。

与此同时，我们必须意识到某些研究人员会伪造数据。这不免让人深感遗憾。在最极端的情形下，他们所报告的数据甚至完全没有实验依据。他们之所以能够侥幸成功，是因为研究人员的欺诈行为相对来说比较罕见，同行评审人员因而在这方面放松了警惕。在其他情形下，某位研究人员会略微更改数据，使其能够更加密切地反映他个人所偏好的假设条件。在极端情形下，研究人员会删除某些数据，因为它们不符合假设条件，或者只选用他确信能够为假设条件带来积极贡献作用的例证。2015 年，位于埃姆斯市的艾奥瓦州立大学发生了一起学术欺诈事件。[153] 当时，该大学前生物医学科学家韩东平（Dong-Pyou Han）被发现伪造和篡改了一种潜在艾滋病病毒疫苗的相关数据。该事件以一种非比寻常的结果收场：他不但丢掉了大学职务，而且被处以 5 年监禁。

围绕着麻疹、流行性腮腺炎及风疹（MMR）疫苗是否导致了孤独症所产生的全部争议因为安德鲁·维克菲尔德（Andrew Wakefield）的一篇包含伪造数据的论文而得以在社会上传播。[154] 尽管该论文已经被撤销，但无数的人仍旧相信 MMR 和孤独症之间有关联。在一些情形下，研究人员会根据已确立的原则来操纵或删除数据，但却不对这种做法进行说明。这使得数据的解释和复制工作变得愈加困难（近似于学术不端行为）。

探求证据和确定性推动着科学的发展进步，同时也能够激发我们的正义感，推动整个司法制度的发展。科学实践已经向我们展示了进行这种探求的正确方式。

关于科学的运作方式，社会上广泛流传着两种神话。第一种，科学即整齐有序，科学家们从来不会对任何事物表示不赞同。第二种，只要针对某种现象进行一次实验，我们就能获得自己想要了解的全部内容；每次实验内容公开发表之后，科学都会实现跨越式进步。然而，就我们真正所知道的内容而言，真正的科学充满了与之相关的争议、怀疑和讨论。真正的科学知识是通过多次重复试验和汇集多种科学发现而逐渐建立起来的。通过很多实验室做大量的实验，然后收集大量的数据，这样才能获取科学知识。任何单个实验都好像是一面巨大墙壁上的一小块砖头而已。只有完成了大量实验之后，我们才能够凝视整面“数据墙”，并从中得出确凿的结论。

科学的“货币单位”不是单个实验，而是元分析。在达成关于某事的一致意见之前，科学家们通常都已经利用元分析把支持或反对某个假设的不同证据归拢到一起。

如果元分析和单个实验之间的关系使你联想到了本书第二部分提到的择优选择和小型样本问题，那么事实理应如此。即使单个实验拥有大量的参与人员和观察对象，它也仍然可以只是一种异常情况，比如，你很幸运地只通过一次驾车测试，就获得了汽车每消耗 1 加仑燃油可以行驶 80 英里这样的测试结果。假如在不同时间和不同地点进行 12 次实验，那么你对研究现象的活跃度就可以有更好的了解。当你再次碰到使用一种新面霜可以让你年轻 20 岁，或者关于治疗普通感冒的一种新的草药疗法这些表述时，在你理应提出的众多疑问中必须要包含的一个问题就是：元分析是否支持这种表述，或者它是否只是单个实验。

演绎和归纳

科学进步取决于两种推理方法。在演绎法中我们从一般到具体进行推理。此时，如果我们遵循逻辑规律，就可以得出确凿的结论。在归纳法中，我们取得一组观察值或事实，并尝试从中得出一种可以解释它们的一般化原则。这种推理方法就是从具体到一般。归纳推理的结论不具有确定性——它以我们的观察和对周围世界的理解为基础，并且还需要跳出数据所能传达给我们的内容范围之外。

本书第一部分介绍的概率就属于演绎推理。我们的推理以一般信息为起点（比如“这是一枚公平硬币[①]”），再到一个具体预测（连续得到三次正面朝上的概率）。统计数据则属于归纳推理。我们推理的起点是从一组特定的观察开始（比如投掷硬币连续得到三次正面朝上），再到一般性的陈述（关于这枚硬币是不是公平硬币）。或者，我们再举一例：我们可以利用概率（演绎法）来说明一种特制的治疗头疼的药物能够对你的症状起到缓解作用的可能性。假如你的头疼症状并没有消失，我们还可以使用统计数据（归纳法）来估计你服用的药物来自一批次货的可能性。

归纳法和演绎法并不只适用于诸如概率和统计数据这类与数字有关的事物。以下是关于文字方面演绎推理的一个例子。如果前提（第一个陈述）真实，那么结论一定也真实：

加夫列尔·加西亚·马尔克斯是人。

① 公平硬币（fair coin）是指，在概率理论和统计学中，一系列独立进行的伯努利试验。如果每次试验成功的概率都为1/2，那么就被形象地称为公平硬币。如果试验成功的概率不是1/2，那么就称作偏差硬币或不公平硬币。——译者注

所有人都会死去。

因此，（演绎推理的结论部分）加夫列尔·加西亚·马尔克斯也会死去。

1. 有些汽车是福特汽车。 2. 所有的福特汽车都属于汽车。 3. 扮演汉·索罗[①]的那家伙也是一辆汽车！

上面关于马尔克斯的演绎推理类型叫作三段论。在三段论推理中，推理的形式能够确保所得结论成为推理的必然结果。你可以自己建构一个三段论推理，并且你知道它的前提不正确（或你认为它错误），但这并不会使三段论的推理无效——换言之，整个推理过程的逻辑仍然成立。

月亮由新鲜乳酪构成。

新鲜乳酪的售价为 22.99 美元 / 磅。

因此，月亮的售价为 22.99 美元 / 磅。

---

① 汉·索罗（Han Solo）是电影《星球大战》正传三部曲中的主要角色。他原本是走私货船“千年隼号”的船长，后来成为义军的重要成员。在电影中，汉·索罗由哈里森·福特（Harrison Ford）扮演。——译者注

很明显，月亮并非由新鲜奶酪构成，但如果假设它是，上面的演绎推理在逻辑上就会成立。如果重新编写上面的三段论能使你感觉更好，那么你可以进行重新编写，使其表意更加清晰明确：

假设月亮由新鲜乳酪构成，

再假设新鲜乳酪的售价为 22.99 美元 / 磅，

那么，月亮的售价为 22.99 美元 / 磅。

演绎推理有几种特殊的类型。哲学或数学课程中有关形式逻辑的部分一般都会讲授这些类型。另一种常见的演绎推理形式涉及条件词。这种演绎推理叫作假言推理（modus ponens）。用下面的例子（假设条件中使用了坡[①]）便可以很容易地记住这种推理的名称：

如果埃德加·爱伦·坡去参加聚会，他会穿一件黑披风。

埃德加·爱伦·坡去参加了聚会。

因此，他穿了一件黑披风。

要想掌握形式逻辑，我们还需要一定的时间。因为就像很多其他的推理形式一样，直觉会使我们出错。在逻辑中，就像在赛跑中一样，先后顺序有着重大关系。下面推理的结论是有效还是无效？

① 坡：埃德加·爱伦·坡（Edgar Allan Poe，1809—1849），19 世纪美国诗人、小说家和文学评论家，美国浪漫主义思潮时期的重要成员。——译者注

如果埃德加·爱伦·坡去参加聚会，他会穿一件黑披风。

埃德加·爱伦·坡穿了一件黑披风。

因此，他去参加了聚会。

坡去参加了聚会有可能真实，但却不一定真实。他也可能出于其他原因而穿了一件黑披风（也许天气很冷，也许时值万圣节，也许他参加了一场戏剧演出需要穿一件黑披风以便使自己进入角色）。上面的推理结论代表了一种推理错误。这种错误叫作肯定结果谬误或相反错误。

如果你在记忆上面的推理名称时比较吃力，请思考下面这个例子：

如果查克·泰勒[①]穿的是匡威（Converse）牌的鞋，那么他的脚就是包裹着的。

查克·泰勒的脚是包裹着的。

因此，他穿的是匡威牌的鞋。

这个推理显然不成立，因为穿匡威牌的鞋并不是包裹脚的唯一方式——你可以穿不同品牌任何号码的鞋，或者用垃圾袋包裹双脚，并在脚踝处扎紧。

然而，你却可以肯定地说，如果查克·泰勒的脚不是包裹着的，他就没有穿匡威牌的鞋子。这叫作大前提的逆反命题。

---

① 查克·泰勒（Chuck Taylor）是查尔斯·H. 泰勒（Charles H. Taylor）的昵称。他是美国篮球运动员，致力于与匡威公司合作推广全明星球鞋。——译者注

逻辑陈述的作用机制不同于方程式中的减号——你不可以否定一边，然后使另一边也自动得到否定。你一定要牢记这些规则。比较容易的做法是使用与数学符号类似的符号。上面推理中的陈述可以这样来表达：如果A代表某个前提，比如“如果查克·泰勒穿的是匡威牌的鞋”，或者“如果月亮由新鲜乳酪构成”，抑或“如果纽约大都会队获得今年的冠军”，那么B即为结论，比如“那么，查克的脚就是包裹着的”，或者“那么，月亮就应该在夜晚的空中呈现绿色”，抑或“那么，我就吃掉自己的帽子”。

使用这种一般化的符号，我们就可以把“如果A真实”简记作“如果A”，把“B真实”或“B不真实”简记作“B”或“非B”。所以……

如果A，那么B

A

因此，B

在逻辑学书籍里，你会见到“那么”一词由一个箭头（→）来代替，而“非”一词由~这个符号来代替。你也会见到，“因此”一词由∴来代替，如下所示：

如果A→B

A

∴B

请不要受这些符号的干扰。这只是作者想使内容显得别致一些而已。

像这样的表述有四种可能性：A 可以真实或不真实，B 可以真实或不真实。每种可能性都有一个特殊的名称。

1. 假言推理，也叫确认前提（affirming the antecedent）。前缀“ante”意思是在……之前，就像你在扑克游戏中要预先下赌注（ante up）那样，在动牌之前你先把钱放到这一局当中。

如果 A → B

A ∴ B

举例：如果那个女人是我的妹妹，那么她就比我岁数小。

那个女人是我妹妹。

因此，她比我岁数小。

2. 逆反命题（the contrapositive）

如果 A → B

~B ∴ ~A

举例：如果那个女人是我妹妹，那么她就比我岁数小。

那个女人的岁数不比我小。

因此，她不是我妹妹。

3. 相反命题（the converse）

如果 A → B

B ∴ A

这不是一个有效的演绎推理。

举例：如果那个女人是我妹妹，那么她就比我岁数小。

那个女人比我岁数小。

因此，她是我妹妹。

这个推理无效，因为有很多女人都比我岁数小，而她们并不是我妹妹。

4. 否命题（the inverse）

如果 A → B

~A ∴ ~B

这不是一个有效的演绎推理。

举例：如果那个女人是我妹妹，那么她就比我岁数小。

那个女人不是我妹妹。

因此，她的岁数不比我小。

这个推理无效，因为很多女人虽然不是我妹妹，但她们仍然比我岁数小。

归纳推理依据的是有证据能够表明结论真实，但它并不确保推理的结论一定真实。虽然归纳推理的结论具有不确定性，但是归纳推理（如果推理恰当）所得出的结论却是属于有可能发生的情况，这点与演绎推理不同。

以下是归纳推理的一个例子：

到目前为止，我们所见到过的哺乳动物都有肾脏。

因此（这是归纳推理步骤），如果我们发现了一种新的哺乳动物，它们也极有可能有肾脏。

科学借助归纳和演绎二者的结合来取得发展进步。如果没有归纳推理，我们将没有关于世界的任何假设。我们在日常生活中时刻都在使用归纳推理。

每次我雇用帕特里克来做房子的修理工作，他都把工作搞砸了。

因此，如果我下一次再雇用帕特里克做房子的修理工作，他还会把工作搞砸。

我所遇见的飞行员都做事井井有条、认真负责、一丝不苟。

李是一位飞行员。他具备这些品质，他还擅长数学。

因此，所有的飞行员都擅长数学。

当然，上面第二个例子的推理结论并不一定是逻辑推理的必然结果。我们所做的是一种推断。根据我们对世界和对飞行员工作要求的了解——策划航线、到达目的地时估计风速带来的影响等——这个推理的结论似乎合理。但请考虑如下推理：

我所遇见的飞行员都做事井井有条、认真负责、一丝不苟。

李是一位飞行员。他具备这些品质，他还喜欢摄影。

因此，所有的飞行员都喜欢摄影。

此处，我们的推断就更不确定了。我们在现实世界的知识说明，摄影只是一种个人爱好，它跟飞行员是否会比其他人更喜欢摄影之间没有必然的逻辑联系。

小说虚构人物、伟大的侦探夏洛克·福尔摩斯，正是利用聪明的推理来得出结论。尽管他宣称自己使用的是演绎推理，但实际上却是另外一种叫作“反绎推理”的推理形式。福尔摩斯得出的所有结论几乎全部属于聪明的猜测：尽管基于事实，但并非无懈可击或属于逻辑推理的必然。在反绎推理中，我们以一组观察结果为推理起点，然后得出一种可以解释这些观察结果的理论。能够解释观察结果的理论种类各异、数量无限，我们只取其中可能性最大的那个理论。

例如，福尔摩斯得出结论说，下面这种臆测的自杀行为其实属于一起谋杀案件。[155]

> 福尔摩斯：枪伤位于头部右侧。范孔①是个左撇子。这需要相当大的扭曲。
>
> 探长迪莫克：左撇子？
>
> 福尔摩斯：哎，我很惊讶你居然从未留意。你只需四处查看一下这个公寓。咖啡桌摆在了左侧，咖啡杯手柄指向左侧。电源插座，习惯性地使用左侧那些插孔……笔和纸都放在了

---

① 范孔：全名为艾迪·范孔（Eddie Van Coon），电视剧《神探夏洛克》（*Sherlock 2010*）第 1 季中的人物，他和布莱恩·路基斯（Brian Lukis）共同效力于一个从事跨国走私的组织。——译者注

电话的左侧，因为他用右手拿起后用左手记下了信息……案板上有一把刀，刀片右侧有一块黄油，因为他是用左手切的黄油。一个左撇子用枪自杀时会打在头的右侧，这是极不可能的情况。结论：有人破门而入后谋杀了他……

迪莫克：可是那把枪……为什么……

福尔摩斯：他当时在等待杀手出现。他受到了威胁。

注意，福尔摩斯使用了“极不可能”这个词语，暗示出他的推理方法不是演绎推理。而且，它也不是归纳推理，因为他没有从具体到一般化——在某种程度上，他的推理是从一套具体内容（他在受害者的公寓里做的观察）到另一套具体内容（断定这是一起谋杀而非自杀）。亲爱的华生[①]，这就是反绎推理。

推理论证

当我们使用论据来证明陈述时，论据和陈述便共同有了一种特殊的地位——这就是逻辑学家所谓的推理论证。论证一词在此处的含义并非表示与某人的一种争论或持有异议，它表示的是一种由论据和陈述共同构成的正式逻辑体系。推理论证由两部分组成：前提和结论。前提可以是若干陈述或假设条件（没有论据的

① 约翰·H. 华生（John H. Watson）是英国著名小说家阿瑟·柯南·道尔所著《福尔摩斯探案集》中的重要人物。在小说里，华生是私人侦探福尔摩斯很多案件的见证者和记录人。——译者注

陈述，或者没有结论的陈述，都不是此处所指的论证）。

推理论证自成体系。我们经常以结论为起点——我知道这么说令人感觉次序颠倒了，但我们一般都采用这种方式来说话：先陈述结论，再摆出论据。

结论：雅克打台球时作弊。

论据（或前提）：当你转过身时，我看见他在击球之前挪动了球。

演绎推理过程则与此相反。

前提：当你转过身时，我看见他在击球之前挪动了球。

结论：雅克打台球时作弊。

这与科学家们如何谈论实验结果紧密相关。科学实验结果也是一种论证，它分为两部分。

假设＝H

可能的结果＝I

H：世界上不存在黑天鹅。

I：如果H真实，那么无论是我还是其他任何人都不会见到黑天鹅。

但I不真实。我叔叔欧尼就看到过黑天鹅，而且还带我去看过它。

因此，H不成立。

演绎论证举例

细菌致病理论的发现正是运用了演绎推理论证。[156] 当时，维也纳综合医院产科病房的死亡率很高。为了找到其中的原因，匈牙利内科医生伊格纳兹·塞麦尔维斯（Ignaz Semmelweis）进行了一系列的实验（比巴斯德的微生物和细菌研究早了 12 年）。尽管那个时候科学的实验方法尚未完全确立，但凭借系统观察和娴熟的医术，塞麦尔维斯不但准确地找到了造成产科病房高死亡率的元凶，而且还促进了科学知识的进步。他所做的实验也成为演绎逻辑和科学推理的一个典范。

实验场景采用了一种条件控制法：维也纳综合医院有两个相邻的产科病房，它们分别被用作实验的一区（死亡率较高）和二区（死亡率较低）。当时，没有人能够弄清楚为什么一个产科病房里婴儿和产妇的死亡率会比另一个病房高出这么多。

当时有一个调查委员会提供了一种解释：第一区产科病房的布局会给里面的人带来心理压力——为了给垂死的产妇做临终祷告，被召集而来的牧师必须要穿过第一区病房的产床；在此之前，护士还要先摇响铃铛，以便给牧师传递可以进来的信号。该委员会认为，在这两种情况的共同作用下，临盆的产妇们受到了惊吓，使得她们极易成为“产褥热”的受害者。当牧师做完临终祷告离开时，他并不需要经过第二区病房产妇们的产床，因为他可以直接进入垂死产妇所在的房间。

塞麦尔维斯提出了用于描述实验的一个假设和一个可能的

结果：

H：铃声和牧师的出现增加了感染概率。

I：如果没有铃声和牧师出现，感染概率就不会增加。

后来，塞麦尔维斯劝说牧师走一条不方便的、需要绕行的路线，以免穿过第一区病房待产妇女的床位。他还劝说护士不要再摇响铃铛。然而，死亡率并没有降低。

I 不真实。

因此，H 不真实。

在仔细地完成了实验验证之后，我们摒弃了上述假设。

不过，塞麦尔维斯心里还有其他假设。问题的原因肯定不是病房里人员过度拥挤，事实上第二区的病房更为拥挤；也不是温度或湿度，因为两个小组病房的情况一模一样。正如科学发现上经常发生的那样，偶然发生的随机事件往往会引发深刻的见解。此时，塞麦尔维斯的一位好友恰好被一位刚刚做完尸体解剖的学生用过的解剖刀弄伤了。那位朋友不久便病入膏肓。随后的尸体解剖显示，他的一些感染症状与那些死于分娩的产妇身上所发现的感染症状相同。塞麦尔维斯猜想，尸体上发现的颗粒 / 化学物质与疾病传播这二者之间会不会存在某种联系。此前，上述两个实验区之间还存在一个看似与死亡率不相干的差别。但现在看来，这个差别似乎突然与死亡率有了某种联系：第一区的医务人员都是学医的学生，他们在验尸或做尸体解剖工作期间经常会被叫去接生孩子；第二区的医务人员专门负责接生孩子，并没有其他职责。当时，洗手在医生中间还不是一种司空见惯的行为，所以塞麦尔维斯提出了以下假设：

H：医生双手上从尸体沾染的污染物增加了感染的概率。

I：如果消除污染物，那么感染概率就不会提高。

当然，有一种替代性的结论也有可能成立：如果两个实验区病房的工作人员相互调换工作（如果专门负责接生的人员在第一区病房接生，而学医的学生在第二区病房接生），也可能降低感染概率。这也是一种有效的可能结论。调换两个小组病房的工作人员的想法不如要求医生洗手的想法好，其原因有二。首先，如果假设真实，医院的整体死亡率仍然相同——塞麦尔维斯所做的全部工作其实不过是把死亡从一个病房转移到了另外一个病房而已。其次，当没有接生孩子的任务时，医生们仍然必须要到位于第一区病房的实验室去工作，所以两组医务人员走到临产母亲所在床位所需的时间将会增加，而这会造成更多死亡现象的出现。如果要求医生们洗手的做法起到了作用，那么整个医院的死亡率就会降低。

塞麦尔维斯在后续的实验中要求医生们用一种含氯溶液给双手消毒，之后，第一区的死亡率从 18% 下降到了 2% 以下。

第 12 章　逻辑谬误

人的大脑好比是一部巨大的模式探测器，它力求从往往看似随机的布局中提取秩序和结构。我们之所以可以看见夜空中的猎户星座，并不是因为这些星星就是以那种形式组织在一起的，而是因为我们的大脑能够把某种模式投射到散乱无序的事物当中。

当你想念某位朋友时，朋友就恰巧打电话过来。这种巧合现象令人感到非常惊喜，所以大脑就对它留下了印象。当你并未想念某人但他却打来了电话时，大脑对于这种情况就不像上述情况那样：它并不会永远保留这样的印象。在思考这个问题时，你可以采用我们在第一部分所使用的四重表。我们假设有一个特别令人惊喜的周末，其间，发生了很多巧合事件（当你穿过一个满地都是镜子碎片的垃圾场时，一只黑猫从你面前走过。你来到一座大楼的 13 层后，发现有一台电视机正在播放电影《13 号星期五》)。我们假设，你在那一周共接到了 20 个电话，其中的两个是很长时间没有联系的朋友打来的。你之前有一阵子没有想念他们了。但就在你开始想念他们时，他们在 10 分钟之内就打来了电话。这些信息就构成了四重表上面一行的内容：20 个来电，其中两个来电是你用超感觉信号召唤来的，另外 18 个来电你并没有召唤。但请等一等！我们还需要填写四重表下面一行的内容：你想念人们但他们并没有打电话给你的情况有多少次？此外，你没有想念人们并且他们也没有打电话给你的情况又有多少次（我最钟爱的部分）呢？

		刚才我想念他们了吗？		
		是	否	
是否有人打电话给我	是	2	18	20
	否	50	930	980
		52	948	1000

为了填写四重表剩余的内容，我们假设你一周之中想念人的总次数为 52 次，一周中没有想念人的总次数为 930 次[157]（尽管后一个数字只是一个看似随意的猜测，但假如我们把一周的 168 个小时分割为 10 分钟的小片段，这大约就是 980 次想念。我们已经知道，其中有 50 次属于人们没有打电话给你的情况，所以剩下的 930 次就是你想其他事情而不想念人的次数。也许这里的估计有点保守，但是把任何你想要的合理数字放在这里都同样能够说明问题——你可以自己尝试一下）。

大脑真的只会留意四重表左上部的方格而忽略掉其他三个方

格，这对于逻辑思维非常有害（但却很能鼓励奇幻思维）。在你订机票去拉斯韦加斯玩俄罗斯轮盘赌之前，我们现在先来玩一个数字游戏。假设你刚才想念了某个人，那么他给你打电话的概率是多少呢？它是 2/52 或 4%。就是这样，当你想念某人时，他恰好给你打来电话的概率就是 4%。这给人的印象还不算太深刻。

当这种巧合事件发生时，有什么可以用来解释4%的概率呢？物理学家可能会援引你的四重表中的 1000 个事件，并且指出其中只有两个事件（0.2%）看似比较“怪异”，所以你应该把它看作偶然事件。社会心理学家可能想要知道，是否存在着某些外部事件，它们导致你和你的朋友相互想念对方，所以才引发了打电话的行为。你一定读到过 2015 年 11 月 13 日巴黎恐怖袭击事件的相关报道。在脑海深处的某个地方，你想起了自己和大学同学以前经常谈论去巴黎旅行的事情。现在他打电话给你，并且说你忘记了去巴黎的事情。此时，你感到非常惊讶。然而，他也只是对同一个恐怖袭击事件做出了反应，这就是他打电话给你的缘故。

如果上述讨论使你联想到了上文提到的分开抚养的一对双胞胎，那么事实理当如此。错觉关联是行为遗传学家就行为融合这种奇怪的现象而提出的一种标准化解释。这种奇怪的行为汇合方面的例子包括：两位双胞胎兄弟都用中指挠头；或者为了便于握笔，两个人都用胶带缠绕钢笔和铅笔。我们对上面四重表左上部方格中的内容非常痴迷，并且对双胞胎兄弟所有的行为共同点极度关注。然而，我们却对双胞胎兄弟行为上的不同之处视而不见。

编造概率

接听完大学老同学打来的电话后，你决定明年夏天去巴黎度假一周。你站在《蒙娜丽莎》画像前面时，听见一个熟悉的声音，抬头一看原来是你久未谋面的大学舍友贾斯汀。“真是不敢相信啊！”贾斯汀说道。“是啊！”你说，“我们在巴黎，在《蒙娜丽莎》画像前偶遇，这样的事情发生的概率会是多少啊！一定是几千万分之一吧！”

是的，你在《蒙娜丽莎》画像前与贾斯汀偶遇的概率很有可能就是几千万分之一（要准确计算其概率比较困难，然而，所有计算结果都会清晰地表明，这种事情发生的概率微乎其微）。但是，这种编造概率的做法却靠不住。我们可以退一步来思考。假如你与贾斯汀偶遇的地点并不是在《蒙娜丽莎》画像前，而是在雕像《米洛的维纳斯》前，或在卫生间里，甚或当你走进大门口的时候，情况又如何呢？再假如你在自己住宿的酒店、咖啡馆或者在埃菲尔铁塔遇到贾斯汀，情况又怎样呢？你同样也会感到非常惊讶。鉴于此，忘掉贾斯汀吧——如果在巴黎度假期间，在任何地方偶遇自己认识的任何一个人，你也一样会感到惊喜，那么，为什么这种偶遇仅限于巴黎度假期间呢？它也可以发生在去马德里的商业旅行途中，或在克利夫兰转机时，又或在图森的一个温泉浴场。让我们用这种方式来重新表述以上事件的概率：在你的成年生活中，你会在自己意料之外的地方与你认识的某个人相遇。很明显，发生这种事情非常不错。

但我们的大脑并不会主动这样思考——认知科学已经向我们表明，通过培训使自己避免这种拖泥带水的思维方式对我们来说有多么必要。

编造风险

编造概率所带来的一个问题是无法对风险做出理性分析。即使把包括美国“9·11”恐怖袭击事件所造成的飞机事故全部计算在内，乘坐飞机旅行也仍然（而且将继续）是目前最安全的交通方式，铁路交通的安全性紧随其后。可以说，乘坐商业飞机或火车出行的死亡概率几乎为零。尽管如此，“9·11”事件之后，很多美国人在外出旅行时都避免乘坐飞机，而代之以高速公路上的汽车旅行。因此，在该袭击事件发生后几个月内，美国死于汽车事故的人数急剧飙升。那时，人们在选择交通工具出行时，只顺从自己的感性直觉，而并不按照理性分析，因而他们无法弄清楚自己所承担的风险其实增加了。

你也许会找出下面这条统计：

2014 年死于飞机事故的人比 1960 年时更多。

根据这条统计，你也许倾向于得出结论：乘坐飞机旅行已经变得更加不安全了。[158] 虽然这条统计内容正确，但它并不具有相关性。如果你想弄清楚乘坐飞机旅行的安全性，那么统计死亡总人数并不能告诉你答案。你应当研究的内容是死亡率——每英里飞行距离的死亡人数，或每次飞行的死亡人数，抑或相当于统计基准的其他内容。虽然 1960 年时的航班数量没有现在多，但毫无疑问，那时的飞行风险更大。[159]

按照相同的逻辑，你也可以说，在高速路上，下午 5 点至 7 点比凌晨 2 点至 4 点死亡的人数多。所以，你应当避免在下午 5 点至 7 点驾车出行。但事实上，选择在 5 点至 7 点驾车出行的人数比选择在凌晨 2 点至 4 点驾车出行的人数要多好几倍——你需要分析的是死亡率（每英里、每次出行或者每辆车），而不是原始的数字。如果你这样去研究，就会发现傍晚驾车出行的安全性更大（部分原因在于，在凌晨 2 点至 4 点驾车上路的人更有可能属于酒驾或疲劳驾驶）。

2015 年 11 月 13 日，巴黎恐怖袭击发生之后，美国有线电视新闻网（CNN）报道说，在整个欧洲反难民情绪不断高涨的背景下，进入欧盟国家的恐怖分子至少有一名是难民身份。长久以来，欧洲反难民积极分子都在呼吁欧盟实施更严格的边界管控政策。虽然这属于一个社会和政治问题，我原本无意表明个人立场，但数字却可以向决策者说明问题。针对移民和难民，完全实施封锁边境的政策或许能够挫败恐怖袭击，此次袭击大约有 130 名死难者。而不允许来自战火蹂躏地区（比如叙利亚和阿富汗）的人数高达百万之众的难民跨过欧盟边界，毫无疑问会造成数万难民失去生命，而这个数字要远远大于死于巴黎恐怖袭击的区区 130 人。尽管上述两种举措各自还存在其他风险和需要考虑的其他因素，但对于那些对数字从来不进行逻辑思考的人来说，诸如“恐怖分子中有一名是难民”这样的新闻标题无疑会点燃民众的反难民情绪，同时却使人认识不到难民政策也挽救过许多人的生命。恐怖分子期望你相信的谎言就是：你此时此刻正面临被灭亡的险境。

为了劝说你购买他们的产品，营销人员经常会采用编造风险的方法。假设你收到了一家生产家庭防盗设备的公司发来的一封电子邮件。其中有这样一句推销辞令：“90% 的入室盗窃案都靠业主提供的视频破获。”这听上去多么具有实证性！多么具有科学性啊！

我们先来检查它的合理性。请忽略那句推销辞令的第二部分，即关于视频的部分，而只看其第一部分——“90% 的入室盗窃案都靠……破获”。这看起来合理吗？不用查阅实际统计数据，只需借助你在现实生活中的知识：90% 的入室盗窃案都得以破获，这似乎不免令人心生疑问。因为对于任何警察部门来说，90% 的破案成功率都堪称神奇。我们再上网搜索一下。美国联邦调查局的一个网页报告称，大约 30% 的盗窃案都得到了“清除”，也就是已经破案。[160]

所以，我们可以把最初的那句推销辞令视为极度不可能，并将其摒弃。它声称，90% 的入室盗窃案都靠业主提供的视频破获。它的言外之意是超过 90% 的入室盗窃案都得到了破获——但这种说法不可能属实，因为这其中的一些案件肯定不是根据业主的视频破获的。这家公司的意思更有可能是：在已经破获的入室盗窃案件中，有 90% 的案件是借助业主提供的视频破获的。

这些难道不是一回事吗?

不是，因为样本池不同。在第一种情形下，我们关注的是所有的入室盗窃；而在第二种情形下，我们考察的只是那些已经得到破获的入室盗窃案件，这些案件的数量要少得多。下面是对这个问题的一种形象化表示。

一个地区的全部入室盗窃案件[161]

一个地区已经破获的入室盗窃案件
(使用的是以前获得的 30% 的数据)

那么，这是不是等于说，如果我安装了视频摄像机，警察侦破发生在我家的盗窃案件的概率就是 90% 呢?

不是!

你所知道的仅仅是：如果一个盗窃案件得以破获，那么警察在破案过程中得到视频帮助的概率为 90%。假如你认为我们现在已经有足够的信息可以回答那个你真正感兴趣的问题（如果我购买或不购买家庭防盗系统，警察能够侦破发生在我家的盗窃案件的概率分别是多少），那你就错了——我们需要绘制本书第一部分所介绍的那种四重表。如果你开始做，就会看到，现在我们手头上只有表格中的一行所需要的数字。我们知道已破获的案件中家庭装有摄像机的百分比，但要填写四重表，我们还需要知道那些没有侦破的案件中家庭装有摄像机的比例（或者，换一种说法，在安装了家庭摄像机的情形下，案件没有被侦破的比例是多少）。

要知道，P（盗窃案破获｜装有家庭摄像机）≠ P（装有家庭摄像机｜盗窃案破获）。

这家生产家庭防盗设备的公司之所以编造风险数据，是因为其目的在于激起你的情感波澜，从而促使你购买它的产品。然而，这种产品实际上根本起不到宣传中所承诺的作用。

信念固执

人类认知方面的一个奇怪特点在于：我们一旦形成了某种信念或者接受了某种说法，那么即使面临反面的压倒性证据和科学证明，也很难将其抛弃。有一项研究报告称，我们在饮食中应当吃脂肪含量低、碳水化合物含量高的食物，所以我们就照做了，而当新研究推翻了之前的研究发现时——以非常令人信服的方式——我们仍然不太情愿去改变自己的饮食习惯。为什么呢？因为在得到新信息时，我们倾向于在内心建立谎言以帮助我们同化新知识。“因为吃脂肪含量高的食物就会发胖，”我们暗自思忖，“所以坚持低脂肪饮食确实很有意义。”我们通过阅读得知，有一个人犯下了严重的过失杀人罪。我们在报纸上看到了那个人的照片，并且认为自己可以确认，他那双锐利的眼睛和冷酷无情的下巴正是冷血的杀人犯所应该具有的。我们使自己确信他“看上去就像一个杀手”。他的眉毛呈弯弯的拱形，嘴部肌肉非常松弛，看上去似乎毫无悔过之意。后来，当他以无罪证据获释时，我们都不能完全把这样的一种感觉挥之而去：即便他这次没有杀人，他过去一定杀过人。否则，他的样子就不会如此有负罪感。

在一个著名的心理学实验当中，实验人员不仅向实验对象展示了参加同一实验的异性成员的照片，同时还告知实验对象，说他们已经被连接到了一个能够显示个人性兴奋水平的生理监测设备之上。[162] 实际上，实验对象根本就没有被连接到那种设备之上——这在实验人员的控制之中。实验人员传达给实验对象错误的反馈信息，使他们误认为自己被某个异性照片深深地吸引了。当实验结束时，实验人员向实验对象说明了他们身体的“反应”其实是预先准备好了的录像带资料。这个实验的出人意料之处在于，实验人员允许实验对象挑选一张照片带走。从逻辑上来讲，他们本来应该选择当时他们认为最能够吸引自己的那张照片——那样做就可以把他们喜欢某张特定照片的证据彻底毁掉。但是，实验对象却都倾向于选择与自己一开始的想法相一致的那张照片。实验人员证实，驱动这种效应的是上文提到的那种自我说服力。

自闭症和疫苗：推理的4个误区

有关自闭症和疫苗的历史掌故涉及了批判性思维过程中的4个误区：错觉关联、信念固执、通过联系说服以及我们在前文中所看到的一种逻辑谬误——在此之后，即以此为因。

1990—2010年，美国被诊断为自闭症谱系障碍（ASD）的儿童人数增长了6倍。[163] 自20世纪70年代至今，自闭症这种不断蔓延的疾病呈现出几何级数的增长态势。

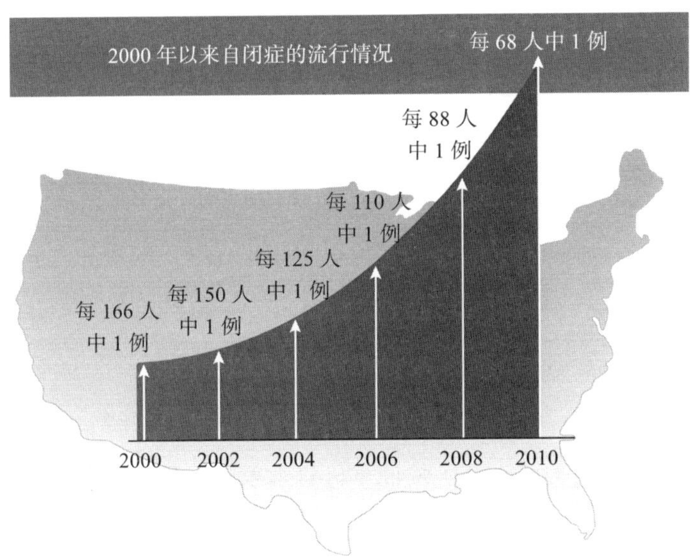

有三个方面的因素可用来粗略解释美国儿童自闭症患者人数飙升的主要原因：人们对自闭症这种疾病在认识上的提升（与以往相比，现在更多的父母对这种疾病提高了警觉，并且带孩子进

行检查的人数也多了，相关专业人士也比以往更愿意对该疾病进行诊断）；随着自闭症相关病例的增多，其定义也愈加宽泛；以及这样一个事实——现在人们生养孩子时的年龄比以往更大（父母生育孩子时的年龄越高，孩子患有自闭症和其他疾病的概率就越高）。[164]

当你思考自闭症患者数量增加的原因时，如果你采用网络信息作为指南，那么你将会看到很多能够导致自闭症的元凶：转基因生物（GMO）、精炼糖、儿童疫苗、草甘膦（glyphosates，一种名叫“农达”的除草剂的主要成分）、无线网络（Wi-Fi）以及邻近高速公路。[165] 那么，作为一名关心社会的公民，我们该怎样做呢？如果相关领域的专家加入进来就再好不过了。瞧，麻省理工学院的一位科学家来“救场”了！ 2015 年，斯蒂凡尼·塞内夫博士（Dr. Stephanie Seneff）的名字出现在了新闻头条。因为她当时报告称，草甘膦使用量的增加与自闭症患者数量的增加之间存在着某种联系。[166] 是的，两种现象发生了——就像海盗与全球变暖一样，所以它们之间必然存在某种联系，对吧？

在此之后，即以此为因，凡事尽皆如此，不是吗？

虽然塞内夫博士是一位计算机科学家，但是她并没有接受过任何农业、基因学或传染病学方面的专业培训。但是，由于她是一位来自著名学府麻省理工学院的科学家，所以很多人误以为她的专业特长必定超出了她原本的专业领域。由于她在表达自己的观点时所使用的措辞是一种科学的语言，所以使它披上了一层真正的伪科学和反知识的外衣：

1. 草甘膦会干扰植物的莽草酸途径[1]。

2. 植物通过莽草酸途径来制造氨基酸。

3. 当莽草酸途径受到干扰时，植物便会死亡。

塞内夫承认人体细胞并没有莽草酸途径，但她继续写道：

4. 我们人类的内脏（肠道菌群）里有无数的细菌。

5. 这些细菌的确有一种莽草酸途径。

6. 当草甘膦进入人体系统时，它会扰乱我们的消化和免疫功能。

7. 人体中的草甘膦也会抑制肝功能。

如果你正在思考上述内容与自闭症之间有什么联系，那么你的思路就是正确的。尽管塞内夫阐述了人体消化疾病和免疫系统功能疾病患病率增加的一种原因（没有任何例证），但它和自闭症之间却毫无关联。

在试图解释自闭症患病率增加现象时，其他人则把探寻的目标指向了MMR疫苗，以及其中包含的硫柳汞防腐抗真菌化合物上面。硫柳汞是一种含汞化合物，它在疫苗中的含量一般应为世界卫生组织（WHO）所规定的人体每日允许摄入量的1/40。请注意，世界卫生组织指南规定剂量以每日为单位，而人们注射疫苗只有一次。

① 莽草酸途径是指4–磷酸赤藓糖和磷酸烯醇式丙酮酸化合后经几步反应生成莽草酸，再由莽草酸生成芳香氨基酸和其他多种芳香族化合物的途径。——译者注

尽管没有证据表明硫柳汞和自闭症之间存在联系，但丹麦和瑞典在 1992 年禁止在疫苗中添加硫柳汞。[167] 作为一种“预防性措施”，美国在 1999 年时禁止疫苗中含硫柳汞。即便把这种药剂从疫苗中剔除，自闭症的发病率仍然在飞速增长。一种属于错觉关联（正如海盗和全球变暖的关系一样）的解释是：MMR 疫苗一般会注射给 12 至 15 个月大的婴儿。假如一个孩子患了自闭症，那么能够确诊的最早年龄在 18 至 24 个月。父母们都倾向于关注四重表的左上部方格——孩子接种疫苗的次数和随后被诊断为自闭症这个情况——他们不考虑那些虽然没有接种疫苗，但仍患有自闭症的孩子有多少，也不考虑那些虽然注射了疫苗，但却没有得自闭症的孩子有多少。

一位现已声名狼藉的医生——安德鲁·维克菲尔德于 1998 年发表了一篇论文，声称疫苗与自闭症之间存在联系，可谓是雪上加霜。《英国医学杂志》（*The British Medical Journal*）公开宣称他的论文具有欺骗性，最初发表该篇论文的杂志《柳叶刀》在 6 年之后则将其予以撤销。他的行医执照也被吊销。维克菲尔德是一位外科医生，他并不是传染病学、毒理学、基因学、神经学或其他能使其具备自闭症研究专业水平的领域内的专家。

“在此之后，即以此为因”这种逻辑谬误，使人们认为关联性暗含因果关系。错觉关联又使人们只关注那些患有自闭症并且注射了疫苗的儿童这样的巧合事件。一位计算机科学家和一位医生的证词导致人们被关联性说服。信念固执造成那些最初相信疫苗与自闭症之间有联系的人在相关证据被撤销之后仍然相信那种联系的存在。

尽管如此，时至今日，很多父母依然把自闭症的患病原因归咎于疫苗，所以他们不再带孩子去接种疫苗。这种情况致使全世界范围内出现了数次麻疹病的大面积爆发。这些都归因于一种欺骗性的联系，归因于太多的人无法区分关联性和因果关系，以及没有做到根据现时的具有压倒性说服力的科学证据形成自己的观点。

第13章　通晓未知

……正如我们所知，对于过去已知的事情我们业已知晓；对于现在的有些事情我们目前已经知晓。我们也知道还有未知的事情，也就是说，我们知道还有一些事情我们并不知晓。但是，也还有一些未知之事我们并不清楚自己尚不知晓——也就是那些我们不知道自己还不清楚的事情。[168]

——美国国防部长唐纳德·拉姆斯菲尔德

这段论述的行文晦涩，读起来令人倍感折磨。因此，句子的含义显得含混不清。重复使用相同的字眼实无必要。相反，假如国防部长如此行文，其意思也许就更加清晰了："有些事情，我们已经知晓；有些事情，我们知道自己还不知晓；还有一些事情，我们甚至都不知道我们对其一无所知。"当然，还有第四种可能的情况——对于有些我们知道的事情，我们并不知道我们其实已经知晓了它们。你大概经历过这种情况——某人问了你一个问题，你给出了正确答案，然后暗自思忖，“连我自己都不清楚我当时怎么会知道答案”。

无论怎样，这里最基本的观点是合乎逻辑的，对吧？真正能够使你受到伤害并且给你造成无法估量的损失和不便的，是那些你自以为知晓实际上却并不知道的事情（本书开篇之初马克·吐温 / 乔希·比林斯的名言即可视为这类事情的代表），以及那些你甚至都不知道与你即将做出的决定高度相关的事情（不知道自己不知的未知事物）。构想恰当的科学问题要求我们考虑到已知和未知的事情。恰当的科学假说要经得起检验——至少在理论上有可供我们采取的现成步骤，来检验世界的真实状况，从而确定我们的假说真实与否。其现实意义在于，我们在做实验之前，要提前考虑具有可替代性的解释，并以此来设计实验，进而排除替代性解释。

如果你计划在两组人之间来试验新药品的功效，那么实验的条件必须一致，以便得出像“药品 A 的药效比药品 B 好”这样的结论。如果 A 组人服用药品的地点被安排在了带有窗户的、视野较好的房间，而 B 组的人则被安排在了充满臭味的地下实验室，那么你就会得到一种混合因素，而它不能使你得出药效上的差异（假如你发现了）完全是因为药物本身的结论。充满臭味的实验室属于一种已知的已知情况。药品 A 的药效是否比药品 B 好，则属于一种已知的未知情况（我们做实验的原因）。这里的不知道的未知情况则会是其他一些潜在的混合因素。每次实验的结果有可能是所有血压高的人服用药品 A 后的效果更好，而全部血压低的人则对药品 B 的反应更好一些。家庭遗传史也有可能起作用。实验对象在当天服用药品的时间也有可能给实验结果带来差异。一旦你确定了某种混合因素，情况的种类就会干净利落地从未知的未知转向已知的未知。然后，我们就可以采用修正实验或增加研究次数的方法来找出原因。

设计出优秀实验——或评估已完成实验的技巧——可以归结为人们做出可替代解释的能力。或许我们可以说，发掘未知的未知是科学家们的首要工作任务。每当实验产生令人惊喜的结果时，我们都会感到欢欣鼓舞，因为这是我们了解未知事物的一个机遇。我认识的所有科学家全都没有那种自始至终死守个人偏爱理论的二流做派；真正的科学家知道，只有当事情未按自己预测的那样发展时，才是真正学习的时机。

以上内容可简要概述如下：

1. 对于一些已知的事情，比如地球到太阳的距离，如果不去查阅资料，或许你不能得出答案。但是，你很确定地知道，答案是已知的。这就是拉姆斯菲尔德所谓的“已知的已知”。
2. 对于一些我们不知道的事情，比如神经放电如何产生愉悦的感觉，我们知道自己并不知道这个问题的答案。这就是拉姆斯菲尔德所说的“已知的未知”。
3. 对于一些我们知道的事情，我们并不知道自己知道，或者忘记了我们知道它们。比如，你祖母的娘家姓氏是什么？上三年级时教室里谁坐在你的旁边？如果有正确的回忆方法，那么尽管你事先并没有意识到，但你肯定会发现自己其实知道这些问题的答案。尽管拉姆斯菲尔德并没有提到这种情况，但这就是所谓的“未知的已知”。

4. 对于一些我们所不知道的事情，我们甚至都没有意识到自己不知道它们。假如你购置了一套房产，你可能会聘请各种检查人员来对房屋的屋顶、基础，以及白蚁或其他毁坏木材的微生物的相关情况进行检测。假如你从未听说过氡，而且你的房地产代理人只关心完成交易而置你和家人的健康于不顾，那么你绝不会有对房屋的氡含量进行检测的想法。但是，很多房子里确实含有大量的致癌物质——氡。这种情况就叫作“未知的未知”（尽管读完这段内容后，它对你来说已经不属于未知的未知了）。请注意，你对一种未知情况知晓与否，还要取决于你的专业知识和经验。害虫防治检查员只向你汇报说，他只负责汇报那些可见的东西——他可能知道你的房子里存在一些隐蔽的、能够损毁房子的因素，但他却无法接近那些因素所在的位置。如果这种损害确实存在，那么对他来说，其性质和程度虽然属于未知事物，但他知道它们有可能就在那里（一种已知的未知情况）。如果你盲目地接受他的报告，并认为该报告已经完成，那么你就不知道还可能存在隐蔽的损害因素（一种未知的未知情况）。

我们用一张四重表便可以清楚地表示出拉姆斯菲尔德提出的这四种可能性：[169]

对于那些我们知道自己知道的事情： **好——把它们储存起来**	对于我们知道自己不知道的事情： **并不糟糕，我们还可以去了解它们**
对于那些我们不知道自己知道的事情： **作为一种奖励**	对于那些我们不知道自己不知道的事情： **危险——隐藏的暗礁**

未知的未知是最为危险的情况。一些人为大灾难的根源便可以归结为这种情况。大桥坍塌、国家战败，或购置的房产丧失抵押品赎回权，往往是因为某些人不允许这样一种可能性存在：他们并非无所不知，继而盲目地认为自己把每种可能的状况都考虑周全了。人们通过培训获得博士学位、法律或医学学位、工商管理学硕士学位，或成为军事领导人，其主要目的之一在于学会系统地辨别和思考未知的事情，即把未知的未知转化为已知的未知。

最后一种经验教训，美国国防部长拉姆斯菲尔德在上面的讲话中同样没有提到：不正确的已知情况——那些我们自认为已知而其实并不真正知晓的情况。相信错误的表述就属于这种情况。有些事情之所以会给人们造成糟糕甚至致命的后果，主要原因就在于人们相信那些不真实的事情。

第 14 章　神通广大的贝叶斯思维

请回忆一下我们在本书第一部分提到的有关贝叶斯概率的概念。在贝叶斯概率中，根据新近得到的数据或先验概率，你就可以把自己对某事物的认识进行修正或更新——假定你表现出了某些症状，计算你患有肺炎的概率，或者假定选民的居住地点，计算他们把选票投给某个政党的概率。

在计算贝叶斯概率时，我们首先给假设条件指定一个带有主观性的概率（事前概率），然后根据所收集的数据对这个概率进行修正（所得的概率即事后概率。由于这种概率是在你进行了实验之后计算而得出的，故称事后概率）。在检验假设之前，如果我们已经有理由认为它真实，那么用不了太多的证据就能将其证实。反之，如果我们认为假设不太可能成立，那么就需要更多的证据加以证实。

从贝叶斯算法的角度来说，那些可能性不大的表述与可能性较大的表述相比，前者就需要更强有力的证据。假设你的朋友说他曾经看到窗外有某种飞行物出现，根据你近期对那个窗口的观察经验，你也许愿意考虑三种假设：它是一只知更鸟、一只麻雀或者一头猪。你可以为这三种可能的情况分别指定概率。朋友现在给你看了一张一头猪在窗外飞行的照片，尽管有此照片为证，但先前你认为猪可以飞行的概率非常小，所以其事后概率也仍然会非常小。现在，你或许又会考虑新的假设，即朋友的那张照片是伪造的，或者还存在其他欺骗性手法。此时，如果你联想到了可以使用四重表的方法，以及假定诊断结果呈阳性时计算患有乳腺癌的概率的例子，那么就理应如此——在计算贝叶斯概率时，使用四重表便是方法之一。

有些证据与我们已知的情况相一致。同这些证据相比，科学家们应当为那些与标准理论或模型相悖的证据设置更高的检验门槛。在老鼠和猴子身上进行过无数次成功的实验之后，我们发现用于治疗逆转录病毒（retroviral）的一种新药品也适用于人类。此时，我们并不会觉得惊讶——我们往往乐于接受那些遵循了标准化验证惯例之后的证据。一项只有数百个实验对象参与的单一研究也会使我们信服。然而，如果某人告诉我们说，采用导气入穴位的方法在金字塔下面连续坐上三天可以治愈艾滋病，那么与单一实验相比，这种情况就需要更强有力的证据。因为它不仅过于牵强，而且此前也没有相关的例证可循。我们想要看到的是这种结果可以多次重复出现，并且要在不同的条件下出现。归根结底，我们要的其实是元分析。

贝叶斯概率法并不是科学家们在处理不可能事件时唯一可以

采用的方法。在探索希格斯玻色子①是否存在时，物理学家们所设定的门槛要比一般门槛的严格度高出5000倍（当时使用了常规的统计测试方法，而不是贝叶斯算法）——并不是由于希格斯玻色子存在的可能性更小（其存在几十年来就一直是一种假设），而是由于犯错的成本太高（这种实验的花费极其高昂）。

司法科学界的一个例子也许最能说明贝叶斯法则的应用。下面这条司法科学的基础原则是由法国物理学家、律师埃德蒙·洛卡尔（Edmond Locard）发展而来的：凡接触必会留下痕迹。[170] 洛卡尔认为，违法犯罪者要么在犯罪现场留下了证据，要么就是他带走了证据——在他的举止、身体或者衣服上面——这些都能表明他曾去过什么地方或者做过什么事情。

假设有一名犯罪分子在赛马比赛前闯入马厩去给马下药，那么他必定会在犯罪现场留下痕迹——脚印，或者皮肤碎屑、头发、衣服碎片等。[171] 犯罪证据已经从犯罪分子身上转移到了犯罪现场。同理，他也会带走马厩里的泥土、马的毛发、地毯纤维以及其他东西。此时，犯罪证据又从犯罪现场转移到了犯罪分子身上。

现在，我们假设有人在事发第二天被捕。警方从他的衣服、双手、指甲等上面取得了证据样本，并且发现这些样本和犯罪现场的样本具有相似之处。地区检察官想要评估这种证据的作证力度。因为犯罪嫌疑人有罪，所以两种样本间存在相似性，或者，

---

① 希格斯玻色子（Higgs boson），又称上帝粒子（God particle），是粒子物理学标准模型预言的一种自旋为零的玻色子。它是标准模型中最后一种未被发现的粒子，可以帮助解析为何其他粒子会有质量。——译者注

犯罪嫌疑人无辜，但却与犯罪分子有过接触——这种接触也会留下痕迹，又或者，非常无辜的犯罪嫌疑人事发时身处另外一个畜棚，无辜地与另外一匹马发生了接触，因而可以解释两种证据样本之间的相似性。

客观概率，比如犯罪嫌疑人的DNA与犯罪现场采集的DNA样本相匹配的概率，和那些个人的主观看法，比如证人的可信度，或者警方罪案调查科负责保管DNA样本的警官的诚实度和其所做跟踪记录的可信度，对于这二者而言，使用贝叶斯法则可以把它们结合起来。犯罪嫌疑人有前科吗？或者他是否对赛马一无所知，并且和那些涉赛人员没有任何联系，因而具有很好的不在场证明？这些因素都可以给我们提供一个可以证明嫌疑人有罪的、事前的主观概率。

美国司法系统有这样一个假设：在被证明有罪之前，犯罪嫌疑人一概清白无辜。[172]如果我们教条地照搬这条假设，那么犯罪嫌疑人有罪的事前概率就为零，并且任何证据——不管有多么糟糕，都不会产生一个大于零的事后概率，因为你的计算结果总要乘以零。建立犯罪嫌疑人无罪的事前概率还有一种更为合理的方法，即把统计群组当中的每个人作案的概率皆视为均等。如此一来，如果被捕的犯罪嫌疑人隶属于一个拥有100000人口的城市，并且案件调查人员有理由相信作案者是这个城市的居民，那么嫌疑人有罪的事前概率就是十万分之一。当然，证据能够缩小统计群组的范围。例如，当我们知道犯罪现场没有强行闯入的迹象时，犯罪嫌疑人就必定是那50名能够进入马厩的人员之一。

我们的事前假设是犯罪嫌疑人有罪的概率是 0.02（50 名能够进入马厩的人员之一）。现在，让我们假设作案者与马匹共处时发生过撕扯现象，所以犯罪现场发现了人的血迹。我们的司法团队告诉我们说，犯罪嫌疑人血样的 DNA 与取自犯罪现场血样的 DNA 相匹配的概率是 0.85。我们按照此前的做法来创建一张四重表。首先，我们填写该表下方那一排方格：犯罪嫌疑人有罪的概率为 0.02（“是否有罪：是”一栏），其无罪的概率为 0.98。实验室告知我们，血液 DNA 相匹配的概率为 0.85，所以我们把这个数字填写到四重表左上部的方格当中，即犯罪嫌疑人有罪并且血液相匹配的概率。这就是说，四重表的左下部方格数字必定是 0.15（上下部两个方格的概率之和必为 1）。血液相匹配的概率 0.85 意味着其他事情：其他人在现场留下血液的概率为 0.15，而此人并不是我们要找的犯罪嫌疑人，这将使其获得赦免并得到无罪判决。在四重表右半边的人当中，血液样本与犯罪现场血液样本的 DNA 相匹配的概率为 0.15，所以我们用 49 × 0.15 得到 7.35，并把这个结果数字填写到右上部的方格中。我们再用 49 减去它，从而得到表格右下部方格的数字。

		犯罪嫌疑人是否有罪		
		是	否	
血液是否匹配	是	0.85	7.35	8.2
	否	0.15	41.65	41.8
		1	49	50

现在我们就可以计算出自己想让法官和陪审团来评估的信息了：

P（嫌疑人有罪｜血液相匹配）= 0.85/8.2 = 0.10

P（嫌疑人无罪｜血液相匹配）= 7.35/8.2 = 0.90

上述证据说明，犯罪嫌疑人无罪的概率大约是其有罪概率的9倍。我们计算的起点是他有罪的概率为0.02，所以新的信息实际上使他有罪的概率增加了5倍。尽管如此，他无罪的概率仍然很大。

然而，假设又有了一些新的证据——在犯罪嫌疑人的外衣上发现了马的毛发，而且该毛发属于被下了药的马的概率为0.95（该毛发属于其他马匹的概率只有0.05）。我们现在就可以把贝叶斯概率串联起来，重新填写一张四重表。在该表的下半部分方格中我们填入刚才计算出来的数字0.1和0.9（统计学家有时说昨天的事后概率就是今天的事前概率）。如果你愿意把这些数字看作“1/10”和“9/10”，也没问题。所以，你也可以把它们填写成整数。

		嫌疑人有罪与否		
		是	否	
血液是否匹配	是	0.95	0.45	1.4
	否	0.05	8.55	8.6
		1	9	10

从司法团队处我们已经得知，马的毛发样本相匹配的概率为0.95。用1乘以0.95，所得结果就是四重表左上部方格的数字。用1减去0.95，所得数字即四重表左下部方格的数字。如果毛发样本与受害赛马的毛发相匹配的概率为0.95，那么这就意味着该毛发与其他动物毛发相匹配的概率为0.05（这将使得犯罪嫌疑人无罪），所以四重表右上部方格的数字应当等于0.05乘以9，即0.45。现在，经过计算，我们看到：

P（嫌疑人有罪｜证据）= 0.68 P（证据｜嫌疑人有罪）= 0.95

P（嫌疑人无罪｜证据）= 0.32 P（证据｜嫌疑人无罪）= 0.05

新的证据向我们表明，在假定新证据真实的条件下，犯罪嫌疑人有罪的概率大约是其无罪概率的两倍。很多律师和法官并不懂得如何采用这样的方法来组织证据，但是，现在你已经明白这种方法是多么有用。那种认为P（嫌疑人有罪｜证据）= P（证据｜嫌疑人有罪）的错误想法非常普遍，所以它就有了这样的一种别称——“检察官谬误”。[173]

实际上，贝叶斯算法的运用可以通过数学计算完成而无须使用四重表。如果你对数学算法感兴趣，可以参阅本书附录中的例子。

第15章　有关真相的4个案例

科学呈现给我们的并非确定性，而只是可能性。太阳明天会照常升起，或者我们挑选的磁铁能够吸住钢铁，抑或没有其他物体的运行速度能够超过光速，我们对于这些事情都无法做到百分之百地肯定。虽然我们认为这些事情都极有可能出现，但在假定我们目前所知属实的条件下，科学所能告知我们的，不过只是我们所能获得的贝叶斯算法的最佳结果而已。

贝叶斯推理要求我们根据已知世界的情况来思考事物发生的概率。要做这种思考，运用本书所讲述的批判性思维就显得至关重要。批判性思维可以教授，也可以在实践中运用，还可以作为一种技能进行锤炼。积极学习特定案例是一种标准化的练习方法，因为它能够使我们把所学到的内容运用到新的情况之中——这就是相关学习理论所谓的“学习迁移”。学习迁移是一种扎实掌握知识的有效方法。

错误推理和虚假信息可以悄然无声地接近我们，所采用的方式可以有无限多种。我们的大脑构造使得我们并不擅长应对这种情况。先做出让步，然后进行细致的系统推理，这种方法原本就是科学内容的一部分。案例分析都以故事叙述的形式进行呈现，它们的依据要么是真实发生的事件，要么由包含真实事件的素材构成。当然，人类是一种喜欢听故事的物种。我们能够记住故事，也能够记住它们回归到基本概念时采用的有趣路径。请把以下几个案例看作可以共同探讨的问题集锦。

“神犬”影子患有癌症（或它患了癌症吗）

我们的狗名叫“影子”。当它两岁时，我们将它从收养所里领了回来。“影子”属于波美拉尼亚种和英国谢德兰牧羊犬杂交而产生的一个品种。我们之所以叫它“影子”，是因为白天它总跟在我们身后在屋子里转悠，从不离开半步。正如所有的宠物一样，我们和它的活动节奏已经同步了——我们会在同一时间作息，会同时感到饥饿，也会在同一时间觉得身体得到了锻炼。它经常与我们一起到其他城市出差，并且已经适应了坐飞机、火车和汽车出行。

“影子”13 岁那年，它在撒尿时出现了问题。一天早晨，我们在它的尿液中发现了血迹。兽医给它做了一项超声波检查，发现它的膀胱里有赘生物。唯一能够确定它是否患了癌症的途径是完成两种外科手术程序。兽医也极力建议我们这样做。一个程序是进行膀胱镜检查，这需要在它的尿道和膀胱之间插入一个微型摄像头；另一个程序是进行活组织切片检查，获取赘生物样本并在显微镜下进行观察。一般来说，行事比较谨慎的兽医都会反对采取这种方法，因为以“影子”的年龄来讲，实施麻醉存在风险。如果检查结果显示赘生物是肿瘤，那么肿瘤学家就要进行手术并实施化疗。用不着做任何检测，医生们也仍然确信，它所患的就是膀胱癌，这种疾病也被称作移行细胞癌（TCC）。一般来说，这种癌症在确诊之后，狗的存活时间只有 6 个月。

当我和妻子看到“影子”的眼神时，都感觉非常无助。我们并不清楚它是否会感到疼痛。如果疼痛，那么它将要面对的、来自治疗或疾病本身的疼痛程度到底有多大，我们也不得而知。由于如何关怀和照料它全都取决于我们，这使得我们在做决定时会变得非常情绪化，但这并不是说我们会完全把理性思考抛在脑后。在做这种牵扯情感的决定时，哪怕事关你养的一只狗，你也仍然可以进行批判性思考。

无论是对于人，还是对于宠物狗而言，这都是一种典型的医学情境：两名医生，两种不同的观点，很多的问题。手术治疗的风险是什么？活组织切片检查的风险又是什么？如果实施手术，“影子”可以存活多长时间？如果不做手术，那它可能存活的时间又是多长？

活组织切片检查需要使用一根细小的针来收集组织样本。然后，把样本送给病理学家进行诊断。病理学家会做出是不是癌症的诊断报告（病理学，就像我们已经了解到的大多数科学一样，并不会给出确定的答案，它只说明可能性和样本包含癌细胞的概率。这种概率又会被应用到计算那些没有取样的组织部分包含癌细胞的概率上面。如果你想得到确定答案，那就不应该诉诸病理学）。患者和宠物的主人几乎从来不会询问活组织切片检查的风险。对于人类来说，这些相关的统计数据是已知的。然而，这些数据在兽医学中并没有得到很好的跟踪记录。我们的兽医估计：手术过程中发生致命感染的概率为5%；在取出手术针的过程中，一些癌症物质（假如赘生物果真为癌症物质）发生“剥落”并掉到狗腹腔的概率为10%，而这将导致癌细胞进一步扩散。另外一个风险就是活组织切片检查会在皮肤表面留下瘢痕组织。如果决定实施这种检查，那么手术后再恢复将会十分困难。进行手术所需做的麻醉也有可能造成“影子”死亡。总之，如果进行这些诊断程序，那么它的处境会变得更加不乐观。

兽医给我们提供了以下6种选择：

1. 穿过腹壁进行活组织切片检查，这样可以获得更准确的诊断。
2. 实施导管手术（使用导管把一部分赘生物创伤，从而使细胞呈片状脱落，然后再检查细胞片）。
3. 实施活组织切片检查，使用膀胱镜检查来给赘生物拍照（通过尿道）。
4. 现在就实施大手术，以便直接观察赘生物。如有可能，则将其摘除。这种方法的问题在于，大多数膀胱癌12个月之后会复发，因为外科医生无法做到干净地切除所有癌细胞，而遗留癌细胞的增殖速度非常快。

5. 静观其变。

6. 现在就让“影子”安乐死，原因则基于这样的事实：它很有可能患了膀胱癌，所以无论怎样它都活不了多久。

我们询问了如果它被确诊为癌症时有什么样的治疗手段可供选择，也询问了如果它没有得癌症又会有怎样的处理方法。患者往往只注重那些可以立即实施的治疗程序，而不去考虑后续步骤该怎样进行。

如果赘生物属于恶性肿瘤，那么我们最担忧的问题就是肿瘤的增长最终会堵塞从肾脏到膀胱的尿道，或者堵塞那段能够让尿液流出膀胱最终排到草坪或它偏爱的消防栓上面的尿道。如果发生这种堵塞，那么“影子”不仅会经历巨大的疼痛，而且会在一天之内死去。在这个过程中，肿胀的出现会引发暂时性的堵塞。鉴于膀胱在体内的位置和超声波检查的角度，让人很难说明赘生物距离这些排尿管（输尿管和尿道）到底有多远。

那么，兽医提供的上述 6 种选择怎样呢？我们应该选择哪一个（如果可选）来实施呢？我们排除了其中的两个选项：让“影子”安乐死和静观其变。还记得肿瘤学家建议做手术吗？因为那就是他们的“黄金”处理方式，也是他们处理这种情况的准则。我们询问了是否有相关的统计数据。兽医表示，她需要做一些研究之后再向我们说明情况。后来，她说手术失败的概率为 20%，也就是那种可以导致“影子”立刻死亡的情况。因为我们当时尚不确定赘生物到底是不是已经有了癌症性质，所以我们也排除了现在就实施大手术的选项。

我们还询问了在剩余每个选项下它的预期寿命。不幸的是，兽医界并没有保存有关的资料记录。无论怎样，那些保存下来的统计数据全部倾向于预期寿命很短，因为很多宠物的主人都选择了安乐死。也就是说，很多宠物的主人在宠物狗病症大爆发之前就选择了让它们死去。其原因要么是出于担忧动物的生命品质，要么是担忧主人自己的生活质量：患有移行细胞癌的狗一般都会出现大小便失禁的情况（我们已经发现“影子”在家里给我们留下了一些小小的“惊喜”)。我们尚未得到确认，但从现存的少量统计数据来看，无论治疗或不治疗，“影子”似乎都只能再活三个月。如果不采取任何治疗手段，它能再活三个月；如果我们选择实施化疗，它也只能再活三个月；而如果我们让它做手术，它仍然也只能够活三个月。这种情况怎么可能呢？我们发现，10 年前当兽医初次诊断狗患有移行细胞癌时，他们都会提出安乐死的建议。此外，当狗第一次出现大小便失禁的情况时，主人都会将其杀死。所以，主人一般都会在癌症大爆发之前就结束狗的生命。这种情况使统计数据出现了不可靠性。

我们自己做了一些研究，使用“移行细胞癌”和“狗或犬科”作为关键字进行信息搜索。我们查到，“影子”的症状可以得到改善的概率有 30%，只需服用一种叫作“吡罗昔康”的非类固醇抗炎药即可。不过，服用吡罗昔康会产生副作用，包括肠胃不适、呕吐、失去胃口以及肾脏和肝脏问题。我们就此询问了兽医。她赞同说，不管怎样，让它开始服用吡罗昔康都是有意义的事情。

在普渡大学的网站上——普渡是拥有业内领先的兽医中心的大学之一——我们能够查阅到下述这些事关“影子”存活的统计数据：

1. 实施大手术的存活中位数 =109 天
2. 进行化疗的存活中位数 =130 天
3. 服用吡罗昔康的存活中位数 =195 天

然而，对于不同的狗来说，这些研究给出的存活时间范围差异较大。一些狗在几天之后就会死亡，而其他一些狗则可以再活两年以上。

于是我们觉得，最理性的选择就是让“影子”开始服用吡罗昔康，因为其副作用相对其他药物来说很小。同时，让它做膀胱镜检查，以便让医生们可以更好地观察它体内的赘生物。此外，还要让它接受相关的活组织切片检查，以便为我们后续的判断提供依据。“影子”将会被轻微麻醉，但时间很短，而且医生们对它摆脱病痛折磨的信心也很充足。

两周后的膀胱镜检查结果显示，实际上，赘生物距离排尿管和尿道口非常近——由于距离如此之近，所以赘生物如果是肿瘤，那么做手术也会于事无补，因为手术后仍然会留下大量肿瘤细胞。由于这个治疗程序最终没有得到足够大的样本，所以病理学家无法确定该组织是否属于癌症性质，因此，“影子”的病情仍然没有得到确诊。不过，上述统计数据却说明，如果“影子”属于30%的概率服用吡罗昔康有效果的情况，那么它将得到最大化的预期存活寿命。因此，我们不仅没有必要再让它遭受大手术或化疗带来的痛苦，而且还可以在家里共享时光。

无论是对于人类还是对于宠物来说，很多时候治疗并不能增加其统计学意义上的预期寿命。如果你不属于高危人群却服用了抑制素，或者如果你没有患恶性前列腺癌却通过手术把前列腺切除，那么这两种治疗方法对于预期寿命的影响都可以忽略不计。这听起来有违直觉，但它却是真实的：其实并不是所有治疗都有效果。不过，比较清楚的一点是，从统计学意义上来讲，“影子”不做手术更好（我们因此可以让它避开会杀死它的那 20% 的概率），而且化疗也不会增加它的寿命。

服用吡罗昔康为“影子”带来的治疗效果很好，并且它的身体在三天内得到了恢复——体力充沛、精神状态良好，并且还非常快乐。一周之后，它的排尿也没有困难了。虽然我们在它的尿液中偶尔会看到血迹，但兽医告诉我们这是做完活组织切片检查后的正常情况。后来，距离最初怀疑它患了移行细胞癌（一直都没有得到确诊）之后 161 天时，它的肾脏开始衰竭。我们把它送到了一个肿瘤专科门诊进行检查。那里的医生们并不确定，为什么肾脏的衰竭与移行细胞癌有联系，或者这种联系的程度有多大。他们开列了治疗一般性肾病的药物，并且做了几十次检测，但都没能弄清楚到底出现了什么状况。“影子”的身体每况愈下，并停止进食。我们开始给它的静脉滴注止痛药。两天后，为了观察它的状况，我们把用药停止了几分钟。很明显，它正处于疼痛煎熬当中。我们与所有给它看过病的医生都进行了交谈，小心谨慎地描述了病情现状、病情的好转以及它的身体状况。所有人都赞同放弃治疗。我们有“影子”的陪伴——它也拥有我们的陪伴，并且我们彼此在一起的时间比一般接受化疗的病人可以存活的时间延长了一个月之久。在这一个月里，它得以躲过医院、导管、输液管以及外科手术刀。

我们去了肿瘤医院。我们与医院的员工很是相熟，因为在“影子”接受检查和治疗期间我们每天都去看望它，并且最终做了彻底解除它疼痛的安排。当时，它还处于疼痛煎熬之中，在我们等待的一两天里，我们简直度日如年。看到这只具有很强个性的狗突然间飘散和消逝，真让人无比沮丧。当我们意识到自己在关心和照料它的每一个步骤中都已经考虑得很周全并且我们已经竭尽所能地给予了它尽可能长的美好生活之后，我们又觉得释然和欣慰。也许，当一场疾病带走了一个生命之后，人们在感情上所经历的最大折磨就是对以往的抉择感到后悔。我们对于自己所做的决定没有一丝后悔。我们完全可以和“影子”道别。因为我们运用了批判性思维和贝叶斯推理方法作为自己的引导。

尼尔·阿姆斯特朗和巴兹·奥尔德林都是“塞斯比斯[①]之徒”吗

否认人类第一次成功登月的人们提出了相关资料中大量前后

① 塞斯比斯被认为是古希腊戏剧史上第一位有据可考的戏剧家。由于他是第一位获得古希腊悲剧表演竞赛的冠军得主，因此人们后来就把演员称为“塞斯比斯之徒”。——译者注

矛盾的问题和未解之谜。“鉴于地球和月球之间的距离，这二者之间的通信本应该有两秒多钟的延迟。”“当时的登月照片质量很高，这令人觉得非常不可能。”[174]“任何一张照片的天空都没有星星。”“如果月球周围没有大气层存在，那么照片中美国国旗怎么会出现波动，好像在空气中飘动一般呢？”一位名叫比尔·凯斯（Bill Kaysing）的航天工作者撰写了一篇报告，从而将此类否定说法推向了高潮。比尔在报告中写道，人类成功登陆月球的概率是 0.0017%（请留意这个估计出来的准确度）。诸如此类的表述可谓不胜枚举。反知识之所以能够大行其道，部分推动力在于未解谜团中数字的不断涌现，就像“打地鼠”游戏一般。如果你想使人们确信某事不真实，那么显而易见的有效做法就是把一个又一个的问题抛给他们，希望他们获得足够的印象——并且被问题淹没——以至于人们无暇寻找相关解释。但正如许多做调查的人所知道的那样，即使就某事提出 1000 个问题，也不一定就意味着它实际上没有发生过。致力于否认人类登月的网站不但不援引证据，而且也不发表对其表述的反对观点。

就人类登月而言，上述这些否认性的表述（和同类的其他表述）可以很容易地被逐一驳倒。在最初发布的录像带中，可以清晰地听见地球和月球间的通信有一个两秒钟的延迟。但是，由于一些纪录片和新闻报道为了向人们呈现更引人注目的报道，所以它们就把这两秒钟的延迟剪掉了。与登月有关的照片质量很高，这是因为宇航员当时使用的相机是一种高像素哈苏（Hasselblad）

摄像机。这种摄像机配备了70毫米高像素胶片。月球的天空中没有星星，这是因为我们目前所见到的大多数照片都是在月球的白天拍摄的（否则，我们连宇航员都看不到）。美国国旗实际上并没有波动：由于知道月球周围不存在大气层，所以NASA准备的国旗用了一根丁字架来支撑国旗顶部边缘。所谓的“波动”只不过是布料的褶皱而已。由于没有被风吹，所以国旗的褶皱并没有动。这个表述依据的是静止照片，其中的国旗看似有波动效果，但是移动的摄像画面表明，国旗并没有动，它是静止的。

但是，对于那位航天工作者声称人类登月极为不可能的那篇报告，我们又该如何反驳呢？首先，该“航天工作者”并没有接受过工程或科学方面的训练，他只是一名获得了英语学士学位的作家，并且恰巧在Rocketdyne公司工作。他所做的估计依据的是Rocketdyne公司20世纪50年代的一份报告，而在那个年代航空技术尚处于初级发展阶段。尽管仍然存在未解之谜（比如，为什么有些遥感勘测记录已丢失），证据压倒性地证明了人类登月事件属实。它并不属于必然事件，而只不过是非常、非常可能而已。如果你根据用不合乎逻辑的方式所获取的概率宣称，过去的事件并没有发生，那么你也就会得出类似的结论说，人类生命根本就没有存在过，因为地球上形成生命的概率据称只有几十亿分之一。[175]就像很多反知识的例子一样，这个表述对科学语言的使用——此处为概率——所采取的方式完全是对科学这种精美语言的一种贬低。

舞台上（和魔术箱里）的统计数据

大卫·布莱恩（David Blaine）是一位著名的魔术师和幻觉派艺术家。除此之外，他还声称自己在挑战身体忍耐力方面取得了伟大的成绩（至少有一项得到了《吉尼斯世界纪录》的认可）。对于批判性思考者来说，存在的问题在于：他是真的展示了自己的身体忍耐力，还是使用了一种设计巧妙的幻觉完成了展示？有一点我们可以确信，作为一名魔术师，伪造身体忍耐力对他来说不过是一件轻而易举的事情。

有一次，布莱恩进行了一场 TED 演讲，听众多达 1000 万人次。[176] 他在演讲中声称，自己能够在水下屏住呼吸并坚持 17 分钟，并且向我们说明了他的训练方法。布莱恩与此类似的其他表述包括：他把自己冰冻在一个大冰块中长达一周，在玻璃箱子里禁食长达 44 天，以及在棺木中被活埋了一周时间。这些表述属实吗？它们是否具有合理性？有无可替代解释？

布莱恩在演讲视频中显得平易近人、脚踏实地，他的语速不快，看上去也并不狡黠奸诈。他之所以让人感觉可信，是因为他的演讲听起来近乎粗劣，让人很难想象他提前对演讲的内容和方式进行过刻意设计。但请记住：一般情况下，专业魔术师都会设计和规划自己所有的讲话内容。他们的每一个动作，每一个看似不经意的挠头，一般都经过了一次又一次的预先排练。他们努力营造的幻觉——魔术技艺——之所以能够成功，是因为魔术师们在误导你的注意力和颠覆你对什么是刻意举动和不经意举动的看法方面，无一不是行家里手。

那么，我们如何运用批判性思维来分析布莱恩有关身体忍耐力的表演呢?

如果你现在联想到了信息源的质量等级，那么你就会关注这样的事实：他在 TED 论坛上做过一次演讲，而所有 TED 演讲都经过了事实验证并且审核还很严格。但 TED 演讲都是如此吗?实际上，TED 相关品牌的数量虽然多达 5000 个以上，但其中只有两个品牌需要经过审核，即 TED 和 TED 全球（TED GLobal）。[177] 布莱恩的视频来自他在 TEDMED 论坛上发表的一次演讲。TEDMED 论坛是由爱好者和志愿者组织的会议，而类似会议的总数量超过了 4998 次，所以它并没有经过 TED 组织的审核。但这并不意味着他的演讲不真实，而只是说我们不能依赖 TED 的名气和权威为其赋予真实性。你还记得 TMZ 娱乐新闻网站和它有关迈克尔·杰克逊逝世的报道吧?虽然这类网站传播的信息有时候属实（也许大多数时候都属实），但你却不能肯定它们传播的所有信息都真实。

在考察布莱恩有关自己在水下屏住呼吸表演的表述之前，我们先来详细分析一下他的其他一些表述。首先，福克斯电视新闻曾经报道称，布莱恩的冰块冷冻表演属于骗局。[178] 福克斯报道称，在他藏身的冰块下面有一个活板门，这个门连通着一个温暖舒适的房间。当他的替身处于冰块之中时，他本人则待在这个房间里。他如何能够靠这种把戏侥幸成功呢?这是因为魔术师们大量反复练习的内容就是让观众接受多少有些超出常规的事情。然而，总有一些线索会泄露天机。它们表明魔术表演其实不是表面呈现的那样。首先，他为什么要戴一个面具呢？（也许你会认为，这不过是表演的一部分而已；或者因为戴面具可以让他显得更加凶猛。真正原因可能就是这样做更易于用替身来欺骗你。）为什么他们要定时往冰块上洒水呢？（布莱恩称，这是为了防止冰块融化；也许正是在你无法看透冰块的那个瞬间，他趁机与替身更换了位置。）那么他身上佩戴的可以报告心率和体温的生理监视设备呢？这确定是真实的，是吧？（谁说那个设备真的就挂在他身上了呢？也许并没有。它的信号也许由电脑提供。）

如果布莱恩在冰块冷冻表演上说了谎——宣称它是一种忍耐力技艺表演，但在现实中它只是一种戏法和魔术手段——那他为什么不在其他忍耐力技艺表演上说谎呢？作为一名拥有大量拥趸的魔术师，他肯定要确保每一次表演都成功。使用幻术或魔术技巧或许要比把忍耐力推向极限更为可靠和安全。但即使这个表演用到了技巧，我们也很难称其为骗局——它只不过是表演的一部分而已，是吧？没有人会真正相信魔术师们能够召唤不可见的力量，我们都明白，他们是在竭尽全力提前排练并使用误导术。谁又会在意呢？好吧，当被人问及时，很多顶级魔术师都会把真相和盘托出，并承认自己所使用的就是经过排练的幻术，所展示的也并不是魔法。例如，美国魔术师格伦·法尔肯施泰因（Glenn Falkenstein）曾经表演过一种读心术，堪称有史以来最让人印象深刻的读心术之一。但每次表演结束时，他都及时指出，他的表演其实并不包含读心术。为什么？他这么做完全是出于一种职业道德感。[179] 他说，在这个世界上相信虚假事情的人无处不在，他们甚至还会相信很多荒唐可笑的事情。成千上万的人对因果关系的理解非常差劲，他们在心灵学、占星家、赌博以及疾病的“替代性”治疗方法等上面浪费着金钱和精力。所以，他表示说，对这类表演的完成过程进行直截了当的介绍和说明显得非常重要，因为这样做可以使人们免受蒙蔽。

布莱恩称，他在另外一个表演中用一根针穿透了手掌。这是幻术，还是他真的做到了？视频中的表演的确看似真实，但这也正是魔术的全部意义所在。那么，如何分析他在玻璃箱中禁食 44 天的表述呢？我们甚至能在《新英格兰医学期刊》（*New England Journal of Medicine*）上面查到一篇相关的同行评审文章。[180] 就信息来源而言，这可以说是再好不过了。然而，进一步仔细检查发现，撰写那篇文章的医生只是在布莱恩完成绝食表演之后才对他做了身体检查，而不是在表演之前或表演过程当中。所以，他的文章并不能为布莱恩绝食的真实性提供独立证明。同行评审过程中有人提出过这个问题吗？该期刊的现任编辑在她办公室的档案资料里边进行了查找，但相关记录已经被毁掉了。[181] 因为从那篇文章发表到我进行询问，其中的时间间隔已长达 10 年。那篇文章的第一作者通过电子邮件告知我，根据她在表演结束后进行的激素检测，他当时确实绝食了。[182] 但是，他偷偷吃东西的可能性也是存在的。她无法对这一点进行评论。她给我看了发表于另外一个同行评审期刊上的、由她同事所写的一篇文章。该文提到，有一位医生确实观察了布莱恩的整个绝食过程（那篇文章并没有出现在我的文献服务检索系统 PubMed 和谷歌学术上面，因为它没有提到大卫·布莱恩的名字）。[183] 那篇文章曾发表于《营养学》期刊，以下是从中节选的一段相关文字。

> 绝食表演即将开始之际，大卫·布莱恩看上去拥有一副好身板。这与他的体质指数、身体成分指数以及上臂肌肉周长相一致，具体指标数字如下所述……2003 年 9 月 6 日周六傍晚，大卫·布莱恩进入一个透明有机玻璃箱子。该箱子的尺寸为 2.1 米 ×2.1 米 ×1.9 米，即将在英国伦敦塔桥附近的空中悬置 44 天。其中一名调查人员（就是我，在办公室和家里都可以看到）有机会对整个绝食过程进行连续细致的视频监视。这个人也掌握着大卫·布莱恩的临床状态和身体活动情况。大卫·布莱恩当时 30 岁，他在此次表演之前的饮食情况只能估计而无法去证实。不过，他的体重却增加了 6 至 7 千克。表演进行之前，他还连续几天服用了复合维生素药片，在进入箱子后，随即停药。绝食开始后，随着时间的推移，他逐渐感觉体虚乏力且昏昏欲睡。大约两周之后，他在快速站立时感到有些恍惚和眩晕。有时，他会体验到短暂的视力问题，就像“眼前一片漆黑”一样。他感觉四肢和躯干偶尔出现急速疼痛感，此外还伴有腹部不适、恶心、心跳不规律等症状。第五天时，他的鼻子开始流血。后来，这种情况还反复出现过几次。除此之外，并没有其他明显的迹象或症状表明他的身体会流血。表演前后，他的身体没有出现水肿现象。此外，

他的身体也没有表现出缺乏硫胺素的临床症状。在绝食表演之前，大卫·布莱恩身体强壮，但出了箱子后他明显消瘦了许多。有人在表演开始前为他测量了血压：躺下时血压为140/90mmHg，站立时为130/80mmHg；绝食表演结束后，他躺下时的血压是109/74mmHg（脉搏是89/分钟），而站立时是109/65mmHg（脉搏为119/分钟）。

从上述报告来看，他似乎真的进行了绝食。持怀疑态度的人或许会将他疼痛和恶心的表现视为吸引观众的一种表演技巧，但不规律的心率和体重下降却很难伪造。

然而，布莱恩TEDMED演讲的重点是他在电视节目《奥普拉脱口秀》中所展示的屏住呼吸表演。他在演讲中使用了大量的科学和医学术语，以证明他的这个说法：他的身体忍耐力表演依据的是医学，并不纯粹是一种魔术技巧。布莱恩这样描述他所做的研究：

“我见了一位神经外科医生，并且询问他：多久……任何超过6分钟就会导致缺氧性脑损伤的事情……全氟溴烷和全氟化碳。”布莱恩提到了液体呼吸，含氧量低会增加红血细胞的总数，纯氧。这个过程的叙述耗费了15分钟的时间。他抛出了诸如“血液分流”和“局部缺血”这样的医学术语。他接着详细讲解了一种可以通过培训学会的养生法。依靠这种方法，他逐渐把自己在水下屏住呼吸的时间延长到了17分钟。布莱恩真的做过他自称做过的事情吗？他所抛出的医学术语是真实的，还是属于一种伪科学式的胡言乱语，专门援引以便对我们进行“狂轰乱炸”，从而使我们认为他所言非虚？

我们采用自己一贯的做法，首先来对它做一个合理性检测。如果你以前尝试过在水下屏住呼吸，可能你能够坚持半分钟——也许能坚持一分钟。稍做研究我们就会发现，从事珍珠采集的职业潜水员一般都能做到在水下屏住呼吸 7 分钟。在布莱恩之前，水下屏住呼吸坚持时间最长的世界纪录也在 17 分钟以下。当你锲而不舍地研读这个话题的相关资料时，就会发现，屏住呼吸竞赛可分为两种：一种是最普通的水下屏住呼吸，就像你小时候和哥哥在社区游泳池所做的那种；另一种是有辅助的水下屏住呼吸，参加这种竞赛的人可以在比赛开始之前先做一些诸如呼吸半小时 100% 纯氧之类的活动。这听起来似乎更合理一些，但是做有辅助的水下屏住呼吸时，你又能坚持多长时间呢？它真的能够弥补坚持几分钟和坚持 17 分钟之间的鸿沟吗？此时，或许你需要试着去了解一下相关专家的观点——肺脏学家（这类专家掌握着肺脏功能和呼吸反射方面的知识）和神经学家（这些专家清楚大脑在没有氧气进入时可以坚持多久）。我咨询了两位肺脏学家。他们所谈到的训练方法与布莱恩在视频中提到的方法类似。两位专家都认为，使用这些“技巧”或者特殊手段，在水下屏住呼吸坚持 17 分钟是一种可能发生的情况。事实的确如此。2012 年，斯蒂格·塞韦林森（Stig Severinsen）打破了布莱恩保持的纪录，成绩是 20 分钟零 10 秒（当然也是在吸入了纯氧之后）。[184] 塞韦林森接着又在一个月之后打破了由他自己保持的纪录。新纪录的时间是 22 分钟。医学博士大卫·埃德尔曼（David Eidelman）不仅是一位肺脏学专家，而且是麦吉尔大学医学院院长。埃德尔曼说："我认为这听起来比较难以令人信服……但是，通过先吸入氧气、节制饮食以及采用类似瑜伽的方法，在水下屏住呼吸时可以做到降低新陈代谢的速度。看起来这似乎是真实的，所以，在保留自己的一点怀疑之心的情况下，我认为我无法证明它是不可能做到的事情。"

医学博士查尔斯·富勒（Charles Fuller），加州大学戴维斯分校的一位肺脏学专家补充说道："有足够多的证据能够说明布莱恩的表述属实，因为这种事情在生理学上是可以实现的。鉴于布莱恩是一位魔术师，所以他成功在水下屏住呼吸长达 17 分钟可能还有其他因素的作用。尽管如此，生理学上可以证明人们有可能做到这种技艺的证据也很充足。在屏住呼吸活动界，有一小批人在参与一种正式名称叫作'预吸氧静态呼吸暂停'的比赛，并争创纪录。这种比赛活动由《吉尼斯世界纪录》提供赞助。潜水运动员则将它视作一种欺诈。屏住呼吸的时长在强力呼吸（吹二氧化碳）30 分钟同时呼吸 100% 的纯氧之后才进行计量。此外，这类活动一般都在温暖的游泳池里进行（减少了身体的代谢需氧量）。由于参赛者的头部仅仅处于水面以下，所以可以诱导人类的潜水反射（进一步抑制了身体代谢需氧量）。换言之，所有增加人类有意识呼吸能力的'技巧'都可以成立。最为重要的是，在布莱恩表演之前，此项活动的成绩纪录只落后于由他创造的 17 分钟一点点（由一位运动员所创造，他并不是魔术师）。此外，很多人目前的成绩都超过了 20 分钟。因此，正如社会上所传扬的那样，有足够的证据可以证明这种技艺可以实现。”

分析至此，布莱恩的表述似乎具有合理性。他的谈话内容也都说到了关键点上。但是，他表述中提到的大脑损伤怎样呢？布莱恩自己提到这仍然是个问题。你一定听说过，如果大脑缺氧时间哪怕只有 3 分钟，那么就会发生不可挽回的损坏和脑死亡。假如连续 17 分钟不呼吸，怎样防止脑死亡的发生呢？对于神经学家来说，这是一个绝佳的研究课题。

斯考特·格拉夫顿（Scott Grafton）说：“氧气不会单独留在血液中。想想油和水的关系吧。它会很快扩散到血液之外——它需要与某种物质结合。血液可以输送红细胞。每个红细胞上面都有血红蛋白分子。这些血红蛋白分子具备与 4 个氧分子结合的能力。红细胞每次经过肺部时，血红蛋白分子和氧分子结合的数量就会增多。空气中氧气的浓度越高，血红蛋白分子与氧分子结合的数量也就越多。所以，让这二者结合吧！呼吸 30 分钟的纯氧气，使氧分子与血红蛋白分子的结合接近饱和状态。”

“红细胞每次经过大脑时氧分子都有与之分离的可能性，然后扩散并穿过细胞膜进入脑组织。在脑组织里，它又和其他分子结合并在氧化代谢过程中发挥作用。某个特定的氧分子从血红蛋白分子上分离和扩散的概率随着细胞膜两侧氧浓度差的变化而变化。”

换言之，大脑需要的氧越多，它从血红蛋白分子上带走氧分子的可能性也就越大。通过连续呼吸纯氧气 30 分钟的方法，竞争力较强的水下屏住呼吸者将会使自己大脑和血液中的氧含量最大化。然后，一旦水下屏住呼吸竞赛开始，参赛者大脑中的氧含量就会像通常发生的情况那样随着时间的推移而减少。参赛者将高效地利用恰好留在血红蛋白分子中的氧分子并将其供给大脑。

格拉夫顿继续说道："并不是每一个血红蛋白分子在每次通过肺部时都会与氧分子结合，而每次通过各身体器官时它们也不是都会与血红蛋白分子分离。它们与氧分子全部分离完成，还需要好多次通过器官才能实现。当我们说大脑由于缺氧而迅速死亡时，通常指的都是在缺少血液循环的情况下。此时，心脏不再把血液输送给大脑。当呼吸停止时，就没有了红细胞提供的氧分子，大脑也就会很快死亡。如果一个人潜在水下，那么在他身上，大脑损伤和中枢性呼吸衰竭这两种现象就会竞相发生。"

"一个关键的诀窍在于，肌肉需要放松休息。肌肉中含有肌红蛋白，它与氧分子结合的能力是红细胞中血红蛋白分子的4倍。如果你的肌肉处于运动状态，那么就会加速减少氧分子数量。所以要确保减少肌肉运动量。"这就是富勒博士在谈及静态呼吸暂停时所谓的静态。

所以，从医学角度来看，大卫·布莱恩的表述似乎具有合理性。这可能就是这个故事的结尾了，但有一点除外。《达拉斯观察报》的一篇文章称，水下屏住呼吸是一种魔术技巧，布莱恩——一位幻觉艺术大师——使用了一种隐蔽性很好的呼吸管。[185] 尽管其他主流媒体都没有提及这种观点，但这并不意味着《达拉斯观察报》的观点就一定有误。但是，为什么只有这一家报纸报道了这个观点呢？也许是因为使用了魔术技巧的一位魔术师的说法并不是什么大新闻吧。

为了给《纽约时报》撰写一篇关于布莱恩为水下屏住呼吸表演所做准备的新闻稿，记者约翰·蒂尔尼（John Tierney）专程去了大开曼群岛。[186] 一周之后，蒂尔尼又在自己的博客上撰写了有关布莱恩在《奥普拉脱口秀》亮相的相关情况。[187] 在《奥普拉脱口秀》电视节目中，布莱恩表演时所使用的水箱旁边放置了一台监视设备。以该设备报告的数据为依据，蒂尔尼对布莱恩的心率情况做了充分的了解。但是，就像他把自己冷冻在冰块里的那个表演一样，没有证据能够表明这台监视器实际上连接到了布莱恩身上。也许，它的作用无非是为了吸引观众的注意力——使观众认为表演的场景条件未经过刻意安排（魔术师们的一种标准做法）。蒂尔尼和参与那次训练表演的医生都没有提到这一点：在大开曼群岛的实验当中，他们对布莱恩表演的监视有多密集——有可能他们只是相信了布莱恩的说法，即他没有使用任何辅助设备。那次培训表演的动机也许就在于，布莱恩估计到，如果他能够骗过这两个人，那么他也能够骗过电视观众。蒂尔尼的报道写道："我与一些自由潜水者都在游泳池旁边。这些人是静态呼吸暂停（屏住呼吸的同时保持身体不动）方面的专家。拉尔夫·波特金（Ralph Potkin）博士不仅是一位研究屏住呼吸的肺脏专家，而且还是美国自由潜水队的队医。那次培训表演期间，他在布莱恩的身上挂了一个电极，并且在布莱恩把头浸在水下16分钟期间测量了他的心跳、血液和呼吸。"[188]

"我一直怀疑是否存在欺诈——前不久我刚刚做了有关魔术师詹姆斯·兰迪的长篇报道。当他揭露一位名叫彼得·波帕夫（Peter Popoff）的布道者的欺诈行径时，我就和他在底特律——但我却找不出任何理由怀疑布莱恩的表演。他在我面前做水下屏住呼吸表演所在的地方，不过是我们所住宾馆里的一个普通游泳池的浅水区，那里的水非常清澈。水下屏住呼吸方面的专家们身在数英尺以外，他们对整个过程进行了全程观察。他的鼻子和嘴巴明显在水面以下——但只有几英寸，所以每时每刻你都能清楚地看到。你说他怎么会偷偷地使用呼吸管，而没被人注意到，也没有出现任何气泡呢？魔术师会通过动作或不停讲话转移人们的注意力，但静态呼吸暂停的核心内容就在于身体保持纹丝不动，从而留住体内的氧。布莱恩所做的正是如此［这里的差别非常大——在此期间，和布莱恩一起工作的培训师们和我以及我的摄像师一起做了一个实验。我们预先吸入了空气（不是氧气），但我们对于自己能在水下屏住呼吸的时间感到非常惊讶——我自己坚持了3分41秒，摄像师坚持的时间则更长]。”

所以，现在的情况是《达拉斯观察报》称布莱恩的表演不真实，而《纽约时报》的记者似乎认为并非如此。那么，职业魔术师们有什么看法呢？我与4位职业魔术师做了交流。其中一位表示，“它是一种骗局。至少在魔术界，人们普遍知道他的表演采用了摄像机欺诈手段和非常复杂的布置。对他来说，要做到使用一根呼吸管吸入氧气并排出二氧化碳并且不让水中出现气泡，简直轻而易举。如果加以练习，他根本不需要频繁使用呼吸管——他可以在使用呼吸管吸氧和排二氧化碳的间隙屏住呼吸坚持一两分钟。而且，其他摄像机欺诈也有可能存在——也有可能他根本就没有把头浸入水中！投影和绿屏特效的方法都可以做到使他看上去好像把头浸入水中”。

第二位魔术师在10年前曾经和布莱恩合作过。他说：“他崇拜的偶像是胡迪尼（Houdini），后者靠特技表演而成名。胡迪尼声名鹊起的部分原因在于，他在表演中做到了20世纪20年代人们所做的事情，比如坐在旗杆上等。在这些表演中，有的确实要求挑战身体忍耐力极限，有的则略微掺杂了虚假成分，还有的表演难度则不像你想象的那样大。但是，大多人都没有做过类似的表演尝试。我看不出布莱恩为什么要在冷冻冰块的表演中使用欺诈手段——那个表演比较容易做到，因为存在‘圆屋顶效应’——那里并没有那么冷。如果他的表演在冰箱中进行，那就是另一回事了。”

“可是在水下屏住呼吸坚持 17 分钟？如果他可以做到使自己的血液实现超氧化，那样就会起到作用。我知道他既做培训，又做过其他一些非常了不起的表演。但我敢肯定，他所做的水下屏住呼吸表演在一定程度上行得通。我想，他的确屏住了呼吸，但却不是整个表演过程中都那样做了。使用欺诈手段极为便利，他可能使用了一根呼吸管和其他设备。”

“请留意他在电视上表演的很多魔术，你会发现其中有很多关键之处都做了剪辑处理。我们会默认它是真实信息，并且我们也看到了表演中的一切内容，因为这就是我们的大脑对现实的建构方式。但是作为魔术师，我看到了他的表演视频的剪辑，而且在思考那些被剪辑掉的镜头里都发生了一些什么状况。”

第三位魔术师说：“作为一名幻术师，如果你能够利用设备完成表演，那么你为什么还要不辞辛劳地去做培训呢？使用设备可以创造出一个更可靠、更易于复制的表演。如此，你就可以反复去做同样的表演。然后，你只需要表现出疼痛、眩晕、没有方向感的样子，就好像你已经把身体推向了合理范围内的极限一样。作为娱乐人士，你并不想纯粹去碰运气——那样做的失败风险太高了。”

没有报道称大卫·布莱恩在表演中使用了呼吸管，但这个事实并不能构成他真的就没有使用呼吸管的证据，因为这正是幻术师的工作内容：使用魔术手段在让你看见和让你觉得你看见某物上面大做文章。当幻术运用到你身上时，它就会显得尤其强大。

我亲眼见过魔术师格伦·法尔肯施坦因在蒙蔽双眼的情况下，能够从房间的一边读出房间另一边我钱包里钞票上的序列号。我也看到过魔术师汤姆·尼克松（Tom Nixon）把一张方块7扑克牌放在我手中，几分钟后，那张牌变成了完全不同的另一张扑克牌，而我却完全没有觉得他接触过我或最初那张牌。我知道他肯定在某个时间点更换了那张牌，但即便是在同样的表演重复做过5次，并且看到他在其他人身上做过很多次以后，我仍然无法知道换牌动作是如何完成的。这就是魔术师的才华，也是魔术表演本身的一部分。我丝毫不认为法尔肯施坦因和尼克松这两位魔术师具备某种神秘魔力。我明白它不过只是一种娱乐表演，而且魔术师的卖点就体现在这里。

我询问的第四位魔术师是詹姆斯·兰迪。之前我曾提到，他（和约翰·蒂尔尼）是职业怀疑论者。他依靠娴熟使用幻术和魔术手段来复制与重现所谓的超自然现象。他在电子邮件中写道：

> 我回想起了自己看到大卫·布莱恩第一次在电视上表演绝技的情景。当时，我主动联系了他，并且提醒他说他其实是——从我作为一名魔术师的角度来讲——在拿自己的身体健康来碰运气。我们就此事进行了友好的沟通，直到我突然得知他新近签约的经纪公司已经为他注册了新邮箱，并且他被告知以后不要再和我联系。我当然接受这个现实，同时希望布莱恩先生能够留意我的良言规劝。
>
> 自那以后，我就一直没有和大卫·布莱恩联系过。我对他在

TED论坛上不明智的讲话保持着警觉。我尊重他的隐私，但对其经纪公司为其制定的演讲提纲则不以为然。

他甚至听从经纪公司的建议，终止了与我的联系，也许正因为我曾试图劝他保持诚实。话说回来，魔术师也不能太诚实。

我们所做的事实核查非常重要，它表明在水下屏住呼吸坚持17分钟的表演具有合理性，但这并不能证明布莱恩当时没有使用呼吸管。你是否相信布莱恩真的做到了这个绝技表演，还要取决于你自己，我们每个人都有自己的判断。就像对待任何一位魔术师的表演那样，我们无法确定哪些表演真实、哪些不真实——这就是魔术师整个职业生涯都在倾力营造的那种朦胧虚幻的世界。在批判性思维当中，人们寻找的是那种最简洁便利的解释。但在一些情形下，比如在此处，要在可能的解释和指出哪种解释最为简洁便利这二者中间做出选择，可以说非常困难。这真的有必要吗？答案是肯定的。正如法尔肯施坦因所说，对因果关系的理解很差或者对概率和随机性理解不充分的人，很容易被这类表述蒙蔽，从而很轻易地接受他人的说法。更别提这类为数众多的业余人士了：尽管“请勿在家里模仿”的警示无处不在，但他们仍然会在家里尝试重现魔术师们表演的壮观场景。没有受过教育的人最容易上当。通过练习和使用幻术来做这种表演，二者之间的差别就体现在会不会受骗上面。

宇宙中的统计数据

当听到诸如氢、氧、硼、锡和金之类的名称时，你会联想到什么呢？这些都是元素周期表中的化学元素，一般会给初中或高中学生讲授。科学家们把它们叫作元素，因为它们被认为是物质最基本的不可见形式。德米特里·门捷列夫（Dmitri Mendeleev）发现了元素性质具有的模式，所以把它们排列到了一张表中，从而便于使其性质得到形象化的表达。在此过程中，他能够看到元素周期表中尚未被发现的元素。最终，1 至 118 之间的全部化学元素不是在自然界中被发现，就是在实验室通过合成而得到，这进一步印证了排列元素周期表时所使用的支撑性理论。[189]

科学家们后来发现，元素实际上并不是不可以再分。元素由科学家们所称的原子构成，“原子”一词来自希腊语 atomos，意思是不可再分割。但是，他们认为原子不可再分割也是错误的观点——后来发现，原子由亚原子粒子构成：质子、中子和电子。起初，这些粒子也被认为不可再分割，但是——你已猜到了——科学家们发现这种认识也不正确。所谓的粒子物理标准模型形成于 20 世纪五六十年代。当时的理论认为电子不可再分割，但是质子和中子由更小的亚原子粒子构成。随着 20 世纪 70 年代夸克的发现，这种模型遂得以确立。使术语进一步变得复杂化的是，质子和电子属于一种费米子，而中子属于玻色子（光子也属于玻色子）。使用不同的类别很有必要，因为不同的定律决定了这两种类型的粒子。费米子和玻色子之所以都被称为基本粒子，是因为科学家们认为它们都是不可再分的粒子（但时间将会证明其正确与否）。

根据标准模型，基本粒子有 17 个不同的种类——12 种费米子和 5 种玻色子。2012 年和 2013 年，媒体上出现了大量有关希格斯玻色子的报道。它是标准模型遗留下来需要证明其存在的最后一种粒子——其他 16 种基本粒子均已被发现。如果希格斯玻色子确实存在，对于解释宇宙性质的理论来说，新发现将弥补该理论已经存在 50 多年的一个关键缺陷。

怎样才能知道我们发现了希格斯玻色子呢？当粒子相互高速撞击时……嗯，还是不提这个了吧。我会请一位物理学家来做解释。他就是哈里森·普罗斯珀（Harrison Prosper）教授。他描述了下面这张图，图中箭头旁的小“黑亮点”与 x 轴上的 125 千兆电子伏特（GeV）相对应。[190]

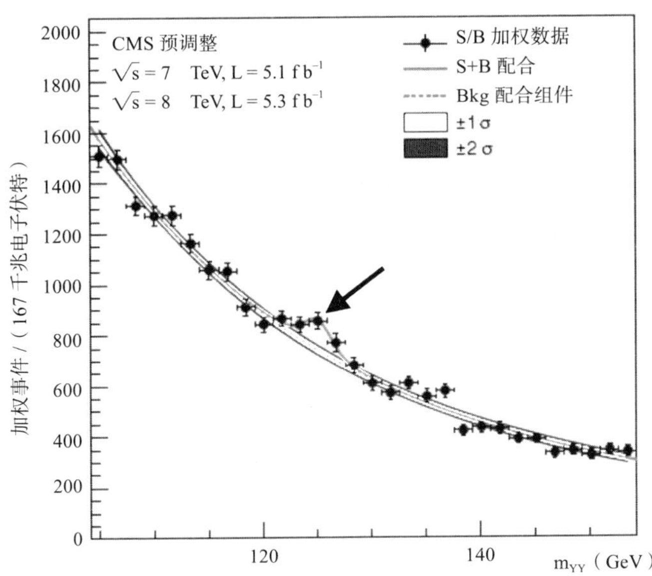

这张图显示的是“质子和质子经过多次对撞产生的一对光子（高能物理术语中的伽马射线）的一个光谱”。普罗斯珀表示，“标准模型预测希格斯玻色子应当蜕变（衰变）为一对光子（预测称希格斯玻色子也可以衰变为其他形式，比如两个Z玻色子）。图中125GeV处的隆起部分证明了某种粒子的存在。这种粒子有着确定的质量并且衰变成了一对光子。根据我们已经查明的实际情况，这种物质很有可能就是希格斯玻色子”。

并不是所有物理学家都赞同上述质子对撞实验可以得出确定的结论。路易斯·莱昂斯（Louis Lyons）解释说：“希格斯玻色子能够衰变为不同的粒子集合，这些比率由标准模式定义。我们测量这些比例，但目前的数据还存在巨大的不确定性。它们虽然与标准模式的预测相一致，但假如有更多的数据，那就会更有说服力。因此，当我们宣称已经发现了标准模式下的希格斯玻色子时，还需保持谨慎。”[191]

换言之，质子对撞实验成本太高且进行实验比较困难，所以物理学家想避免让人们空欢喜一场——他们之前就犯过错误。尽管2012年欧洲核子研究组织宣称它已经发现了希格斯玻色子，但很多物理学家都认为当时所取的样本规模太小。[192]由于实验失败的成本非常高，所以物理学家们自行建立了一种证明结果的标准，即设立了一个统计门槛，而它比其他领域所采用的1/20更为严格——1/35000000。为什么采用如此极端的证据要求呢？普罗斯珀说：“鉴于对希格斯玻色子的寻找已经耗用大约45年的时间，无数科学家和工程师投身其中，耗资高达几十亿美元，更不用说它业已造成无数的离婚、大量睡眠时间被剥夺，吃了成百上千次的飞机餐饭等，所以我们想要竭尽人类所能地确保这个发现的真实性。”[193]

物理学家曼兹·图达尔·弗兰德森（Mads Toudal Frandsen）表示：“欧洲核子研究组织提供的数据一般都会作为该粒子（希格斯玻色子）的证据。希格斯玻色子能够解释那些数据，但也可能存在其他解释，我们也可以从其他粒子的实验中得到同样的数据。就目前的数据而言，其精确度还不足以准确说明该粒子是什么粒子。它也有可能是很多已知的其他粒子。”[194] 请回想一下本书前面关于可替代解释的讨论。在这一点上，物理学家始终保持着警觉性。

如果上述图中呈现的证据是一种不同种类的粒子，而这种粒子并非希格斯玻色子，那么这将颠覆我们有关宇宙形成的观念。如果它确实存在，一些科学家，比如史蒂夫·霍金，将担心这意味着我们目前对世界的认知观念的彻底终结。这种忧虑就是量子涨落将创造出一个真空泡。这个真空泡快速和持续不断地扩张将会彻底摧毁整个宇宙。如果你认为物理学家不具有幽默感，那么请听一听物理学家、伊利诺伊州费米国家加速器实验室主任约瑟夫·林肯（Joseph Lykken）是怎样说的吧。他指出，这种情况要经过很长、很长的时间之后才会发生——从现在起 10^{100} 年后——“所以你也许不应该卖掉房子，并且应当继续缴税”。[195]

并不是每个人都对这个发现感到欢欣鼓舞，其原因并不是它暗示着世界末日的到来，而是因为做出标准理论已经预测到的科学发现并不会打开新的科学探索之门。科学家们最感兴趣的是那种异常的、尚未得到解释的实验结果，因为它意味着他们所用的模型和他们的理解至多也只能算是不完整的，而最糟糕的情形是他们的模型和理解完全错误，但这将为新的学习带来巨大的机遇。艺术和科学之间有很多交叉领域，在其中的一个交叉领域中，音乐指挥家本杰明·赞德（Benjamin Zander）说，当一个音乐演奏家演奏出错时，不要咒骂一句或说“哎哟”和“对不起”。相反，他应当说：“这下变得有趣啦！”之所以出错之后还说有趣，原因就在于它代表着一种学习机遇。希格斯玻色子的发现解答了我们所有的疑问，这也可以带来学习机遇。或者，就像《连线》杂志的撰稿人西涅·布鲁斯特（Signe Brewster）所说，“它会把科学家们直到现在都错过了的一个潜在原理引发出来。最终的目标终究是找到这样一根弦：当拨动这根弦时，你就向科学家们敲响了奔向新事物研究的钟声”。[196] 正如传闻中爱因斯坦曾经说过的那样，如果你知道结果是什么，那它就不能算是科学，而只是工程学。

科学家都充满好奇心，他们是终身学习者，并且无不渴望找到下一个科学挑战。对于希格斯玻色子的发现，有些人惧怕它能够解释的事情太多，从而结束相关的科学研究和探索的旅程，而其他人则充满了惊讶，并且了解到了生活和世界的复杂性，因而他们非常自信地认为，我们永远也不会解开其中的全部奥秘。我属于后一种。

就在我写作本书的时候，欧洲核子研究组织已经开始掌握一种新粒子存在的大量证据。它有可能是一种引力子，或者说是一种加重版的希格斯玻色子。对于上述图中的数据流所呈现出来的这些令人感到惊讶的新突起部分来说，最为可能的解释就是，这是一种巧合——这些发现属于偶然成功的概率为 1/93，这要比它是希格斯玻色子的概率（1/3500000）高得多，但依然还有人在做着定性考虑。“好消息是，在一个非常干净的渠道中，它不是一个特殊的疯狂信号，”物理学家尼玛·阿卡尼–哈米德（Nima Arkani - Hamed）在接受《纽约时报》采访时说道，“所以，尽管我们根本没有把香槟挪动到哪怕是接近冰箱，但它仍然是非常有趣的一件事情。”[197] 目前，尚没有人知道它究竟是什么。但是，目前这种情况对于林肯和其他热爱科学探索所带来的刺激感的科学家来说，并不存在任何问题。

科学、历史和新闻中充满了我们已知的事物，或者说我们认为我们知道的事情。然而，直到最后我们才会发现我们的观点是错误的。批判性思维最根本的一个组成部分就是了解那些我们所不知道的事情。那么，一个指导性原则就在于从已知到未知。本书的写作目的正是要帮助你把事情思考透彻，在你认为的已知和未知这两个方面给予你信心，并且希望你能够辨别两者之间的差异。

结　语

发掘适合自己的思维方式

在乔治·奥威尔（George Orwell）所著的政治寓言书《一九八四》中，大洋国的政府宣传机构真理部，负责篡改历史记录和其他文件以表现政府的宣传议程。必要时，真理部还会提出反知识，比如 2 + 2 = 5。

《一九八四》一书于 1949 年出版，比互联网变成我们实际上的信息来源要早半个世纪。正如《一九八四》所描写的那样，今天的网站内容可以随意变更，普通人甚至都不知道它们已经做了更改，旧有信息的所有历史路径都可以被重新改写或（在保罗·麦卡特尼和迪克·克拉克的情形中）禁止。今天，对于普通上网者来说，想要弄清楚一个网站报道的内容是真知识还是反知识，已经成为极其困难的事情。不幸的是，那些表面声称所传播信息属实的网站其实正在散布虚假信息。很多时候，“真实”一词往往被那些散布反知识或与传统真实信息相悖的边缘观点的人借鉴。网站名称甚至都可以具有欺骗性。

我们可以信任专家吗？这还要看情况决定。专业人士的知识面往往比较窄。针对什么样的社会治理政策能有效打击犯罪这个问题，身处政府机关最高位置的经济学家也许并没有什么特别的洞察力。有时，专家会受到特殊利益的影响。当然，他们也会犯错。

反科学的偏见已经进入公共话语领域和网络世界。很多本来属于科学或技术问题的事情，比如一个火电厂应该在哪里选址以及它的建设成本是多少，都成了政治问题。[198] 当出现这种情况时，就意味着决策过程受到了破坏，而且那些真正需要考虑的事情往往不在决策者的考虑范围之内。或者，比方说我们想要根治一种棘手的人类疾病。但是，当看到大量资金都用在了有关蚜虫的研究上面时，我们就会望而却步。而实际情况却在于，只有获得细胞生理学方面的基本认识，科学才能够取得进步。错误框架下的研究看上去会显得比较琐碎，只有在正确的框架之下，研究的真正潜力才可以被视作推动变革的能力。用于人类临床实验的资金最后可能只以为千百个人治病而告终。如果把同样的资金用于基础科学研究，那么就能够获得发现几十种疾病和为千百万人找到治愈方法的潜能。这是因为基础科学研究的是很多不同种类细菌和病毒所共有的致病机制。科学方法是所有最优秀批判性思维兴起的基石。

除了反科学这种偏见之外，网络上还盛行一种反对怀疑主义的偏见。很多人认为，“如果我从网络上搜索，那么得到的信息必定真实”。在没有能够担负起监管网络和其他在线内容的中央权威存在的情况下，考证网络信息真实性的责任就落在了每个人的肩上。所幸有一些网站已经开始向我们提供这方面的帮助了。网站Snope.com和其他类似的网站所致力的工作就是揭穿谣传和虚假信息。诸如《消费者报告》之类的杂志则经营着独立实验室，其目的在于为不同产品提供客观的评估，而不考虑生产商的产品宣传内容。虽然《消费者报告》已发行几十年了，但我们并不能跨越式地认为其他具有批判性思维的组织将会在21世纪如雨后春笋般涌现。我们希望如此，但是无论存在什么样的可以帮助我们的媒介，我们仍然需要运用自己的判断力。

互联网的前景在于，它是一种强大的民主力量，不仅允许人们各抒己见，而且能够把来自世界各地的信息即刻传递给每一个人。将这二者结合起来，像互联网和社交媒体的联手那样，就构成了真实信息和错误信息鱼龙混杂的现实世界。这两种信息就像一对孪生兄弟一样注视着你，一个会帮助你，而另一个则会伤害你。每个人都有责任弄清楚到底该选择二者中的哪一个。做到这一点需要进行认真的思考。然而，大多数人感到自己所缺少的一个条件就是时间。批判性思维的使用不是你在一件事情上使用过它一次之后就将其丢弃。它是一种积极、持续不断的过程。这就要求我们都能做到像贝叶斯那样去思考，并根据新的信息更新自己的知识。

花费时间在评估表述上并不意味着很好地利用了时间，它还应当被看作隐藏在我们所有人讨价还价过程中的一部分。从前，收集信息并加以分析所需要的时间从数个小时到数周不等，而现在却只需几秒钟便能完成。以前，人们要去图书馆和位置很远的档案馆，或者在厚厚的书本中查阅所需的信息，这些都要花费很长的时间。今天的我们在这方面已经节省了大量时间。我们都需要把那种隐性的讨价还价转化为显性。隐性的讨价还价指的就是我们把自己在获取信息方面节省出来的时间用于进行恰当的信息核实工作。正如你很难再相信那些曾经向你撒过谎的人一样，如果你自己的一半知识都属于反知识，那么你也很难再相信自己。实际情况是，现在反知识在脸谱网、推特和博客，以及所有组织不完整的平台上俯拾皆是。

与大量不具备确定性的事情相比，如果我们能够知道差不多数量的具有确定性的事情，我们便会获益良多。就生命和幸福而言，就试图解决那些没有按照我们预想的方向发展的事情所付出的时间而言，反知识和错误信息的成本非常高昂。真正的知识不仅会简化我们的生活，而且会帮助我们做出能够增加个人幸福和节省时间的选择。遵照本书介绍的步骤来评估我们所遇到的无数表述，这种做法不仅能够使我们走在网络上无数的谎言之前，而且能使我们走在说谎者和轻信谎言的平庸之辈的前面。

致　谢

本书的写作灵感受到了达雷尔·胡夫（Darrell Huff）所著的《如何用统计数据说谎》的启发。我数次拜读过那本书，每次阅读它时我的欣赏之情总会更深一些。我也喜爱阅读乔·拜斯特（Joel Best）的《糟糕的谎言和统计数据》以及查尔斯·维兰（Charles Wheelan）的《裸露的统计数据》。非常感谢上述三位作者，感谢他们的幽默、智慧以及洞察力。我希望想要提高批判性思维理解能力的人能够从阅读本书和上述三位作者的著作中获益。

我的经纪人莎拉·查尔凡特（Sarah Chalfant）供职于维列作家经纪人公司（Wylie Agency）。她是一位梦幻般的人物，贴心、专注、工作支持性强而且孜孜不倦。能够与她和她在维列作家经纪人公司的同事丽贝卡·纳吉尔（Rebecca Nagel）、斯蒂凡尼·德比舍尔（Stephanie Derbyshire）、阿尔巴·齐格勒–贝利（Alba Ziegler-Bailey）以及赛丽亚·科克丽丝（Celia Kokoris）共事，我感到非常荣幸。

非常感谢达登/企鹅书屋出版社的所有人员。斯蒂芬·莫洛（Stephen Morrow）之前已经为我做过4本书的编辑工作，并且把每本书的编辑工作都做到了极致（$P < 0.01$）。他的指导和支持均极具价值。感谢亚当·奥布莱恩（Adam O’Brien）、李·安·彭博

顿（LeeAnn Pemberton）及苏珊·施瓦茨（Susan Schwartz），也向本·希维尔（Ben Sevier）、阿曼达·沃克尔（Amanda Walker）和克里斯蒂妮·博尔（Christine Ball）致谢，他们做了大量的工作，使本书能够与读者见面。贝姬·梅恩斯（Becky Maines）不仅是一位编辑，其知识的广度和深度以及对本书的内容增补都令我非常欣赏。

在过去的三年中，我与斯蒂芬·科斯林（Stephen Kosslyn）、本·尼尔森（Ben Nelson）以及密涅瓦大学我的同事和学生们共事的过程，促使我把自己对批判性思维及其教授方法所持的观点进行了完善。他们共同为广大师生营造了一个促进学习批判性思维的良好环境。

下述人员对本书初稿做了有益的讨论和评论，对此，我深表感谢：乔·奥斯特维尔（Joe Austerweil）、海瑟·伯特菲尔德（Heather Bortfeld）、鲁·古登伯格（Lew Goldberg），以及杰弗里·莫吉尔（Jeffrey Mogil）。对于在本书具体章节上给予我帮助的人，我要感谢大卫·埃德尔曼、查尔斯·富勒、查尔斯·盖尔（Charles Gale）、斯考特·格拉夫顿、普拉博汉特·贾（Prabhat Jha）、杰弗里·吉米波尔（Jeffrey Kimball）、霍维·克莱恩（Howie Klein）、约瑟夫·劳伦斯（Joseph Lawrence）、葛立臣·里伯（Gretchen Lieb）、麦克·马克居里（Mike McGuire）、雷吉纳·诺佐（Regina Nuzzo）、吉姆·奥登奈尔（Jim O’Donnell）、詹姆斯·兰迪、贾斯伯·莱恩（Jasper Rine）、约翰·蒂尔尼以及美国统计学协会那些校阅了全书并审核了全部案例的同事，尤

其是蒂莫西 · 阿米斯泰德（Timothy Armistead）、爱德华 · K. 陈（Edward K. Cheng）、格雷格 · 加斯科（Gregg Gascon）、爱德华 · 格雷斯里（Edward Gracely）、克里斯塔尔 · S. 郎格来（Crystal S. Langlais）、斯坦 · 拉兹齐（Stan Lazic）、多米尼克 · 卢新奇（Dominic Lusinchi）、温蒂 · 米尔瓦迪斯（Wendy Miervaldis）、大卫 · P. 尼克尔斯（David P. Nichols）、莫里斯 · 奥利茨基（Morris Olitsky），以及卡拉 · 泽尔马克尔（Carla Zijlemaker）。我那些参加麦吉尔荣誉和独立研讨会的学生不仅在本书的案例方面给我提供了帮助，而且还帮助我澄清了自己的思维。卡尔 – 菲利普 · 扎莫尔（Karle-Philip Zamor）在阅读我的 4 本著作的过程中，帮助我准备了图表并且解决了所有技术性问题。他不仅对我的帮助极大，而且态度总是那么欢欣，技术总是那么过硬。我的办公室助理林德赛 · 弗莱明（Lindsay Fleming），帮我做了写作时间上的安排，使我能够集中精力，并且她还在本书的注释、索引、校阅、事实内容核查，以及很多其他细节方面向我提供了帮助。

附　录

贝叶斯法则的应用

贝叶斯法则用公式可以表示为：

$$P(A \mid B)=\frac{P(B \mid A)\times P(A)}{P(B)}$$

对于目前这个问题，我们需使用这样的概念：G 代表事前概率，即犯罪嫌疑人有罪（在我们了解到实验室报告之前），E 代表血型相匹配的概率，而我们的目的是计算 P（G ｜ E）。将这些数据代入上述贝叶斯法则公式，可得

$$P(G \mid E)=\frac{P(E \mid G)\times P(G)}{P(E)}$$

为了计算贝叶斯法则[199]并且求出 P（G ｜ E），需借助下表。此处的数值与本书第 14 章四重表中的数值一样。

贝叶斯法则的计算

假设（H）（1）	事前概率 P（G）（2）	证据概率 P（E|G）（3）	乘积（4）=（2）（3）	事后概率 P（G|E）（6）=（4）/ 总和
有罪	0.02	0.85	0.017	0.104
无罪	0.98	0.15	0.147	0.896
总和 =0.164=P（D）				

那么，计为整数后，P（有罪｜证据）= 0.10

P（无罪｜证据）= 0.90。

术语表

本术语表的内容是我根据写作本书时的个人经验而挑选和罗列的，因此并不详尽和完整。当然，你或许希望在此处发挥自己的独立思考能力，并找出表中所列内容的不足之处。

反绎推理

一种推理形式，因夏洛克·福尔摩斯的使用而在社会上广为流行。这种推理形式使用聪明的猜测来产生一种可以解释观察所得事实的理论。

准确度

指的是测量所得数字与真实数量的接近程度。不可将它与精确度相混淆。

确认前提

与假言推理含义相同（见后续条目）。

混合

把取自两个或多个统计群组中的观察对象或数值放在单一的统计群组当中。如果这些统计群组在一个重要的维度上相同——属于同一类别——通常这是正确的做法。否则，这种做法会造成统计数据的扭曲。

平均

这是一个综合性的统计学概念，意思是指找出一组观察对象的共有特征。“平均”是一个非技术术语，一般指的是算术平均数，但也可以指中位数或众数。

双峰式分布

一组观察对象中的两个数值比其他数值出现的频率高。用来表示它们的频率和数值的图能够展示出分布中的两个峰值或凸起。

条件概率

在假定其他事件即将发生或已经发生的条件下，一个事件发生的概率。例如，假定昨天下过雨，今天将会下雨的概率。“假定”一词由一根竖线“|”来表示。

逆反命题

一种有效的演绎推理形式：

如果 A，那么 B

非 B

因此，非 A

相反错误

一种有效的演绎推理形式：

如果 A，那么 B

B

因此，A

关联

对两个变量相互联系程度的一种统计计量，它的取值范围为 –1 至 1。当一个变量随另一个变量的变化而发生完全变化时，就称为完全相关（相关系数 =1）。当一个变量随另一个变量的变化而出现完全相反的变化时，这两个变量就是完全不相关（相关系数 = –1）。当两个变量完全不相关时，这种情况叫作不相关。

关联说明的是两个（或多个）变量之间有联系，并不是说其中的一个变量导致了另一个变量的产生。关联性并不代表因果关系。

一种关联的作用体现在，它为跟踪的两个变量引起观察对象发生了多少变化提供了一种估计。例如，当身高和体重的相关系数等于 0.78 时，表明了不同人体重差异的 78% 与其身高的差异有关。这个统计并没有告诉我们变量剩余的 22% 产生的原因是什么——这需要做更多的实验才能确定，但是人们可以想象诸如饮食、遗传、锻炼等因素都是 22% 的一部分。

与此同时，即以此为因

一种逻辑谬误。造成这种谬误的原因在于，两个事件只是同时发生了，却认为其中的一个事件导致了另一个事件的发生。关联性并不意味着因果关系。

累计销量图

计量数量的一种图，比如计量销售额或政党的党员数量。它是由一定时期内的总数量而不是由新的观察对象的数量来代表的。本书使用 iPhone 手机的累计销量说明了这个概念。

演绎

从一般到具体的一种推理形式。

双 y 轴

在同一个图中绘制两套观察对象的一种技术。其中，每套观察对象的数值用两个不同的数轴来表示（一般都采用不同的刻度）。只有当两套统计对象不像数量那样来计量时，这种方法才算是使用得当。双 y 轴的图具有误导性，因为绘图者可以调整数轴的刻度，从而实现表达某种特定观点的目的。本书正文部分所举的例子是一张具有欺骗性的图，它描述的是美国计划生育协会的实践做法。

生态学谬误

当统计人员根据综合数据（如群组算术平均数）来推断个体情况时出现的一种推理错误。

例外谬误

当统计人员根据少数例外的个体数据来推断群组情况时出现的一种推理错误。

外推法

对落在一组观察数值范围以外的数值的一种猜测和推理过程。

肯定结果谬误

参见相反错误。

选择统计样本单位

对一项统计数据进行报告的方式，例如，所提供的统计背景或所使用的样本混合方法。它能够影响一个人对统计数据的解释。分析 2016 年和 1936 年这两年的飞机飞行事故总数，这种做法具有误导性，因为 2016 年的飞行次数要比 1936 年多很多。各种经过调整的统计计量，比如每 100000 次飞行所发生的飞行事故或者每 100000 英里飞行距离中所发生的飞行事故，采用这样的方式可以提供更为准确的统计结果。统计人员努力寻找一个真正的统计样本单位，这个单位往往最恰当和最具信息性。计算比例而不是计算年度数字往往有助于给我们提供真正的统计样本单位。

GIGO

无用输入 / 无用输出。

发生率

在特定时间段内所报告出来的新情况（比如一种疾病）的数量。

归纳

一种逻辑推理方式，即根据一组特定的观察得出一般性的结论。

内插法

对落在两个观察数值之间的数值做出估计的一种过程。

否命题

一种无效的演绎推理形式：

如果 A，那么 B

非 A

因此，非 B

算术平均数

平均数（一组观察的集中性倾向）的三种形式之一。它的计算是用所有观察的总和除以观察的个数。当人们说“平均数”时，一般指的都是算术平均数。平均数的另外两种形式叫作中位数（median）和众数（mode）。例如，对于数组 {1，1，2，4，5，5}，其算术平均数为（1+1+2+4+5+5）/6 = 3。请注意，算术平均数不一定等于原来分布中的某个数值，这一点与众数不同。

中位数

平均数的三种形式之一。它是一组观察中比一半数值大，比另一半数值小的一个数值。当一组数值的个数为偶数时，统计学家取中间两个数值的算术平均数，作为整组数值的中位数。例如，数组 {10，12，16，17，20，28，32} 的中位数为 17，数组 {10，12，16，20，28，32} 的中位数为 18（中间两个数字 16 和 20 的算术平均数）。

众数

平均数的三种形式之一。它是一组分布中出现频率最高的一个数值。例如，数组 {100，112，112，112，119，131，142，156，199} 的众数就是 112。有的分布是双峰式分布，有的则是多峰式分布。也就是说，分别有两个或多个数值出现的次数相等。

假言推理

一种有效的演绎推理形式：

如果 A，那么 B

A

因此，B

在此之后，即以此为因

一种逻辑谬误，即认为由于一件事（Y）发生在另一件事（X）之后，所以 X 引起了 Y 的发生。X 和 Y 可能具有相关性，但这并不意味着它们之间存在因果关系。

精确度

计量一个数字的准确程度的一种方法。数字 909 的精确度是精确到了小数点后 0 位，也就是精确到整数位。数字 909.35 的精确度是精确到小数点后两位，即百分位小数。精确度与准确度不同，上面所列举的数字中，第二个数字 909.35 更具精确度，但如果真实数值为 909.00，那么第一个数字 909 就更加准确。

流行程度

现有情况的数量（比如，疾病）。

散点图

一种把所有的点都单独绘制出来的图。例如，这是一张根据第 2 章的数据绘制的散点图。

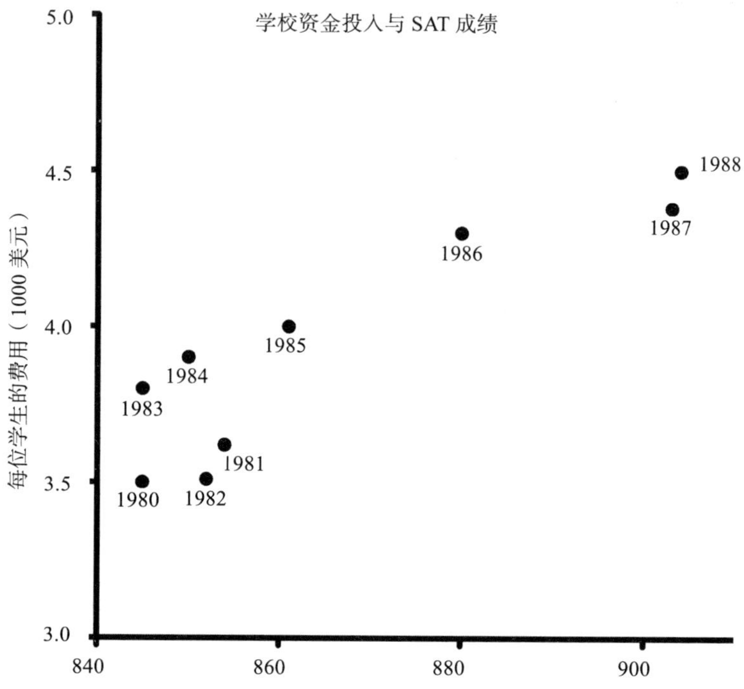

样本类别细分

把一组统计观察细分为更小的统计群组。当数据存在多样性以及更大的统计群组中的统计条目在一个重要的计量上有差异时，这种做法可以接受。但样本类别细分也可用于欺骗性的目的，创建大量的小群组，这些小群组在一个可预测变量上都没有可以让人察觉出来的不同之处。

三段论

一种逻辑陈述，它的结论部分必须由前提推导而来。

截短纵轴

x 轴或 y 轴的起点数值不采用可用的最低数值。这种做法有时有助于让读者对图中表示统计观察发生的所在区域看得更清晰。但是当蓄意使用这种做法时，它也能扭曲事实。本术语表中的那个散点图有效地使用了截短纵轴，并且没有给人留下数据错误的印象。

注　释

序　言

1. every single year after *second grade* http://www.yalsa.ala.org / thehub/2012/04/16/so-how-much-are-kids-really-reading/.
2. more than one in five adult Americans were not even able to locate information http://nces.ed.gov/pubs93/93275.pdf.
3. there are 45,790 reporters and correspondents https://www.bls.gov/oes / current/oes_nat.htm.
4. for the nearly 1,400 daily newspapers in the United States http://asne.org/ content.asp?contentid=415.
5. "making it easier for its 1.8 billion members to report fake news" http:// www.nytimes.com/2016/12/15/technology/facebook-fake-news.html.
6. thriving community of "fake news" fabricators http://www.nbcnews.com /news/world/fake-news-how-parying-macedonian-teen-earns-thousands -publishing-lies-n692451.
7. Misinformation has been a fixture of human life Abraham provides misinformation about the identity of his wife, Sarah, to King Abimelech to protect himself. The Trojan horse was a kind of misinformation, appearing as a gift but containing soldiers.
8. avoid learning a whole lot of things that aren't so After Huff, D. (1954/1993). *How to Lie with Statistics*. New York: W.W. Norton, p. 19. And, as you' ll read later, he probably was echoing Mark Twain, or Josh Billings, or Will Rogers, or who knows who.

第一部分

9 . This sentence is nearly a direct quote from Best, J. (2005). Lies, calculations and constructions: Beyond *How to Lie with Statistics*. Statistical Science, 20(3), 210–214.

10. Wang, Y. (2013, March 25).More people have cell phones than toilets, U.N. study shows. http://newsfeed.time.com/2013/03/25/more-people-have-cell-phones-than-toilets-u-n-study-shows/.

11. Steinem, G.(1992). *Revolution from Within*. New York: Little, Brown and Company.Wolf, N. (1991). *The Beauty Myth*. New York: William Morrow.

12. This example came to my attention from Best, J. (2005). Lies, calculations and constructions: Beyond *How to Lie with Statistics. Statistical Science, 20*(3), 210–14. The statistics are available at www.cdc.gov.

13. Maybe you' re in the accounts payable department of a big corporation. An employee put in for reimbursement of gasoline for the business use of his car, $5,000 for the month of April. Start with a little world knowledge: Most cars get better than twenty miles per gallon these days (some get several times that). You also know that the fastest you can reasonably drive is seventy miles per hour, and that if you were to drive ten hours a day, all on the freeway, that would mean 700 miles a day. Keep that up for a standard 21.5-day work month and you' ve got 15,050 miles. In these kinds of rough estimates, it' s standard to use round numbers to make things easier, so let' s call that 15,000. Divide that by the fuel economy of 20 mpg and, by a rough estimate, your employee needed 750 gallons of gas. You look up the average national gas price for April and find that it' s $2.89. Let' s just call that $3.00 (again, rounding, and giving your employee the benefit of the doubt—he may not have managed to get the very best price every time he filled up). $3/gallon times 750 gallons = $2,250. The $5,000 on the expense report doesn' t look even remotely plausible now. Even if your employee drove twenty hours a day, the cost wouldn' t be that high. https://www.fueleconomy.gov/feg/best/bestworstNF.shtml retrieved August 1, 2015. e.g. http://www.fuelgaugereport.com/.

14. Pollack, L. & Weiss, H. (1984). Communication satellites: countdown for Intelsat VI. Science, 223(4636), 553.
15. I suppose you could spin a story that makes this true. Maybe a widget used to cost $1, and now, as part of a big promotion, a company is not just willing to give it to you for free, but to pay you $11,999 to take it (that' s a 12,000 percent reduction). This happens in real estate and big business. Maybe an old run-down house needs to be razed before a new one can be built; the owner may be paying huge property taxes, the cost of tearing down the house is high, and so the owner is willing to pay someone to take it off of his or her hands. At one point in the late 1990s, several large, debt-ridden record companies were "selling" for $0, provided the new owner would assume their debt.
16. Bailey, C., & Clarke, M. (2008). Aligning business leadership development with business needs: the value of discrimination. *Journal of Management Development*, *27*(9), 912–934. Other examples of a 200 percent reduction: Rajashekar, B. S., & Kalappa, V. P. (2006). Effects of planting seasons on seed yield & quality of tomato varieties resistant to leaf curl virus. *Seed Research, 34*(2), 223–225. http://www.bostoncio.com/AboutRichardCohen.asp.
17. Illustration . 2016 by Dan Piraro based on an example from Huff, ibid.
18. I'm grateful to James P. Scanlan, attorney-at-law, Washington, D.C., who answered my query to the membership of the American Statistical Association, and provided me with this misuse.
19. This example comes from Spirer, L., Spirer, H. & Jaffe, A. J. (1987). *Misused Statistics*, p. 194. New York: Marcel Dekker. Miller, J. (1996, Dec. 29). High costs are blamed for the loss of a mill. *New York Times,* Connecticut Section. and n. a. (1997, Jan. 12) Correction, *New York Times*, *Connecticut Section.*
20. McLaren, K. J. (1993). New Jersey Welfare' s Give and Take; Mothers Get College Aid, but No Extra Cash for Newborns. *New York Times*. See also: Henneberger, M. (1995 April 11). Rethinking Welfare: Deterring New Births—A special report; State Aid Is Capped, but to What Effect? *New York Times*.
21. Ibid.

22. Koehler, J. J. (2001). The psychology of numbers in the courtroom: how to make DNA match statistics seem impressive or insufficient. *South California Law Review*, *74*, 1275. and Koehler, J. J. (2001). When are people persuaded by DNA match statistics? *Law and Human Behavior*, *25*(5), 493–513.

23. Attributed to mathematics professor Desmond MacHale of University College, Cork, Ireland.

24. http://en.wikipedia .org/wiki/Death_Valley.

25. As an example, suppose six adults spend the following amounts on lunch {$12, $10, $10, $12, $11, $11} and six children spend the following {$4, $3.85, $4.15, $3.50, $4.50, $4}. The median (for an even number of observations, the median is sometimes taken as the mean between the two middle numbers, or in this case, the mean of 4.5 and 10) is $7.25. The mean and median are amounts that no one actually spends.

26. See Gelman, A., et al (2008). *Red State, Blue State, Rich State, Poor State*. Princeton, NJ: Princeton University Press.

27. These numbers are for white males and females. Non-white figures for 1850 are not as readily available. http://www.infoplease.com/ipa/A5140.html. An additional source of concern is that the U.S. numbers for 1850 are for the state of Massachusetts only, according to the Bureau of the Census.

28. The title of this section, and the discussion, follows the work of Jenkins and Tuten very closely:Jenkins, James J; Tuten, J. Terrell. (1992). Why isn' t the average child from the average family? And similar puzzles. *American Journal of Psychology*, *105*(4) Winter, 517–526.

29. Stick-figure children from Etsy, https://www.etsy.com/listing/221530596/stick-figure-family-car-van-bike-funny; Small and large house drawn by the author; medium house from http://www.clipart best.com/clipart-9TRgq8pac.

30. A simulation, see Tabarrok, A. (2014, July 11). Average stock market returns aren' t average. http://marginalrevolution.com/marginalrevolution/2014/07/average-stock -market-returns-arent- average.html. Accessed October 14, 2014.

31. Tully, L. M.,Lincoln, S. H., Wright, T., & Hooker, C. I. (2011). Neural

mechanisms supporting the cognitive control of emotional information in schizophrenia. Poster presented at the 25th Annual Meeting of the Society for Research in Psychopatholog y. https://www.researchgate.net /publi cation/266159520_ Neural_ mechanisms_ supporting_ the_ cognitive_ control _ of_ emotional_ information_ in_ schizophrenia. I first found this example at www.betterposters.blogspot.com.

32. http://pelgranepress.com/index.php/tag/biz/.
33. I've redrawn this for the sake of clarity. For the original, see http://loudfront.mediamatters.org/static/images/item/fbn-cavuto-20120731-bushexpire.jpg.
34. Spirer, Spirer & Jaffe, op. cit.pp. 82–84.
35. Example from Spirer, Spirer & Jaffe,op. cit., p. 78.
36. Spirer, Spirer & Jaffe, op. cit., p. 78.
37. These data taken from Jha, P., Ramasundarahettige, C., Landsman, V., Rostron, B., Thun, M., Anderson, R. N., . . . & Peto, R. (2013). 21st-century hazards of smoking and benefits of cessation in the United States. *New England Journal of Medicine*, *368*(4), 341–350, Figure 2A for women. Survival probabilities were scaled from the National Health Interview Survey to the U.S. rates of death from all causes at these ages for 2004 with adjustment for differences in age, educational level, alcohol consumption, and adiposity (body-mass index). I'm grateful to Prabhat Jha for her correspondence about interpreting this. This form of presentation is based on that of Wainer, H. (1997). *Visual Revelations: Graphical Tales of Fate and Deception from Napoleon Bonaparte to Ross Perot.* New York: Copernicus/Springer-Verlag.
38. This example from Wainer, H. (1997). *Visual Revelations: Graphical Tales of Fate and Deception from Napoleon Bonaparte to Ross Perot.* New York: Copernicus/Springer-Verlag, p. 93. The original appeared in *Forbes* (May 14, 1990). Of course, there are other variables. Are the spending increases reported in actual or inflation-adjusted dollars? Was the time frame 1980–88 chosen to make that point, and would a different time frame make a different point?
39. There is some controversy about whether to use *r* or *r-squared*. For the defense of *r*, see: D' Andrade, R., and Dart, J. (1990). The interpretation

of r versus r^2 or why percent of variance accounted for is a poor measure of size of effect. *Journal of Quantitative Anthropology, 2*, 47–59. Ozer, D. J. (1985). Correlation and the coefficient of determination. *PsychologicalBulletin, 97*, 307–315.

40. *Planned Parenthood* Roth, Z. (2015). Congressman uses misleading graph to smear Planned Parenthood.msnbc.com, Sept. 29, 2015, 2:13 p.m. Politifact explored this issue further, examining the data between the endpoints and furnishing additional contextual information to go along with the usual graph-centered criticism. See https://perma.cc/P8NY-YP49.
41. http://qz.com/122921/the-chart-tim-cook -doesnt-want-you-to-see/; http://www.tekrevue.com/tim-cook-trying -prove-meaningless-chart/.
42. http://www.tylervigen.com/spurious -correlations.
43. https://xkcd.com/552/.
44. This example is based on one in Huff, ibid.
45. This is nearly a direct quote from De Veaux, R. D. & Hand, D. J. (2005). How to lie with bad data. *Statistical Science, 20*(3), 231–238, p. 232.
46. I thank my student Vivian Gu for this example. Derbyshire, D. (2007, January 17). Colgate gets the brush-off for "misleading" ads. *The Telegraph.* Retrieved from http://www.telegraph.co.uk/news/uknews/1539715/Colgate-gets-the-brush-off-for-misleading-ads. html.
47. http://www.c-span.org/about/history/.
48. Nielsen reports that Americans, on average, receive 189 channels but watch only 17 of them. http://www.nielsen.com/us/en/insights/news/2014/changing-channels-americans-view-just-17-channels-despite-record-num ber-to -choose-from.html.
49. Boxall, B. (2014). Water world: Rancho Santa Fe is leading the state in residential usage. *Los Angeles Times,* December 2, 2014, p. AA1. http://www.latimes.com/local/california/la-me-water-ranc-ho-20141202-story. html. Lovett, I. (2014). Where grass is greener, a push to share drought' s burden. *New York Times,* November 30, 2014, p. A22. http://www.nytimes.com/2014/11/30/us/where-grass-is-greener-a-push-to-share-droughts-burden.html.
50. http://www.flightsafety.org; http://www.cnbc.com/id/102301598.
51. For an initial temperature of 155 degrees Fahrenheit,the formula is $f(t) =$

80e–0.08*t* + 75.

52. Paul Bedard (June 22, 2010).Brian Lamb: C-SPAN now reaches 100 million homes. usnews.com. *U.S. News & World Report*. Retrieved November 22, 2010.
53. Based on Huff, op. cit., p. 48.
54. https://www.cbo.gov/sites/default/files/cbofiles/attachments/49837-Casualties_Working Paper-2014-08.pdf.
55. http://www.census.gov/compendia/statab/2012/tables/12s0511.pdf.
56. http://www.cdc.gov/nchs/fastats/deaths.htm.
57. Based on an example from Huff, op. cit., p. 83.
58. I thank my student Alexandra Ghelerter for this example. Barnett, A. (1994). How numbers are tricking you. Retrieved from http://www.sandiego.edu/statpage/barnett.htm.
59. This is Best' s term.
60. Davidson, A. (2015). The economy' s missing metrics. *New York Times Sunday Magazine,* p. MM18 (July 5,2015).
61. http://americasmarkets .usatoday.com/2015/07/02/.wall-street-gets-what-it-wants-in-june-jobs-count/.
62. Schwartz, N. D. (2015). Jobless rate fell in June, with wages staying flat. *New York Times*, B1 (July 3, 2015).
63. Stats from http://mlb.mlb.com/stats/sortable.jsp#elem=[object+ Object]& tab_ level= child& click_ text= Sortable + Player+ hitting& game_ type=% 27R% 27& season= 2015& season_ type= ANY& league_ code=% 27MLB% 27& sectionType= sp& statType= hitting& page=1& ts= 1457286793822& playerType= QUALIFIER& timeframe=.
64. http://www.cdc.gov/nchs/fastats/leading-causes-of-death.htm.
65. This is entirely hypothetical.
66. This is from Huff, op. cit., p. 22.
67. Ibid.
68. Many years ago, Chicago columnist Mike Royko encouraged readers to lie to exit pollers on Election Day in the hope that inaccurate data and being made to look foolish would end the practice of TV commentators calling the result of an election before all the votes were counted. I have no data on how many people lied to the exit pollers because of Royko' s column,

but the fact that exit polls are still a thing suggests it wasn' t enough.

69. Taken from http://www.aapor.org/AAPORKentico/Education-Resources/For-Researchers/Poll-\Survey-FAQ/What-is-the-Margin-of-Sampling-Error.aspx.

70. This is a good rule of thumb, but in some cases this quick method will be inaccurate. See Schenker, N. and Gentleman, J. F. (2001). On judging the significance of differences by examining the overlap between confidence intervals. The American Statistician, 55(3), 182–186.

71. I' m intentionally not making a distinction here between frequentist and Bayesian probability estimates, a distinction that comes up in Part Two.

72. For large populations, the 95 percent confidence interval can be estimated as ± 1.96 × sqrt [p(1-p)/n]. To obtain a 99 percent confidence interval, multiply by 2.58 instead of 1.96. Yes, the interval is *larger* when you' re more confident (which should make sense; if you want to be more sure that the range you quote includes the true value, you need a larger range). For smaller populations, the formula is to first compute the standard error: sqrt [{(Observed proportion) × [1 – (Observed proportion)}/ sample size] The width of the 95 percent confidence interval then is ± 2 × standard error. For example, if you sampled fifty overpasses in a large city, you might have found that 20 percent of them needed repair. You calculate the standard error as: sqrt [(.2 × .8)/50] = sqrt (.16/50) = .057. So the width of your 95 percent confidence interval is ± 2 × .057 = ± .11 or ± 11%. Thus the 95 percent confidence interval is that 20 percent of the overpasses in this town need repair, plus or minus 11 percent. In a news report, the reporter might say that the survey showed 20 percent of overpasses need repair, with a margin of error of 11 percent. To increase the precision of your estimate, you need to sample more. If you go to 200 overpasses (assuming you obtain the same 20 percent figure), your margin of error reduces to about 6 percent.

73. Lusinchi, D. (2012). “President” Landon and the 1936 *Literary Digest* poll: were automobile and telephone owners to blame? *Social Science History, 36*(1), 23–54.

74. Clement, S. (2013, June 4). Gallup explains what went wrong in 2012. https://www.washingtonpost.com/news/the-fix/wp/2013/06/04/gallup-

explains-what-went-wrong-in-2012/? postshare= 3241456695567153& tid= ss_ mail.http://www.gallup.com/poll/162887/gallup-2012-presidential-election-polling-review.aspx.

75. Taken from http://www.ropercenter.uconn.edu/support/polling-fundamentals-total-survey-error/.
76. Elaborated from an example in Huff, op.cit., p. 16.
77. This definition taken verbatim from http://www.cancer.gov/publications/dictionaries/cancer-terms?cdrid= 45696. Accessed March20, 2016.
78. http://www.csmonitor.com/Science/2012/0223/CERN-researchers-find-flaw-in-faster-than-light-measurement.
79. This is from De Veaux, R. D. & Hand, D. J. (2005). How to lie with bad data. *Statistical Science, 20*(3), 231–238,p. 232.They cite Kruskal, W. (1981). Statistics in society: Problems unsolved and unformulated. *Journal of the American Statistical Association, 76*, 505–515 and Coale, A. J. and Stephan, F. F. (1962). The case of the Indians and the teen-age widows. *Journal of the American Statistical Association, 57*, 338–347.
80. Kryk, J .Patriots strike back with compelling explanations to refute deflate-gate chargers.Ottowa Sun, May15, 2015.http://www.ottawa sun.com/2 015/0 5/1 4/patriots-strike-back-with-compelling-explanations-to -refute-deflate-gate-chargers.
81. This example from Spirer, H., Spirer, L, & Jaffe, A. J. (1998). *Misused Statistics, Second edition, revised and expanded.* New York, NY: Marcel Dekker, p. 16.
82. This example based on one in Huff, op. cit., p. 80.
83. From Best (2005). op. cit.
84. This example comes from Best, J. (2012) and my childhood friend Kevi.
82. The principle of symmetry can be broadly construed to include instances where outcomes are not equally likely but still prescribed, such as a trick coin that is weighted to come up heads two-thirds of the time, or a roulette wheel in which some of the troughs are wider than others.
86. We could also conduct the experiment with a small number of people many times, in which case we would expect to obtain different numbers. In this case, the true probability of the drug working is going to be somewhere close to the average (the mean) of the numbers obtained in all

the experiments, but it' s an axiom of statistics that larger samples lead to more accurate results.

87. Classic probability can be thought of in two different ways: empirical and theoretical. If you're going to toss a coin or draw cards from a shuffled deck, each time you do this is like a trial in an experiment that could go on indefinitely. In theory, you could get thousands of people to toss coins and pick cards for several years and tally up the results to obtain the proportion of time that different outcomes occur, such as "getting heads" or "getting heads three times in a row." This is an *empirically derived* probability. If you believe the coin is fair (that is, there's no manufacturing defect that causes it to come up on one side more than the other), you don't need to do the experiment, because it should come up heads half of the time (probability = .5), in the long run, and we arrive at this *theoretically*, based on the understanding that there are two equally likely outcomes. We could run a similar experiment with cards and determine empirically and theoretically that the chances of drawing a heart are one in four (probability = .25) and that the chances of drawing the four of clubs is one in fifty-two (probability ≌ .02).

88. Aitken, C. G. G. & Taroni, F. (2004). *Statistics and the Evaluation of Evidence for Forensic Scientists, Second Edition.* Chicester, UK: John Wiley & Sons.

89. Tversky, A., & Kahneman, D. (1974). Judgment under uncertainty: Heuristics and biases. *Science,185*(4157), 1124–1131.

90. For further discussion, and more formal treatment, see Iverson, G. R. (1984). *Bayesian Statistical Inference.* Thousand Oaks, CA: Sage, and references cited therein.

91. I thank my student Alexandra Ghelerter for this example. See also Nobles, R., & Schiff, D. (2007). Misleading statistics within criminal trials. *Medicine, Science and the Law,* 7–10.

92. http://www.nytimes.com/health/guides/disease/pneumonia/prognosis.html.

93. Bayes' s rule is:

$$P(A \mid B) = \frac{P(B \mid A) \times P(A)}{P(B)}$$

94. This paragraph, and this discussion, quotes nearly verbatim from Kramer, W. and Gigerenzer, G. (2005). How to confuse with statistics or: The use and misuse of conditional probabilities. *Statistical Science, 20*(3), 223–230.
95. How do you know what number to choose? Sometimes it takes trial and error. But it's also possible to figure it out. Because the probability is .8 percent, or eight people per thousand, if you chose to build a table for 1,000 women you'd end up with eight in one of the squares, and that's okay, but later on we're going to be multiplying that by 90 percent, which will give us a decimal. There's nothing wrong with that, it's just less convenient for most people to work with decimals. Increasing our population by an order of magnitude to 100 gives us all whole numbers, but then we're looking at larger numbers than we need. It doesn't really matter because all we're looking for is probabilities and we'll be dividing one number by another anyway for the result.
96. Still confused? If there were eight times as many cars on the road at seven p.m. than at seven a.m., the *raw* number of accidents could be higher at seven p.m., but that does not necessarily mean that the *proportion* of accidents to cars is greater. And *that* is the relevant statistic to you: not how many accidents happen at seven p.m., but how many accidents occur per thousand cars on the road. This latter formulation quantifies your risk. This example is modified from one in Huff, op. cit. p. 78, and discussed by Krämer & Gigerenzer (2005).
97. Cited in Spirer, Spirer & Jaffe, op. cit., p. 197: Thompson, W. C. & Schumann, E. L. (1987). Interpretation of statistical evidence in criminal trials, *Law and Human Behavior, 11*(167).
98. From Spirer, Spirer & Jaffee, op. cit., first reported in Hastie, R. & Dawes, R. M. (1988). *Rational Choice in an Uncertain World,* New York: Harcourt Brace Jovanovich. The original report of the surgeon's work appeared in McGee, G. (1979, February 6). Breast surgery before cancer. *Ann Arbor News,* p. B1 (reprinted from the *Bay City News).*
99. Best, op. cit., p. 184.

第二部分

100. Swaine, J. (2011, Oct. 21). Steve Jobs "regretted trying to beat cancer with alternative medicine for so long." http://www.telegraph.co.uk/technology/apple/8841347/Steve-Jobs-regretted-trying-to-beat-cancer-with-alternative-medicine-for-so-long.html.

101. Rees, N. (2009). Policing word abuse. *Forbes*, August 13, 2009. http://www.forbes.com/2009/08/12/nigel-rees-misquotes-opinions-rees.html.

102.Platt, S. (1989). *Respectfully Quoted*. Library of Congress; For sale by the Supt. of Docs., USGPO.

103. Billings, J. (1874). *Everybody' s Friend, or Josh Billing' s Encyclopedia and Proverbial Philosophy of Wit and Humor*. American Publishing Company.

104. http://www.nature.com/scitable/content/The-chromosome-number-in-humans-a-brief-15575;http://www.nasonline.org/publications/biographical-memoirs/memoir-pdfs/painter-theophilus-shickel.pdf Retrieved November6, 2015.

105. Paul Simon, Stevie Wonder, and Joni Mitchell can be considered experts in songwriting. Although they do not hold university positions, university scholars have written books and articles about them, and Mr. Simon and Mr. Wonder were recognized by the president of the United States with Kennedy Center Honors, reserved for individuals who have made great contributions to the performing arts. Ms. Mitchell received an honorary doctorate of music and won the Polaris Prize.

106. Chomsky, N. (2015). The *New York Times* is pure propaganda. *Salon,* May 25, 2015. http://www.salon.com/2015/05/25/noam_ chomsky_ the_ new_ york_ times_ is_ pure_pro ganda_ partner/.

Achbar, M., Symansky, A., & Wintonick, P. (Producers) and Achbar, M.& Wintonick, P. (Directors). (1992). *Manufacturing Consent: Noam Chomsky and the Media* (Motion picture). USA: BuyIndies.com Inc. and Zeitgeist Films. https://www.youtube.com/watch? v= BsiBl2CaDFg.

107. Melendez, E. D. (2013, Feb. 1).Twitter stock marker hoax draws attention of regulators. http://www.huffingtonpost.com/2013/02/01/

twitter -stock-market-hoax_n_ 2601753.html; http://www.forbes.com/forbes/welcome/.

108. Farrell, M.(2015, July 14). Twitter shares hit by takeover hoax.http://www.wsj.com/a rticles/twitter-shares-hit-by-takeover-hoax-1436918683.

109. Washington Post writer falls for fake congressman Twitter account. Huffington Post, updated Sept. 7,2010. http://www.huffingtonpost.com/2010/09/07/washington-post-writer-fa_n_ 707132.html; http://voices.washingtonpost.com/postpartisan/2010/09/obama_ deficits _ and_ the_ ditch.html.

110. This is taken verbatim from *The Organized Mind.* Levi-tin, D.J.(2014). *The Organized Mind*. New York: Dutton.

111. Leary, A.(2014, Feb. 4).Misleading GOP website took donation meant for Alex Sink. *Tampa Bay Times*. http://www.tam pabay.com/news/politics/stateroundup/misleading-gop-website-took-donation-meant-for-alex-sink/2164138.

112. Pink, D. (2013). Deceiving domain names not allowed.Wickwire Holm http://www.wickwireholm.com/Portals/0/newsletter/BLU%20Newsletter%20-%20January%202013%20-%20Deceiving%20Domain%20Names%20Not%20Allowed.pdf http://www.carters.ca/pub/bulletin/charity/2014/chylb342.htm.

113. https://www.canada drugs.com/; https://www.getcanadadrugs.com/(no longer available); Naud , M. (n. d.). Registered trade-mark canadadrugs.com found decep-tively misdescriptive . ROBIC. http://www.robic.ca/admin/pdf/682/293.045E-MNA2007.pdf.

114. The inflammatory quote from the website comes from the book by Taylor Branch, *Pillar of Fire*, but the author notes that he did not hear the tapes himself, he took them from three FBI agents who reported them to him.

115. Sources which identify Stormfront as the Internet' s "first hate site" include:

Levin, B. (2003). "Cyberhate: A legal and historical analysis of extremists' use of computer networks in America," in Perry, B.,ed., *Hate and Bias Crime: A Reader*. New York: Routledge, p.363.

Ryan, N. (2004). *Into a World of Hate: A Journey Among the Extreme Right.* New York: Routledge. p. 80.

Samuels, S. (1997). " Is the Holocaust unique?," in Rosenbaum, Alan S., ed., *Is the Holocaust Unique?: Perspectives on Comparative Genocide*, Boul-der, CO: Westview Press, p218.

Bolaffi, G.; et al., eds. (2002). *Dictionary of Race, Ethnicity and Culture* . Thousand Oaks, CA:Sage Publications, p.254.

116. O'Reilly, L.(2014, Oct.8). TED Bull will pay $10 to customers disappointed the drink didn't actually give them "wings." http://www.businessinsider.com/red-bull-settles-false-advertising-lawsuit-for-13-million-2014-10.

117. Associated Press.(2015.Feb. 11). Target agrees to pay $3.9 million in false-advertising lawsuit. http://journal record.com/2015/02/11/target-agrees-to-pay-3-9-million-in-false-advertising-lawsuit-law/.

118. Federal Trade Commission. (2009, April 20). Kellogg settles FTC charges that ads for Frosted Mini-Wheats were false [press release/]. https://www.ftc.gov/news-events/press-releases/2009/04/kellogg-settles-ftc-charges-ads-frosted-mini-wheats -were-false.

119. https://www.washingtonpost.com/news/fact-checker/.

120. Carroll, L. (2015, Nov.22).Fact-chfecking Trump' s claim tat thousands in New Jersey cheered when World Trade Center tumbled. http://www.politifact.com/truth-o-meter/statements/2015/nov/22/donald-trump/fact-checking-trumps-claim-thousands-new-jersey-ch/.

121. Sanders,K.(2015, April 16). In Iowa, Hillary Clinton claims "all my grandparents" came to the U.S. from foreign countries. http://www.politifact.com/truth-o-meter/statements/2015/apr/16/hillary-clinton/hillary-clinton-flubs-familys-immigration-history-/.

122. The population of the United States, as of this writing. http://www.census.gov/popclock/.

123. American Heart Association (205). AHA Statistical Update. *Circulation*, 131, p.434–441. I thank McGill University Librarians Robin Canuel and Genevieve Gore for help in finding these statistics.

124. Durant, W. & Durant, A. (1968).*The Lessons of History.* New York: Simon & Schuster.

125. Federal Bureau of Investigation(2015, April20) .FBI testimony on microscopic hair analysis contained errors in at least 90percent of cases

in ongoing review [Press release]. https://www.fbi.gov/news/pressrel/press-releases/fbi-testimony-on-microscopic-hair-analysis-contained-errors-in-at-least-90-percent-of-cases-in-ongoing-review.

126. Aitken, C. G. G. & Taroni, F. (2004).*Statistics and the Evaluation of Evidence for Forensic Scientists, Second Edition.*Chicester, UK: John Wiley & Sons, p. 95, citing Friedman, R. D.(1996). Assessing evidence. *Michigan Law Review, 94,* 1810–1838.

127. Regina v. Dennis John Adams 1996 2 Cr.App.R. 467 and Aitken, C. (2003). Statistical techniques and their role in evidence interpretation. In Payne-James, J. Busuttil, A. and Smock, W. (eds), *Forensic Medicine: Clinical and Pathological Aspects.* Cambridge, UK:Cambridge University Press.

128. Blumenthal, R.(2015). Built by the ancients, seen from space. *New York Times,* November 3, 2015, p. D2.

129. I thank Stephen Kosslyn for sharing a version of this example with me.

130. Grimes, W. (2015). Jack Yufe, a Jew whose twin was a nazi, dies at 82. *New York Times,* November 13, 2015, p. B8.

131. Much of this is taken verbatim from Grimes (2015), op. cit.

132. Dr. Jeffrey Mogil, personal communication.

133. The formula is $1 - (1 - 1/2^5)^{100}$

134. I thank Ron Mann for this observation.

135. Note that in a large sample, you are more likely to find an anomalous (outlier) observation than in a small sample, but when looking at the *mean*, the mean of the large sample is far more likely to reflect the true state of the world (because there are so many more observations that can swamp the anomalous one).

136. Kräer, W. and Gigerenzer, G. (2005). How to confuse with statistics or: The use and misuse of conditional probabilities. *Statistical Science, 20*(3), 223–230. http://www.cdc.gov/reproductivehealth/maternalinfanthealth/pretermbirth.htm.

137. Ibid. Technically, they note, this is an incorrect enumeration of simple events in a Laplacian experiment in the subpopulation composed of the remaining possibilities.

138. Ibid.

139. Thompson, D. (2008). *Counterknowledge: How We Surrendered to Conspiracy Theories, Quack Medicine, Bogus Science, and Fake History.* New York: Penguin. p. 1.
140. Thompson, D. (2008). Op. cit.
141. Trask, R. B. *Photographic Memory: The Kennedy Assassination, November 22, 1963*, Dallas: Sixth Floor Museum, 1996, p. 5.
142. Thanks to Michael Shermer for this.
143. This is a direct quote from Thompson, D. (2008). Op. cit.
144. Thompson, D. (2008). Op. cit., p. 17. The previous two sentences are from pp. 16–17.
145. National Cancer Institute. SEER stat fact sheets: stomach cancer.http://seer.cancer.gov/statfacts/html/stomach.html.
146. Centers for Disease Control and Preven-tion.Unintentional drowning: get the facts.http://www.cdc.gov/Homeand RecreationalSafety/Water-Safety/waterinjuries-factsheet.html.
147. Smyth, C.(2015, Feb. 4) "Half of all Britons will get cancer during their lifetime." *Times.* www.thetimes.co.uk/tto/health/news/article4343681.ece.
148. Boseley, S.(2015, feb. 3) Half of people in Britain born after 1960 will get cancer, study shows. *The Guardian.*
149. Griffiths, C., & Brock, A. (2003). Twentieth century mortality trends in England and Wales. *Health Statistics Quarterly*, *18*(2), 5–17.
150. http://www.nrdc.org/water/drinking/qbw.asp; http://www.mayoclinic.org/healthy-lifestyle/nutrition-and-healthy-eating/expert-answers/tap-vs-bottled-water/faq-20058017;http://www.consumerreports.org/cro/news/2009/07/is-tap-water-safer-than-bottled/index.htm; http://news.nationalgeographic.com/news/2010/03/100310/why-tap-water-is-better/;http://abcnews.go.com/Business/study-bottled-water-safer-tap-water/story? id= 87558; http://www.tele graph.co.uk/news/health/news/9775158/Bottled-water-not-as-safe-as-tap-variety.html.
151. Stockton, N.(2016, Jan .29). Here' s how hard it will be to unpoison Flint' s water . *Wired.* http://www.wired.com/2016/01/heres-how-hard-it-will-be-to-unpoison-flints-water/.

第三部分

152. Feynman, R. P. (1985).*QED: The Strange Theory of Light and Matter.* Princeton, NJ: Princeton University Press.
153. Reardon, S. (2015). US vaccine researcher sentenced to prison for fraud. *Nature, 523*, July 9, 2015, p. 138.
154. http://www.thelancet.com/journals/lancet/article/PIIS0140-6736%2897%2911096-0/abstract.
    Burns, J. F. (2010). British medical council bars doctor who linked vaccine with autism. *New York Times,* May 25, 2010, p. A4. http://www.nytimes.com/2010/05/25/health/policy/25autism.html? rref= collection%2Ftimestopic% 2FWakefield% 2C% 20Andrew.
    Associated Press (2011). Study linking vaccine to autism is called fraud. *New York Times,* January 6, 2011. http://query.nytimes.com/gst/full page.html? res= 9C02E7DC1E3BF935A35752C0A9679D8B63.
    Rao, T. S., & Andrade, C. (2011). The MMR vaccine and autism:Sensation,refutation, retraction, and fraud. *Indian Journal of Psychiatry,53*(2), 95.
155. From Thompson, S. (2010). The blind banker. *Sherlock* (TV series, first aired October 31, 2010).
156. I first learned about this story from Hempel,C. G. (1966). *Philosophy of Natural Science.* Englewood Cliffs, NJ:Prentice-Hall.
157. I’ m using the 168-hour week (7 days × 24 hours a day) to account for thoughts you might have while dreaming, and people who might call and wake you from a sound sleep. Of course, one could subtract out eight hours of sleep per night (or whatever) and then use only the 112 hours of wakefulness to come up with a different probability, but it doesn’ t change the conclusion.
158. Based on Huff, op. cit., p. 79.
159. See, for example, http://www.cnn.com/interactive/2014/07/travel/aviation-data/and http://www.theguardian.com/world/datablog/2014/dec/29/aircraft-accident-rates-at-historic-low-despite-high-profile-plane-crashes.

160. http://www.fbi.gov/about-us/cjis/ucr/crime-in-the-u.s/2011/crime-in-the-u.s.-2011/clearances.

161. Image from http://contactglenda.com/wp-content/uploads/2011/08/robbers-decamp. png.

162. Nisbett, R. E., & Valins, S. (1972).Perceiving the causes of one' s own behavior. In Kanouse, D. E.,et al., eds. *Attribution: Perceiving the causes of behavior.* Morristown, NJ: General Learning Press, pp.63–78.
And, Valins, S. (2007). Persistent effects of information about internal reactions: ineffectiveness of debriefing. In London H. & Nisbett, R. E., eds. *Thought and Feeling: The cognitive alteration of feeling states.* Chicago, IL: Aldine Transaction.

163. What is causing the increase in autism prevalence. *Autism Speaks Official Blog*, Oct.22,2010. http://blog.autismspeaks.org/2010/10/22/got-questions-answers-to-your-questions-from-the-autism -speaks% E2% 80% 99-science-staff-2/.

164. Ibid.

165. Suresh, A.(2015, Oct.13). Autism increase mystery solved:no, it' s not vaccines, GMOs, glyphosate-or organic foods. Genetic Literacy Projecdt. http://www.geneticliteracyproject.org/2015/10/13/autism-increase-mystery-solved-no-its-not-vaccines-gmos-glyphosate-or-organic-foods/.

166. Kase, A. (2015, May 11). MIT scientist uncovers link between glyphosate, GMOs and the autism epidemic. *Reset.me*. http://reset.me/story/mit-scientist-uncovers-link-between-glyphosate-gmos-and-the-autism-epidemic/.

167. Honda, H., Shimizu, Y., & Rutter, M.(2005). No effect of MMR withdrawal on the incidence of autism: a total population study . Journal of Child Psychology and Psychiatry, 46(6), 572–579. http://1796kotok.com/pdfs/MMR_ withdrawal.pdf and many other sources Reardon, S. (2015). US vaccine researcher sentenced to prison for fraud. *Nature, 523*, July 9, 2015, p. 138.

168. Defense.gov News Transcript: DoD News Briefing— Secretary Rumsfeld and Gen. Myers, United States Department of Defense (defense.gov).

169. I thank Morris Olitsky for this.

170. Inman, K., & Rudin, N. (2002). The origin of evidence. *Forensic Science*

International, *126*(1),11–16.

Inman, K., & Rudin, N. (2000). *Principles and Practice of Criminalistics:The profession of forensic science*. Buca Raton, FL: CRC Press.

171. I' m basing this section on the discussion found in Aitken, C. G. G. & Taroni, F. (2004). *Statistics and the Evaluation of Evidence for Forensic Scientists, Second Edition*. Chicester, UK: John Wiley & Sons, pp. 1–2,and using their setup and terminology.
172. Aitken, C. G.G. & Taroni, F. (2004). Op. cit.
173. Thompson, E.L.; Shumann, E. L. (1987). Interpretation of statistical evidence in criminal trials: The prosecutor' s fallacy and the defense attorney' s fallacy. *Law and Human Behavior 2 (3):* 167.
174. Hasselblad.com; https://www.hq.nasa.gov/alsj/a11/a11-hass.html; http://www.wired.com/2013/07/apollo-hasselblad/.
175. Estimates include 1 x 10^{390}. http://evolutionfaq.com/articles/probability-life.See also http://www.science20.com/stars_ planets_ life/calculating_ odds_ life_ could_ begin_ chance.
176. https://www.ted.com/talks/david_ blaine_ how_ i_ held_ my_ breath_ for_ 17_ min? language= en.
177. Bruno Guissani, Curator of TEDGlobal Conference, personal communication, September 28, 2015.
178. https://www.you tube.com/watch? v= U6Em2OhvEJY.
179. Glenn Falkenstein, personal communication,October 25, 2007.
180. Korbonits, M., Blaine, D., Elia, M., & Powell-Tuck, J. (2005). Refeeding David Blaine—studies after a 44-day fast. *New England Journal of Medicine*, *353*(21), 2306–2307.
181. J. Drazen, MD, email communication, December 20, 2015.
182. M. Korbonits, MD,email communication, December 25, 2015.
183. Jackson, J. M., Blaine,D., Powell-Tuck, J., Korbonits, M., Carey, A., & Elia, M. (2006). Macro-and micronutrient losses and nutritional status resulting from 44 days of total fasting in a non-obese man. *Nutrition*, *22*(9), 889–897.
184. http://www.guinnessworldrecords.com/world-records/24135-longest-time-breath-held-voluntarily-male; http://www.huffingtonpost.

com/2012/11/16/breath-world-record-stig-severinsen_n_ 2144734.html.

185. http://www.dallasobserver.com/arts/want-to-know-how-david-blaine-does-that-stuff-dont-hold-your-breath-7083351.

186.Tierney, J. (2008). This time, he' ll be left breathless. *New York Times,* p. F1.

187. Tierney, J. (2008). David Blaine sets breath-holding record. http://tierneylab.blogs.nytimes.com/2008/04/30/david-blaine-sets-breath-holding-record.

188. John Tierney, email correspondence, January 13 and 18, 2016.

189. Netburn, D.(2016, Jan. 4) It' s official: four super-heavy elements to be added to the periodic table. http://www.latimes.com/science/sciencenow/la-sci-sn-new-elements-20160104-story.html.

190. Prosper, H. B.(2012, July 10). http://bayesian.org/forums/news/3648.

191. Lyons, L. (2012, July 11). http://bayesian.org/forums/news/3648.

192. In articles on the Higgs boson, you may encounter reference to the 5-sigma standard of proof. Five-sigma refers to the level of probability that the scientists agreed upon before conducting the experiments—the chance of their misinterpreting the experiments had to have a confidence interval within five standard deviations (5-sigma), or 0.0000005 (recall earlier we talked about 95 and 99 percent confidence intervals—this is a confidence interval of 99.99995 percent).http://blogs.scientificamerican.com/observations/five-sigmawhats-that/.

193. Prosper, H. B. (2012, July 10). http://bayesian.org/forums/news/3648.

194. Maybe it wasn't the Higgs particle after all. Phys.org. http://phys.org/news/2014-11-wasnt-higgs-particle.html.

195. http://phys.org/news/2014-11-wasnt-higgs-particle.html.

196. http://www.wired.com/2015/11/physicists-are-desperate-to-be-wrong-about-the-higgs-boson/.

197. Overbye, D. (December 16, 2015). Physicists in Europe find tantalizing hints of a mysterious new particle. *New York Times,* p. A16.

结 语

198. These ideas and their phrasing come from: Frum, David (2015). Talk delivered at the Colleges Ontario Higher Education Summit, November 16, 2015, Toronto, ON.

附 录

199. Iversen, G. R. (1984). *Bayesian Statistical Inference. Series: Quantitative Applications in the Social Sciences, Vol. 43.* Thousand Oaks, CA: Sage.